开放普及
职业院校技能大赛机制研究

尧成 霍利婷 著

KAIFANG PUJI
ZHIYE YUANXIAO JINENG DASAI
JIZHI YANJIU

文化发展出版社
Cultural Development Press
·北京·

图书在版编目（CIP）数据

开放普及：职业院校技能大赛机制研究 / 罗尧成，霍利婷著. — 北京：文化发展出版社，2023.10
ISBN 978-7-5142-4086-3

Ⅰ．①开⋯ Ⅱ．①罗⋯ ②霍⋯ Ⅲ．①职业教育－职业技能－竞赛－研究－中国 Ⅳ．① G719.2

中国国家版本馆 CIP 数据核字 (2023) 第 176494 号

开放普及：职业院校技能大赛机制研究

罗尧成　霍利婷　著

出 版 人：宋　娜
责任编辑：杨　琪　　　　　　责任校对：岳智勇
责任印制：邓辉明　　　　　　封面设计：韦思卓
出版发行：文化发展出版社（北京市翠微路 2 号 邮编：100036）
发行电话：010-88275993　010-88275710
网　　址：www.wenhuafazhan.com
经　　销：全国新华书店
印　　刷：北京捷迅佳彩印刷有限公司
开　　本：710mm×1000mm　1/16
字　　数：224 千字
印　　张：14.375
版　　次：2023 年 10 月第 1 版
印　　次：2023 年 10 月第 1 次印刷
定　　价：65.00 元
ＩＳＢＮ：978-7-5142-4086-3

◆ 如有印装质量问题，请与我社印制部联系　电话：010-88275720

前言 PREFACE

"一技之长，能动天下""技行天下，能创未来""星光点亮人生，技能成就未来""普通教育有高考，职业教育有大赛"……这些我国各类职业技能大赛的标语口号，以及技能大赛对于职业教育改革发展重要性的各种论述，都彰显了技能大赛这一主题研究的重要价值。2022年10月，中共中央办公厅、国务院办公厅印发的《关于加强新时代高技能人才队伍建设的意见》指出，要广泛深入开展职业技能竞赛，完善以世界技能大赛为引领、全国职业技能大赛为龙头、全国行业和地方各级职业技能竞赛以及专项赛为主体、企业和院校职业技能比赛为基础的中国特色职业技能竞赛体系。开展职业院校技能大赛的研究，亦是探讨中国特色职业技能竞赛体系建设的重要内容。

开放性与普及性是职业院校技能大赛实施的目标导向，是职业院校技能大赛科学、有效运行的两块基石，职业院校技能竞赛的开放性可从普遍性、公益性、公平性、普适性等维度进行深入理解，而其普及性则可从传播学、社会学、教育学等不同学科维度进行全面认识。开放性是职业院校技能大赛的核心理念，普及性是职业院校技能大赛的实践路向。在办赛过程中，只有深入贯彻开放性理念，努力践行赛事的普及性，才能走出一条真正具有世界竞争力和影响力的中国特色社会主义职业院校技能竞赛发展之路。

政策是推动职业院校技能大赛开放普及的有力保障，本书首先按发展阶段具体分析了我国教育部、职业院校技能大赛执行委员会发布的系列政策文件，同时分析了日本、德国、澳大利亚等国家技能大赛开放普及的政策与实施情况。基于数据统计以及问卷调查，分析了全国职业院校技能大赛开放普及的发展、论述了大赛的开放与普及在空间上存在的不均衡现象，以及开放普及相关制度建设面临的挑战及应对建议。

本书阐述了省级职业院校技能大赛的开放普及对于区域社会经济发展的重要价值，总结了广东、江苏、浙江、上海、山东等省市的相关经验，重点分析了上海市"星光计划"职业院校技能大赛，以及山东省职业院校技能大赛在开放普及上的主要举措与成效。此外，还具体分析了第43—45届世界技能大赛在赛事理念、赛事程序、赛事活动，以及赛事宣传上采取的开放普及举措，并指出其对于推进我国技能大赛开放普及的借鉴价值。

推动技能大赛成果的有效转化和利用，是实现技能大赛开放性与普及性的题中应有之义。职业院校技能大赛要实现真正意义上的开放普及，必须关注两大问题：一是实现大赛资源成果的教材转化，惠及广大职业院校学生；二是注重大赛资源成果的培训推广，提升广大企业职工的技能水平。职业院校技能大赛开放普及目标的实现，必须有相应的运行机制提供保障支撑。因而要积极构建具有开放与普及特征的竞赛体系，持续完善专业化统筹协调的竞赛组织机构，形成多元主体协同参与的竞赛运行机制，构建技能竞赛成果向教学资源转化的激励机制。此外，要升级推动大赛开放普及的媒介传播机制，完善建设技能大赛开放普及的评估评价机制。

本书是2021年山东省部省共建国家职业教育创新发展高地理论实践研究课题"职业院校技能大赛开放性、普及性机制研究"（编号：GD42）的主体研究成果，该课题成果的诸多内容，已在《中国职业技术教育》《职业技术教育》《高等职业教育探索》等期刊上发表过。在本书形成过程中，所在院校获批"上海市高技能人才培养研究中心"上海高校智库，这一重要平台的建设工作汇聚了优质的科研资源，进一步推动了本书研究工作的开展。参与本书撰写的人员，除封面著者外，还有上海出版印刷高等专科学校教师王宇航、程红、王飞、朱春水、孙建超，上海立信会计金融学院马克思主义学院教师黄黎明，上海师范大学教育学院博士研究生许宇飞，上海理工大学管理学院硕士研究生冉玲、彭可心、梁蒙蒙、张露露、邹宝丽，以及湖南师范大学教育科学学院硕士研究生罗圆等。

我国"技能型社会"建设目标的提出、"加快建设教育强国"战略目标的实施，都要求我们认真回答好"强国建设、职教何为"这一时代命题。职业院校技能大赛应致力于助力职业院校提高人才培养质量，提升产业工人技术技能水平，为产业强国夯实技术技能人力资源基础。上述相关目标的实现，既需要政府部门、行业企业、高校、社会、广大家庭和学生等多元主体的共同参与，也需要国家政策的支持保障和大赛机制的不断完善。"在全面建设社会主义现代化国家新征程中，职业教育前途广阔、大有可为"，而关于职业院校技能大赛机制的研究，还有许多理论与实践课题亟待解决，我们仍在持续探索的路上。

罗尧成
2023 年 8 月

目录 CONTENTS

第一章 职业院校技能大赛开放性与普及性的内涵与意义 / 001

第一节 职业院校技能大赛的发展沿革 / 001

第二节 职业院校技能大赛开放性的内涵与意义 / 003

第三节 职业院校技能大赛普及性的内涵与意义 / 013

第四节 职业院校技能大赛开放性与普及性的关系 / 022

第二章 职业院校技能大赛开放性与普及性政策分析 / 026

第一节 国内相关政策分析 / 026

第二节 国外相关政策分析 / 039

第三章 全国职业院校技能大赛开放性与普及性研究 / 061

第一节 全国职业院校技能大赛的发展与社会功能 / 061

第二节 全国职业院校技能大赛开放与普及的发展分析 / 065

第三节 全国职业院校技能大赛开放与普及的挑战与应对 / 076

第四章　省级职业院校技能大赛开放性与普及性分析 / 096

第一节　省级职业院校技能大赛开放与普及的进展 / 096

第二节　上海市"星光计划"职业院校技能大赛的开放与普及 / 103

第三节　山东省职业院校技能大赛的开放与普及 / 115

第四节　省级职业院校技能大赛开放与普及的发展建议 / 126

第五章　世界技能大赛开放性与普及性举措及借鉴 / 131

第一节　世界技能大赛主要特征及中国参赛情况 / 131

第二节　世界技能大赛开放与普及的举措分析 / 148

第三节　世界技能大赛开放与普及的经验借鉴 / 168

第六章　职业院校技能大赛成果的开放与普及 / 171

第一节　职业院校技能大赛成果的主要类型 / 171

第二节　职业院校技能大赛成果的教材转化 / 176

第三节　职业院校技能大赛成果的培训推广 / 184

第七章　职业院校技能大赛开放与普及的机制构建 / 191

第一节　建立大赛开放与普及的体制运行机制 / 191

第二节　创新大赛开放与普及的媒介传播机制 / 198

第三节　形成大赛开放与普及的评估评价机制 / 203

附录1　"职业院校技能大赛开放性与普及性状况"
　　　　调查问卷／210

附录2　《人民日报》关于全国职业院校技能大赛的
　　　　相关报道／214

第一章
职业院校技能大赛开放性与普及性的内涵与意义

职业院校技能大赛是指由教育部门牵头组织、联合相关行业部门共同举办，或受教育部委托由行业举办，面向职业院校在籍学生和专任教师，围绕职教专业和相应岗位要求组织的学生职业技能竞赛活动和教师教学技能竞赛活动。近年来，我国职业院校技能竞赛活动实行科学合理的分级分类管理模式，形成了校赛、市赛、省赛、国赛在内的层次鲜明、类型齐全的技能竞赛体系，筑牢了职业院校学生参加技能比赛的平台保障。但目前我国职业院校技能竞赛开放程度有限、普及程度不高、组织程序不够健全、行业前沿发展标准渗透性不足、竞赛品牌形象尚未形成，这在一定程度上制约了职业院校技能竞赛在技能人才培养中的作用。因此，需要对职业院校技能竞赛的开放与普及发展进行深入探讨，旨在推动形成"热爱技能、崇尚技能、技能成就出彩人生"的社会环境和文化氛围。本章将对职业院校技能大赛的发展历程进行简述，并对大赛的开放性与普及性的科学内涵进行学理上的分析。

第一节 职业院校技能大赛的发展沿革

职业院校技能大赛旨在推动职业院校提高技能人才培养质量，通过赛项设置紧密联系生产实际和产业热点，及时反映区域经济发展趋势和企业需求，优化院校专业设置；通过赛项成果转化，融入院校教育教学实践，推动院校课程改革，引导教学方法革新，促进教师队伍成长，发挥以赛促教的重要功能。同时，参赛本身可以提升学生的技能素养与综合能力，且技能大赛为校企合作、产教融合搭建了良好平台，通过教学设备与实训基地的共建共享，促进教育与产业、学校与企业深度合作。如今，职业院校技能大赛的办赛影响力不断提升，受到了党和国家领导人及全社会的重视与关心，成为彰显职业教育形象的重要窗口，向全国乃至世界宣传展示我国职校学生的技能风采，营造了良好的社会氛围。

我国职业院校技能大赛的出现最远可以追溯到20世纪80年代末北方15省市区职业教育协作组的成立，旨在加强职业高中间的交流学习和丰富校园生活，该协作组由民间组织发展成为半官方组织，每年都会组织开展各类技能比赛来丰富院校活动。1990年5月，国家教委联合国家旅游局在庐山举办全国旅游中等职业技术学校服务知识比赛。这是第一次以国家教委名义举办的全国性职业教育技能竞赛。此后国家教委又牵头在上海举办全国首届职业学校服装制作比赛（1990年10月）、在无锡举办全国职业学校"太湖杯"烹饪比赛（1991年5月）、在鞍山市举办全国职业学校车工钳工比赛（1991年8月）等。可见，虽然已经出现全国性的职业院校技能竞赛，但比赛大都是分行业进行，还没有出现多行业、统一的技能赛事[1]。

2002年7月，教育部宣布在长春举办全国中等职业学校技能大赛，这是21世纪以来，首次举办的涵盖多个行业领域的全国中等职业学校技能大赛，来自全国各省、自治区、直辖市的37支代表队，共近千名选手参加[2]。是全国职业院校技能大赛发展历程中的标志性事件。2007年，大赛再次举办，地点选在重庆市，比赛开设了汽车运用与维修、电工电子技术、烹饪、计算机、服装设计与制作等5大类21个单项的决赛，来自全国各地的36个代表队参加了此次比赛[3]。

---

[1] 史文生.河南省中等职业教育技能竞赛历史研究[J].中国职业技术教育，2017（16）：106-113.

[2] 牛书豪.全国职业学校技能大赛经验交流会心得体会[EB/OL].https://www.wendangxiazai.com/b-429e6e366f175f0e7cd184254b35eefdc8d3156a-8.html，2011-11-01.

[3] 周衡义.全国中等职业教育技能大赛在重庆举行[EB/OL].http://www.gov.cn/jrzg/2007-06/26/content_662370.htm，2007-06-26.

2008年6月，全国职业院校技能大赛落户天津，并开设高职组比赛。大赛积极落实国务院《关于大力发展职业教育的决定》中"定期开展全国性的职业技能竞赛活动"要求，由教育部发起并牵头，联合国务院有关部门以及有关行业、人民团体、学术团体和地方确立共同举办全国职业院校技能大赛，囊括了中职与高职、学生与教师多个组别的各个行业类别与多种赛项，并确定大赛每年举办一届。2012年起在天津以外开设分赛区。

2022年5—8月，在天津举办全国职业院校技能大赛国际赛暨首届世界职业院校技能大赛。至此，我国职业院校技能大赛的发展实现了全新突破，从全国走向世界，其社会影响力在不断提升。时至今日，全国职业院校技能大赛已经成为我国职业教育领域中国赛的"排头兵"。随着国家级院校技能竞赛的发展，各省市、各职业院校也一直在跟进全国技能大赛的相关要求及标准，积极推进省市级、院校层面的技能竞赛，开展各类国赛、省赛选拔赛。同时，多种类型竞赛全面推进，如各类职业院校学生技能大赛、职业院校教师技能竞赛、技能竞赛月、技能竞赛年活动等。我国职业院校技能竞赛的层级体系也不断发展与完善，覆盖的专业和人群越来越广泛。

第二节　职业院校技能大赛开放性的内涵与意义

国内外有关职业院校技能竞赛开放性的研究成果众多。有些研究立足我国国情为职业院校技能竞赛开放性发展提供政策性建议，有些研究则基于颇具影响力的世界技能大赛的开放性经验，提出我国职业院校技能竞赛开放性的改进策略。那么，何为职业院校技能竞赛的开放性？职业院校技能竞赛开放性的内容包括哪些？解答这些问题，是清晰认识职业院校技能竞赛在提升职业教育的社会地位、推动社会发展进步、提高技能水平的国际竞争力等方面的重要前提。

一、职业院校技能大赛开放性的科学内涵

职业院校技能竞赛对于职业院校发展、职业教育教学和职业技术人才

培养具有重要作用。但就目前而言，职业院校技能竞赛仍然存在覆盖面不广、精英化倾向明显、企业与竞赛联系不足、竞赛与教育联系不紧密等问题。对于这些问题的成因及其解决，离不开对职业院校技能竞赛本身的开放性问题的深化认识和深入研究。因国外职业院校技能竞赛举办的时间较早，对开放性问题的认识和研究也较为充分。近年来，国内学界在总结国内外职业院校技能竞赛相关研究成果的基础上，认真思考我国各级各类竞赛在办赛中存在的不足，其中有关竞赛开放性概念界定、竞赛开放性的时代价值以及竞赛开放性的实施路径等问题成为学界一致关注的焦点。

（一）职业院校技能竞赛开放性的研究简述

1. 国内外不同层级技能竞赛的研究

对国外职业技能竞赛开放性的研究。有学者指出，澳大利亚全国技能大赛向全社会开放，许多教育机构、宣传机构设摊位通过实物演示向民众宣传动手能力的培养，鼓励参观者参与动手做事，吸引了许多学生和家长，有利于普及先进职业教育理念，值得借鉴学习[1]。芬兰各类技能竞赛以国家、行业企业、学校和学生等多方利益主体的需求为导向，举办或参与多样化类型的竞赛，试图把竞赛的各类事项联系起来，促进职业教育提供者、行业企业和大赛执行委员会等主体的密切交流与合作，并构建合作新网络[2]。日本全国技能竞赛期间，同时举办技能表演、地方文化美食及特产展示、文艺演出和亲子活动等，每届参加者超 10 万人，营造了尊重知识、尊重技能的氛围，同时宣传了当地文化特色[3]。国内相关代表团考察第 41 届世界技能大赛后，提出要积极学习相关国家职业技能大赛在促进开放性方面的先进经验。

对国内职业技能竞赛开放性的研究。有学者认为职业技能大赛的价值体现了"开放性"要求，即宏观层面广泛的教育与行业、学校与企业紧密合作的导向机制；中观层面的专业设置、课程建设、培养规格与职业标准的对接机制；微观层面的教学改革、师资队伍建设、实训条件与企业发展

---

[1] 查建中. 技能大赛要在"做中学"[J]. 职业技术教育，2009（21）：64-65.
[2] 刘其晴. 产教融合视角下芬兰职业技能竞赛的经验及启示[J]. 教育与职业，2017（21）：36-40.
[3] 邹吉权，刘晓梅. 日本的职业技能竞赛概述[J]. 职业技术教育，2014（20）：93-96.

的适应机制[1]。有学者以"联想杯"全国职业院校技能大赛高职组"移动互联网应用软件开发大赛"为案例，指出用移动互联的思维办大赛，校企合作、优势互补，充分体现了开放共赢、人人参与的全民竞赛思维[2]。相关研究表明，2008—2018年，全国职业院校技能大赛不断适应国家产业结构调整，紧贴新时代经济社会发展，行业企业广泛参与，产教融合不断深化，国际影响力不断提升[3]。这些反映了国内职业院校技能大赛逐渐走向多元与开放，与行业产业和国际接轨。

2. 关于世界技能大赛开放性及其启示的研究

世界技能大赛的主要目的并不是赢得奖牌，而是一场鼓励竞赛者和促进进步和成就的国际交流与参与的庆典。在举办和参加世界技能大赛时，专家教练及管理者需要有辩证的科学认识、态度和全球视野[4]。也有学者比较了世界技能大赛的举办和中国国内技能大赛的差异，相较于世赛的竞赛、国际技能教育和产业交流、公众教育的开放特征，国内技能大赛相对较为封闭，社会影响力偏低[5]。有学者从一些国家通过参加世界技能大赛促进开放性的举措出发认为，日本职业技能竞赛具有多层级丰富性、企业深度参与性，同时把世赛标准转化为国赛竞赛工种的实施标准，为选手提供优良的实践条件，并建立政策法规来保障其开放性[6]。韩国建立了职业技能鉴定制度，并以法律手段加以保障[7]。还有学者分析了国内典型省份参与世界技能大赛的获奖现象。例如，广东省出现世赛奖牌"广东现象"的成因有多个方面，其中之一就是携手领军企业联合培养，营造真实的

---

[1] 鞠锡田，张翠香. 全国职业院校技能大赛研究综述 [J]. 职教论坛，2012（19）：79-82.
[2] 李术蕊. 校企合作开放共赢 技能竞赛人人参与 [J]. 中国职业技术教育，2014（22）：78-83.
[3] 芮志彬，梁群，田玲，项琳，崔秋英，郝天晓，高威. 回顾与展望：全国职业院校技能大赛发展研究 [J]. 中国职业技术教育，2018（16）：102-107.
[4] 袁名伟，陈晓曦. 世界技能大赛：质量和数量的关系探析 [J]. 职业技术教育，2015（24）：41-44.
[5] 袁名伟，张玉洲. 世界技能大赛：中国大赛的差异与改进 [J]. 职业技术教育，2013（21）：30-33.
[6] 罗尧成，陈瑞达. 世界技能大赛奖牌的"广东现象"探析 [J]. 职业技术教育，2018（36）：37-40.
[7] 刘东菊，王晓辉. 世界技能大赛对技能竞赛强国职业教育发展的影响与启示——以韩国、日本为例 [J]. 职教论坛，2014（13）：77-83.

实践实训环境[①]，体现了其职业技能大赛开放的理念和参与主体多元化特征。此外，河南省世界技能大赛技术推广中心，积极探索政府、研究机构、学校三方协调的世赛技术推广模式，开展了多方面的工作[②]，这同样是世界技能大赛推广平台建设的典型案例。国内相关代表团考察第41届世界技能大赛后，提出要积极学习相关国家职业技能大赛在促进开放性方面的先进经验。总体上，各国在世界技能大赛上取得成功的关键因素在于：强化多元主体的参与和合作，注重赛事的标准化和规范化，并以法律法规加以规范和保障。

（二）职业院校技能竞赛开放性的内涵

从空间视域出发，开放性是一种由内向外的敞开性，以及由外向内的吸纳性。从中国社会发展需求看，当前我国正处在全面建设社会主义现代化国家的起锚期，人们的生活方式和思想观念都将发生巨大变化。如何不断创造更好地满足人民对美好生活需求的经济社会条件，形成人人公平参与、共同享有的赛事发展环境，不仅需要从国家决策层面进行定位和部署，更需要全面加快全社会对于知识型、技能型和创新型劳动大军的建设，以此为实现中华民族伟大复兴提供强有力的人才支撑。从世界形势变化和国家发展战略的角度看，国家的综合国力竞争越来越表现为技术技能水平的竞争，谁能掌握最前沿的科技和技术成果，谁就能拥有世界市场的主动权。开放乃是广纳思想、不断与时俱进和创新的过程，为话语权构建提供了开阔的空间，也为人类文明成果的汲取和内化提供了必要的途径。以此意义而言，开放乃是双向的互动过程，是不断自我改进、优化、丰富和发展的过程。基于不同研究和不同领域对"开放性"的界定，下文尝试从普遍性、公益性、公平性、普适性等维度，全面准确界定职业院校技能竞赛开放性的科学内涵。

1. 普遍性

职业院校技能竞赛的普遍性是指职业院校参赛成员在数量上的广泛

[①] 罗尧成，陈瑞达. 世界技能大赛奖牌的"广东现象"探析[J]. 职业技术教育，2018（36）：37-40.

[②] 郭达，陈晓曦，张瑞. 第45届俄罗斯喀山世界技能大赛分析及我国世赛未来发展路径探索[J]. 中国职业技术教育，2019（30）：29-34.

性。2017年5月，教育部职业教育与成人教育司在发布《散发材料二——2017年全国职业院校技能大赛有关情况》时，着重强调"大赛不是少数人的盛宴"，要在全国形成"人人都参与、专业大覆盖、层层有选拔的竞赛体系"。从竞赛的供给侧看，虽然学校参与省赛国赛的覆盖率较高，参赛选手人数逐年递增，但因选拔机制不完善、配套政策不健全等因素，学校层面技能竞赛的开展始终未能实现常态化，尚未形成不同层次、不同专业方向学生广泛参与的局面。当然，竞赛本身不是目的，而是要惠及所有地域和学校师生，带动所有成员技术技能水平的全面提高，这才是判定竞赛开放性得以提升的根本指标。倘若竞赛的参与人数多、专业覆盖面广，则更容易提高职业院校技能竞赛的社会影响力。同时，更大的参赛基数会增强比赛的竞争激烈程度和精彩程度，从而相对提升比赛成绩的含金量。

2. 公益性

职业院校技能竞赛的公益性是指办赛方式在性质上的无偿性。如果说实现技能竞赛的普遍性是所有成员在参与权利上的普惠。那么，公益性则表现为成员广泛参与竞赛在物质保障上的普惠。只有保证竞赛始终坚持无偿性原则，才能确保基础条件和经济状况较差的院校也能够参与到比赛中来。2021年最新版《全国职业院校技能大赛章程》明确提出："任何组织不得以竞赛名义营利，不得以任何名目向参赛选手和学校收取参赛费用，禁止命题专家以辅导培训名义向参赛选手和学校收取费用，禁止企业以支持办赛名义向参赛选手和学校收取费用。"目前国赛、省市赛所需设备、材料与工作人员费用大多来自合作企业赞助，基本实现了办赛的公益性要求。然而，各职业院校仍需自行出资购买赞助厂商配套设备供选手训练使用。这既造成了一些院校无力购买昂贵设备的情况，又极易造成赛前用过与未用过相关设备的竞赛选手在比赛中的适应性差异。

3. 公平性

职业院校技能竞赛的公平性是指获取收益在机会上的均等性。职业院校技能竞赛的公平性是竞赛在制度保障层面上的普惠。只有坚持阳光透明的办赛原则，才能保证职业院校不同层次、不同专业的学生均获得比赛资格，才能保证承办院校与其他院校选手公平公正地获取比赛等次的权利。虽然，任何竞赛存在的主场优势无可厚非，非承办方"水土不服"现象时有发生，对手之间的实力差距不可避免。但是，在相关竞赛获奖数量的统计数据中，常出现承办院校金牌数量、获奖数量和总积分榜都远高于非承办院校的情况，极易引起一些院校师生对"透明度"等问题的热议，职业院校技能竞赛的公平性受到冲击，影响了部分院校参与竞赛的自信心和积极性。

4. 普适性

从学生层面，通过选手抽选的形式参赛，能更真实地反映学校职业教育的整体实力以及学生学习的综合能力水平[①]。目前，就校级层面竞赛而言，还难以建立一套能够实现随机抽选的普惠性选拔机制，选手的初选主要采用"金字塔式筛选"的方式，以学生的综合技能素养作为依据。此外，学校对竞赛自身的价值和功能的认识还存在误区，教师常规教学、课程体系与竞赛训练、技能实操之间存在脱节现象。即使学校以"普选"的形式鼓励学生报名参赛，激发学生学习知识和训练技能的积极性、主动性，大部分学生也可能因缺乏参赛的基本能力，无法适应比赛设备和规则而"打退堂鼓"。当然，参赛获取优异成绩是选手付出汗水和努力的最佳证明，但技能竞赛的出发点不应是"为获奖而比赛"，而应表现为通过竞赛实现自我创业的能力、具备就业市场的竞争力和根据岗位要求变化而应对自如的能力。然而那种脱离集体生活，"关起门来搞集训""备赛训练代替专业学习""比赛成绩代替考试成绩"等做法值得商榷，与高素质高技能人才培训目标并不符合。

从学校层面，"职业教育的国际化是一种世界各国文化的平等的、多向的融合过程，其结果应当是一种包含着差异的辩证统一，而不是简单划一的完全一致"[②]。这说明职业教育既要对接世界职业教育的先进理念，又要立足本土，向世界展示中国职业教育发展特色，博采众长。职业院校技能竞赛作为职业教育的教学组织活动，其国际化的要求概不例外。例如，世界技能组织明确提出举办大赛的愿景是旨在"开展共同研究制定全球技能标准""提升社会对职业技能人才以及职业教育、技工教育和职业培训的重视"[③]。一方面，这要求我国职业院校根据世赛以及其他国家举

---

① 张佩佩.金牌之路与技能人才培养优化——基于技能大赛获奖选手成长经历的质性研究[J].中国职业技术教育，2018（16）：86-96.
② 刘红.展示大国职教博采世界众长 树立文化自信[J].中国职业技术教育，2015（22）：56-64.
③ World skills. Worldskills vision 2025 strategic plan(V1.4)[EB/OL].https://api.worldskills.org/resources/download/8337.pdf，2019-08-09.

办技能竞赛的有益经验，在办赛理念、赛项内容、比赛规则等方面，适时制定一套紧密对接世界产业先进技术、如实评价高素质劳动力水平的竞赛考核标准；另一方面，我国职业院校应借举办和参加各类技能大赛尤其是世界技能大赛的契机，在赛事内容与规则制定、比赛经验交流、技能文化传播等方面下功夫，让职业院校技能大赛成为我国职业教育向世界展示中国风采的窗口，让中国技能竞赛标准走出国门走向国际舞台。

二、职业院校技能大赛开放性的时代意义

从上述职业院校技能竞赛开放性的概念界定中，我们认为竞赛的开放性是我国职业技能型社会转型、职业教育发展和提升我国职业教育国际竞争力的重要因素。从普遍性、公益性、公平性和普适性四个方面界定职业院校技能竞赛开放性，不仅是对职业教育强国职业院校技能竞赛成功经验的学习和借鉴，更是构建符合中国特色职业院校技能竞赛话语逻辑的时代必然。站位于中华民族伟大复兴的大时代背景，我们从以下三个方面提出我国职业院校技能竞赛开放性的时代意义。

（一）助力中国技能型社会建设目标的如期实现

综观人类社会发展的历史，人类文明的每一次重大进步都得益于技术的创新与更迭。近代以来，伴随产业转型，美、英、德、日等发达国家高度重视高技能人才的培养，采取多种途径不断加强职业技能教育的开放性与普及性，逐渐满足产业转型升级与经济社会发展对技能人才的需求。现阶段，随同产业结构升级与调整，我国社会分工进一步专业化、精细化，新产品、新设备不断引进和更新换代，同企业对技能人才质与量的需求之间的矛盾日趋紧张，以至于"技工荒"现象在我国多个地区和城市愈演愈烈，中高级技能人才供不应求的问题日渐凸显。有数据显示，我国技能劳动者已超过2亿人，其中高技能人才逐年攀升，"十三五"期间新增超过1000万人，但目前5000多万人的高技能人才仅占技能人才总量的28%，与发达国家相比差距仍然较大[1]。在现代化转型过程中，中国

---

[1] 李心萍. 技能人才需求旺盛[N]. 人民日报，2021-03-19（019）.

社会的职业结构以及经济社会对职业人员的技能需求都将面临巨大变动。于是，更加开放和公平的职业与技能人才培养模式就成为有效调整各方主体利益关系、避免社会阶层分化加剧、实现社会主义现代化平稳过渡的关键环节。

2021年4月，全国职业教育大会创见性地提出"建设技能型社会"的战略理念。2021年10月，中共中央办公厅、国务院办公厅印发的《关于推动现代职业教育高质量发展的意见》提出，到2035年我国将实现"职业教育整体水平进入世界前列，技能型社会基本建成"的发展目标[①]。这些倡议为顺应我国社会主义现代化国家转型，实现智造强国和技能中国的伟大目标，开创技能人才培养新发展格局，指明了正确方向，提供了基本遵循，也提出了崭新的要求。近年来，各级各类职业院校高度重视和支持职业技能人才培养，立足校本特色广泛开展职业技能竞赛活动，并在比赛形式和办赛方法上不断创新，有效提升了技能比赛的开放性。广大院校师生经过层层选拔，在校赛及更高级别的技能比赛中脱颖而出，为职业院校"尊重技能、尊重人才"的内涵式建设提供了良好的示范作用。同时，职业院校不断拓展技能竞赛开放性的一系列举措，为全社会弘扬"劳动光荣、技能宝贵、创造伟大"的时代风尚创造了良好条件，对我国技能型社会转型目标的实现产生了积极的传导效应。

（二）持续优化和巩固我国职业教育的类型定位

蔡元培先生曾说过，普通教育"像一所房屋的地基，有了地基，便可把楼台亭阁等建筑起来"，职业教育"好像一所房屋，内分教室、寝室等；有各别的用处"[②]。普通教育所注重的是基础科学知识的教学，以升学或探究为主要目标；职业教育则注重专门的技能或知识的教学，是让受教育者获得某种职业或生产劳动所需要的职业知识、技能和职业道德的教育[③]。因此，二者理应被看作地位均等的各具自身规律和特征的独立的教育类型。然而，当前我国职业教育"受普通教育固有模式制约而偏离了自

---

① 本报记者. 推动现代职业教育高质量发展 [N]. 人民日报, 2021-10-13 (001).
② 中国蔡元培研究会. 蔡元培全集（第4卷）[M]. 杭州：浙江教育出版社, 1997：258-259.
③ 邢彦明. 从教育类型学观中国特色职业教育"类型"定位 [J]. 中国职业技术教育, 2021 (33)：24-30.

身发展规律,很大程度上丧失了独特性,成为普通教育的有效补充"①。在公众的视野中,职业教育被看作比普通教育更低层次的教育,人们存在的"考不上普通高中就去中职,考不上普通本科就去高职院校"的认识偏见根深蒂固。随着 20 世纪末高校扩招和高中升学率的提高,职业教育的吸引力和地位却不断下降,社会上普遍存在家长与学生不愿意选择职业教育,高水平的教师不愿意到职业院校任教,企业参与产教融合与校企合作的积极性不高等现象②。

从教育类型学的角度看,《国家职业教育改革实施方案》(国发〔2019〕4 号)明确指出"职业教育与普通教育是两种不同教育类型,具有同等重要地位"。然而,与发达国家相比,我国长期以来对教育类型学尤其是从横向上对教育的内在分类体系和组成结构缺乏系统性研究,对"普、职教育在地位上对等"与"在培养目标上存在差异"二者之间的逻辑关系缺少辩证思考。如果仅从"层次论"或"等级论"的角度,不加思辨地将二者看成"仅次于"或"附庸于"的纯粹等级关系,那么职业教育最终呈现的将只是其"教育性"功能,而无法凸显职业教育作为类型教育所应展现出来的"技术性"特色。可见,如何真正呈现职业教育作为类型教育所具有的独特性,亟须寻求自身亮点。实际上,早在 2008 年首届全国职业院校技能大赛开幕式上,教育部原部长周济就曾提出"普通教育有高考,职业教育有技能大赛"的意见和建议③。这充分说明了技能竞赛在职业教育领域中的战略地位和重要作用。中考、高考作为目前普通教育最公平高效的人才选拔方式,在几十年来的改革与发展中其价值获得充分体现,得到了广大人民群众的普遍认同和认可。而职业院校作为职业教育的最重要主体,一方面,应充分发挥其主导性作用,像普通教育重视高考那样,高度重视技能竞赛在推动学校技术技能教学、高层次技能人才选拔等方面的关键性作用;另一方面,应进一步倡导职业院校技能大赛的开放性理念,认真思考和探索多元途径与方法以提升职业院校技能竞赛的开放性,从而不断提高职业教育在全社会的认可度和影响力。确证职业教育作

---

① 匡瑛,李琪,井文,林玥茹,李小文.职业教育类型特征及其与普通教育"双轨制""双通制"体系构建[J].苏州大学学报(教育科学版),2021(2):27-34.
② 薛二勇.职业教育作为类型教育战略定位的新认识[N].人民政协报,2021-12-08(010).
③ 刘琴,张宝敏,潘光.两千余职教学生天津比试技艺[N].中国教育报,2008-06-29(001).

为类型教育在我国教育体系中的独立地位，对培养大批未来行业企业需要的高素质社会劳动者具有重要意义。

（三）提升我国职业院校技能大赛的国际化水平

"国际化"即开放化，是"走出去"与"引进来"的有机统一。既立足本土，以多元渠道和方式参与国际的竞争与合作；又面向国际，吸收借鉴世界各国先进经验和成果，以实现它们在本土的创造性转化与创新性发展。职业院校技能竞赛作为推动我国职业教育改革发展的重大制度创新，其中大赛面向世界的国际化发展需求一直以来都是技能大赛顶层设计的内容之一。日渐国际化的职业院校技能竞赛成为我国向世界展示职业教育发展成果的一扇窗口，既成为推动我国职业教育"走出去"的一部引擎，也成为我国深度引入世界先进职业教育理念和技术技能标准的一个载体。

以全国职业院校技能大赛为例，推动赛事的多项举措均体现了技能比赛的国际化和开放性理念。一是顶层设计。国家和各部委历年相关文件中陆续提出了推进大赛国际化的目标要求。例如，2013年教育部印发《全国职业院校技能大赛三年规划（2013—2015年）》的通知，指出要"提高技能大赛国际化水平，使大赛成为职业教育国际交流合作的平台"；2014年印发的《国务院关于加快发展现代职业教育的决定》，指出要"提升全国职业院校技能大赛国际影响"。二是研讨交流活动。自2008年首届大赛以来，在多届比赛期间同时举办了"职业教育国际论坛"（2010年）、"中英职业教育'影子'校长座谈会"（2014年）、"现代学徒制国际研讨会"（2015年）、"职业教育国际研讨会"（2017年）、"'一带一路'现代职业教育'鲁班工坊'国际交流活动"（2017年）等不同主题的国际交流研讨会。三是邀请外籍选手参赛与观摩。2012年，大赛首次邀请美、加、英、德等发达国家代表参与观摩，菲、越、马、新等国家和地区选手参赛。此后，每届大赛都有6—8支国际代表队被邀请参加友谊赛、挑战赛，在国内外校际间的切磋交流中，各国职业教育师生更深入地了解了中国职业教育理念和发展现状。

各级各类职业院校通过探索技能竞赛"引进来""走出去"的国际化发展道路，也使我们更加清晰地了解到自身的优势与不足。在优势方面，我国本土选手在职业院校技能竞赛中展现出来的执着专注、精益求精、追求卓越、永不言弃的精湛技能和进取精神,受到了来自世界各国选手与观众的高度赞誉。另外,我国团队开发的一些特色赛项,如"自动化生产线安装与调试"赛在国际上得到推广,获得了国际同行与专家的普遍认可。在一些国际性技能比赛中,竞赛设备选用的是中国职业院校技能大赛的指定设备,竞赛内容和标准均采纳中国职业院校技能大赛内容[1]。与此同时,我国职业院校技能竞赛在取得不菲成绩面前,也因国际化起步较晚而存在先天不足。目前,大赛国际化主要基于政府和教育主管部门的推动,各级职业院校技能比赛尚且缺乏主动向国际社会自然延展的内驱动力,职业教育领域面向大赛国际化的战略研究向心力不足,在办赛理念、原则、制度、内容和评价标准等方面与先进国家的赛事国际化经验之间仍存在较大差距[2]。

第三节 职业院校技能大赛普及性的内涵与意义

我国职业院校技能竞赛的品牌效应已初步彰显,大赛日益成为展示学校办学成果、学生技术技能学习成效和教师竞赛成果转化能力等方面的窗口。技能竞赛既要考虑对拔尖人才的培养,也要兼顾竞赛的普及性。

一、职业院校技能大赛普及性的科学内涵

从目前学界对职业院校技能大赛普及性研究成果来看,往往存在将"开放性"理解为"普及性",抑或将"普及性"理解为"开放性"的误区。从逻辑思维角度看,以上误区极易导致概念的混淆,对研究工作造成麻烦。因此,需要通过对职业院校技能大赛普及性研究成果的梳理,概括职业院校技能大赛普及性的科学内涵,以便为相关人员开展大赛普及性理论研究与实践路径探索提供借鉴。

---

[1] 任凯,孟志咸,黄旭升.技能大赛国际化发展的成就、不足与对策[J].中国职业技术教育,2013(18):14-17+24.

[2] 许竞.一抹亮丽的国际色彩 中外大赛的交流合作[J].中国职业技术教育,2012(22):93-98.

（一）职业院校技能大赛普及性的研究简述

已有关于职业院校技能大赛普及性的研究其主要内容包括：一是如何将职业技能竞赛标准与职业院校教育教学标准、专业设置、课程建设等进行有效对接与融合；二是如何通过普及职业院校技能竞赛，形成"赛教结合、以赛促学、以赛促教、以赛促改"的长效化、常态化机制；三是对国外技能竞赛促进普及性相关举措的研究与借鉴。

1. 关于国内职业技能大赛普及性的研究

一是对职业技能竞赛普及性的理论论述。有部分职业院校技能大赛指导教师认为，职业技能大赛应该推动教学，让每一位学生受益[1]，因而职业技能大赛应秉持普及化理念。有学者认为我国职业技能竞赛应基于公平性视角，按学生能力分配参赛机会，选拔机制应做到机会平等，充分发挥大赛引领作用，而非少数人的游戏[2]。还有学者认为，职业技能竞赛应具有"普惠性"，即"参与学校多、师生多"的数量上的普遍性，机会均等、权利平等的公平性，坚持无偿办赛原则的公益性[3]。因而，国内职业技能竞赛要实现普及化发展，必然要坚守普及性、普惠性和公平性原则。还有学者认为，技能竞赛与实践教学的整合，须充分考虑教学环节如何在科学文化知识、专业基础知识、基本专业技能、实践操作能力、岗位应变能力等五个方面的交叉融通式培养，从而兼顾学生基本素质、岗位素质、职业素质和综合素质的培养[4]。

二是对国内职业技能竞赛普及性的现状及问题的研究。有学者认为，国内职业大赛是"精英式"选拔；大赛指导教师把精力都投入竞赛队，无暇顾及多数不参赛学生，具有不公平性[5]。有学者通过数据分析指出，2008—2017年全国职业院校技能大赛的赛项数量趋于平稳，而高职赛项实

---

[1] 车明朝. 全国职业院校技能大赛带给我们什么——对职业院校技能大赛指导教师的访谈 [J]. 中国职业技术教育，2017（16）：126-130.

[2] 邹吉权. 我国职业技能竞赛公平性研究 [J]. 职教论坛，2014（19）：15-17.

[3] 周传运. 全国职业院校技能大赛普惠性机制构建研究 [J]. 中国成人教育，2019（13）：34-36.

[4] 朱永永. 职业教育技能竞赛与实践教学整合对接研究 [J]. 高等工程教育研究，2015（5）：169-172+178.

[5] 张雅泉. 对职业院校技能大赛热的理性思考 [J]. 职业时空，2011（1）：53-54.

现"逆袭"，赛项的专业覆盖面增大[1]。另有研究指出，2008—2018年，全国职业院校技能大赛规模逐年扩大，职业教育院校内部"人人参与、专业覆盖、层层选拔"的人才培养选拔系统链条已搭建，同期活动数量大幅增加，更加注重成果展示与资源转化，认可和影响显著提升[2]。这些反映出国内职业技能大赛普及化程度提高的良好局面。当然，有学者基于普惠性原则，指出国内职业技能大赛存在参与师生数量少、主场优势带来的机会公平程度不高、公益性不强等不足，并从院校理论认识、办赛机制、政策支持、大赛资源转化等方面指明了原因，提出了相应对策[3]。

三是对国外职业技能竞赛普及性的研究。对国外的研究，韩国较为集中。韩国为形成全社会尊重职业技能、重视技能人才的培养氛围，主要做法有颁布《国家技术资格法》《大韩民国职业培训法》《技能奖励法》等政策法规；在全国职业技能竞赛大会举办前后，以电视、报纸、电台等新闻媒体强化技能人才、技能竞赛宣传；出台激励政策，提高技能人才的社会经济地位，营造重视职业技能、尊重技能人才的良好氛围[4]。

2. 对世界技能大赛普及性的研究

一是对世界技能大赛普及性的理论研究。世界技能大会主席杰克·杜塞多普指出，世界技能大赛为检验不同国家培训系统、教授内容以及教育体系提供了参考标准[5]。有学者从专业课程教学、教师水平、实践基地建设等方面论述了职业技能竞赛的促进作用，研究结果表明，职业技能竞赛在高职院校教学改革中起着重要作用[6]。有学者认为，参加和举办世界技能大赛，最终目的在于将竞赛与教学相关联，在于竞赛普惠性的提高、资源的转化，并形成"赛教结合，以赛促学、以赛促教、以赛促改"的良性

---

[1] 付云.全国职业院校技能大赛赛项研究——基于2008—2017年赛项数据分析[J].职业技术教育，2017（36）：39-43.
[2] 芮志彬，梁群，田玲，项琳，崔秋英，郝天晓，高威.回顾与展望：全国职业院校技能大赛发展研究[J].中国职业技术教育，2018（16）：102-107.
[3] 周传运.全国职业院校技能大赛普惠性机制构建研究[J].中国成人教育，2019（13）：34-36.
[4] 黄日强.韩国开展职业技能竞赛的基本措施[J].中国职业技术教育，2008（26）：49-52.
[5] 杰克·杜塞多普.世界技能大赛效应无处不在[J].职业技术教育，2008（21）：42-44.
[6] Li G，Geng Y，Pang H .A Discussion about the Impact of Vocational Skills Competition on the Teaching Reform in Vocational Colleges[C]//International Conference on Arts.2016.

互动机制[1]。还有学者认为，未来我国举办世界技能大赛应有三个方面的期待：全面推进我国在世界技能领域的合作交流；形成更加浓厚的崇尚技能的社会氛围；学习先进标准，促进职业院校教学改革[2]。从这些研究来看，强调了世界技能大赛对国内技能交流、技能氛围、技能标准等的引领作用；而世赛的普及化，重要的是其标准和内容的推广性。同时，国外有学者认为，通过对世界技能竞赛的研究，有助于诊断参赛者知识和技能的发展状况，从而更好地认识如何实现职业发展的卓越性[3]。

二是对世界技能大赛普及性具体对策的研究。有研究者对来自英国的110位世界技能大赛参赛者及其伙伴进行了访谈，经研究表明，要让那些技能卓越者推动职业教育和培训的吸引力、打破职业与学术研究的分离局面，就需要有持续的政策保障和系统的训练方法。有学者建议借鉴参赛项目培训选手的成功经验，建议以世赛项目理念、技术标准和项目模块，引领和对接国内职业院校课程设计和执行，教师技能素质以及学生技能训练[4]。还有学者认为，应在消化理解世赛倡导的技能人才标准和理念基础上，从专业设置、教学模式、实习实训基地、教师队伍等方面推进教学改革[5]。此外，应充分参考世赛技术文件，以世界技能标准规范、竞赛项目、评分方式和基础设施列表等为参照，对国内职业院校专业教学标准、内容、考核和实训基地等进行改革[6]。也有学者认为，应以参加世赛为抓手，培养职业院校学生的"工匠精神"，并从建立反馈指标体系、赛前训练常规化、提升教师实践操作能力等方面提出了对策[7]。

---

[1] 孟凡华. 世界技能大赛的中国足迹 [J]. 职业技术教育，2017（33）：1-2.

[2] 孟凡华. 世界技能大赛的中国历程与期待 [J]. 职业技术教育，2019（27）：7-11.

[3] Tholen G, Relly S J, Warhurst C, et al.Higher education, graduate skills and the skills of graduates: the case of graduates as residential sales estate agents[J].British Educational Research Journal, 2016, 42（3）.

[4] 刘东菊. 世界技能大赛参赛经验对职业院校技能人才培养的启示 [J]. 职业教育研究，2016（11）：5-9.

[5] 王庆明. 世界技能大赛视角下技工院校教学改革研究 [J]. 职业技术教育，2019（17）：39-41.

[6] 李杰，郭达，张瑞，陈晓曦. 以世界技能大赛推动职业院校专业教学改革的路径探析——基于世界技能大赛技术文件的分析 [J]. 职业教育，2018（28）：22-27.

[7] 白丽红，刘萍. 基于世界技能大赛培养职业院校学生的工匠精神 [J]. 职教论坛，2017（29）：93-96.

（二）职业院校技能大赛普及性的内涵

从以上有关职业院校技能大赛普及性的相关研究可知，对普及性的理解主要圈囿于职业教育领域，以致难以扩展"普及性"概念的外延。因此，从多学科视域理解职业院校技能大赛的普及性，有助于进一步挖掘普及性的深刻内涵。以下，从传播学、社会学和教育学等维度提出职业院校技能大赛普及性的科学内涵。

1. 传播学意义上的推广普及

技能竞赛是职业院校教学活动的重要组织形式和有效延伸。作为教学活动，技能竞赛传授的不只是专业性技术技能，还应包括"日常生活劳动、生产劳动和服务性劳动中的知识、技能和价值观"[1]。因此，技能竞赛不仅是考核学生专业技术水平的平台，也是宣传鼓励学生积极投身技能事业，促进技能水平提高的平台。职业院校技能竞赛必须改变以往"赛前紧锣密鼓，赛时大张旗鼓，赛后偃旗息鼓"的状况。通过加大竞赛的宣传推广力度从而真正实现以下目标：赛前，在所有专业的教学活动中普及竞赛训练的内容和资源，培养学生必备的参赛能力和实力；赛时，体现学生高超的技术技能和高尚的职业素养；赛后，教师主动更新教学理念，潜心于竞赛成果的转化研究，最终实现全过程的良性循环。此外，因推广宣传不足，劳动力市场对选手在不同层级竞赛中所获成绩的认可度存在差异。虽然，大部分院校已将校级层面技能竞赛成绩作为学生学业考评的重要指标之一，但除国赛省赛外，学生在院校层面竞赛中所获成绩却很少被纳入招聘单位的录用考评依据之中。

2. 社会学意义上的价值认同

教育主体部门、政府机构和新闻媒体积极探索多方协调的推广模式，职业院校技能竞赛的开放性效应有所提升。但因指导教师和选手的遴选机制以及备赛资源的使用机制等合理性不足，以致广大师生对竞赛认同度不高的现象较为普遍。获取优异的比赛成绩是提升学校社会知名度、教师业务水平、参赛学生成就感的最好证明。但目前诸多学校采取传统的"精英化"教育策略，只有少数被遴选的"优质"学生拥有"特别训练"的机

---

[1] 黄黎明，罗尧成. 世界技能大赛推进劳动价值观普及的机制构建研究 [J]. 中国职业技术教育，2021（3）：76-81.

会。优越的教学资源仅面向备赛学生倾斜,其他学生很少有机会接触和使用。在学生调查访谈中发现,一部分学生认为能否参与技能竞赛不由他们意愿决定,选拔或选派选手具有内定倾向,与他们无关。因此,这部分学生对技能竞赛并不关心和关注。同时,为保证训练质量和比赛成绩,学校往往把指导参赛工作过度集中于少数几个优秀教师身上,其他教师很少有机会参与其中。指导教师所获竞赛经验也未能通过同行交流传递给其他教师,未能通过教育教学普及给全体学生。以上因素都导致职业院校师生对竞赛的认同度大打折扣。

3. 教育学意义上的成果转化

职业技能大赛被视为职业教育教学改革的"指挥棒"。在竞赛与职教二者的辩证逻辑关系上,技能竞赛以赛事理念、比赛规则和赛项设计等方式影响着职业教育教学与管理的方方面面。反之,职业教育则以技能竞赛为"航向标",通过课程内容和教学方法改革、培养方案和大纲修订以对接技能竞赛标准。然而,由于过分重视技能竞赛,有些教师热衷于组织学生参加各种技能大赛,有些带赛的指导教师忙于选拔参赛选手、停课训练,并负责选手心理疏导、衣食住行等各个方面,直至赛事结束。他们将大部分精力集中在选手备赛、比赛的全过程,与日常教学严重脱节,认真思考如何将比赛资源转化为专业教学资源的时间遭受挤兑。由此,产生理论教学、实践教学只注重形式而轻视内容的倾向,以及竞赛与人才培养联系不紧密,与教学改革不一致,与课程教学不相关的突出现状。竞赛内容的教育普及化未能实现,职业教育人才培养质量与社会需求出现偏差。

二、职业院校技能大赛普及性的社会意义

2005年10月,国务院发布《关于大力发展职业教育的决定》(国发〔2005〕35号),提出定期开展全国性职业技能竞赛活动的要求。十几年来,我国职业院校技能大赛的普及率和普及程度越来越高,为加快实现我国职业教育理念现代化、培养大批高素质技能型人才、为各类产业转型升级提供人才支撑具有极强的社会意义。

（一）加快实现职业教育教学理念的现代化

理念现代化是现代化的前提和基础，是深层次的、具有先导性和决定性意义的因素。没有从理念上实现传统职业教育理念转变，就没有真正意义上的职业教育现代化，而实现职业院校教育教学理念的现代化，需要着力于通过相关途径实现思想观念和教学理念的转变。职业教育教学理念的现代化是现代化思想在职业教育教学领域的体现，是教育现代化的一个重要组成部分。职业教育教学理念现代化是从传统单一的职业教育教学理念和模式向现代职业教育多元化多路径教学理念的转化，是职业教育适应时代发展，反映并满足现代生产和现代科学文化发展需要，达到现代社会发展所要求的先进水平而进行的思想准备。职业院校技能大赛的普及和推广，对职业教育教学理念的现代化具有积极的推动性作用。

各级各类职业院校技能大赛是一个既相互独立又相互联结的完整的竞赛体系。当前，在世赛、国赛和省市赛的引领下，各职业院校纷纷开展面向全体师生的院赛、系赛或专业赛，确保了职业院校技能大赛的持续性举办，全面展示了职业院校学生的技术技能风采，体现了职业院校技能竞赛面向全体学生的基本原则要求。通过职业技能竞赛的推广普及，职业院校学生深入融入"大众创业、万众创新"的时代氛围之中，为学校营造了人人皆可成才、人人尽展其才的良好育人环境，助推职业教育理念的现代化。目前，我国职业院校技能大赛总体实行人力资源市场导向和校企合作参与的大赛工作机制，为职业教育面向市场、服务经济发展、促进就业具有重要的作用，进一步强化了校企紧密合作的动力机制，加强了学校、学生与企业之间的沟通交流与合作，实现了职业教育教学模式的改革与创新。更可喜的是，在职业院校技能大赛的引领下，本科院校、高职院校、中等职业院校、培训机构和社会力量携手合作，在"面向人人、有机衔接"的方针指导下，初步构建了职业教育、普通教育、继续教育三元融合的人才培养体系。不少职业院校技能大赛，与行业企业深度合作，通过开展订单培养、校中产、产中校等机制，建立起技能人才培养的共建共享合作平台，实现产教协同发展和校企共同育人的机制。通过政府、行业协会等机构的宏观统筹指导，有效地协调了政府推动和市场引导的作用，使职业院校教育教学与经济社会的融合度、契合度不断提升，促进了我国现代化职业教育体系的构建和完善。

(二)扩大高素质技能型人才的培养规模

高素质技能型人才是一个综合概念。一方面强调人才拥有高技能,高技能型人才作为近年来出现的一个新概念,是相对于初、中级技能人才和一定历史时期而言的,随着产业结构的调整,科学技术的发展,其外延与内涵会逐渐发展;另一方面强调人才拥有高素质。高素质是一个衡量综合能力的概念,是随着社会的发展,各地区域经济发展的不同而综合处理程序化之外事件的能力。职业教育是培养技术技能人才、促进就业创业创新、推动中国制造和服务上水平的重要基础。近些年,各地区各相关部门认真贯彻党中央、国务院决策部署,推动职业教育发展取得显著成绩。改革着眼于服务国家现代化建设、推动高质量发展,着力推进改革创新,借鉴先进经验,努力建设高水平、高层次的技术技能人才培养体系。高素质技能型人才的素质表现为以下几个方面。一是职业技能,它是高技能人才所应具备的最基本素质。其中包括:掌握基本的职业技能操作方法和操作规范,并达到上岗所要求的熟练程度;树立基本的职业意识,形成与职业或岗位相对应的较完备、合理的专业知识结构等。二是职场应变能力。职场应变能力就是指高技能型人才灵活、适时应对职场要求变化的能力。具备这一层次的素质可使这类人才不仅成功就业,而且在必要时能顺利转岗或再就业,甚至赢得更新更好的职位,实现在职场上的适应性发展。三是专业创新能力,高技能型人才同样需要具备创新能力,具备这一层次的素质可使高技能型人才在职业生涯中工作能力得到更大提升,并把握创业的机会,实现由单纯谋职到自身事业获得发展的重大转折。

从企业人才需求上看,目前企业用人要求主要表现在以下几个方面。良好的职业素养、高超的技能水平、综合的管理和协调能力。职业院校高素质人才培养成效如何,不是由学校说了算,而是要得到企业的认可。职业院校技能大赛同职业教育教学的有效衔接对人才的评价和选拔具有制度性与引领性作用,它促使职业院校以企业行业需求为标准,进行价值能力和基本素养的综合培育,坚持专业设置来源于实践,比赛赛项设置来源于社会。专业基本功是专业的基础,核心技能是建立在专业基础上的高楼大厦。职业院校技能大赛的普及,为我们指出了高素质高技能人才培养的重要性和方向性。职业院校通过技能大赛普及，高度重视学生创新意识和能力的教育，从学生未来职业的实际出发，注重能力、强化能力的同时，通过大赛平台进一步培养学生的创新意识和创新能力。由于我国目前缺乏发达国家和地区成功实施校企合作所必需的机制、体制与政策环境，企业参与校企合作的积极性普遍不高，职业院校学生的职业培养与未来职业实践仍处于一定程度的脱节状态。职业院校技能大赛的普及恰是校企合作、展示学生技能素养的窗口，也为学生提升职业技能提供了助推动力源。

（三）进一步助力各类产业的转型升级

加快建设实体经济、科技创新、现代金融、人力资源协同发展的产业体系，是以习近平同志为核心的党中央把握全球产业变革趋势、针对我国经济发展实际作出的重大决策部署，是建设现代化经济体系的重要方面。各类产业升级发展是提升我国产业发展的层次和水平，推动我国产业发展迈向全球产业链、价值链中高端的关键步骤。建设现代产业体系，更加强调把发展经济的着力点放在实体经济上，更加注重生产要素之间的匹配与互动，促进更多技术、资本、劳动力等生产要素融入实体经济，从而不断地提高科技创新对实体经济发展的贡献率，不断增强现代金融服务实体经济的能力，不断优化人力资源支撑实体经济发展的作用。从人类社会现代化进程看，科技革命必然带来产业变革，并深刻改变世界发展格局。当今世界，以数字化、网络化、智能化为特征的新一轮科技革命方兴未艾，世界经济加速向数字化转型，顺应科技创新大势、抓住产业变革历史机遇已经成为提高我国产业发展层次和水平的关键。而实现各类产业的转型升级，要重视应用型、技能型人才的培养。

教育部《关于全面提高高等职业教育教学质量的若干意见》中明确指出，"职业教育要适应区域经济、产业发展状况，及时调整开设专业"。当前，不少职业院校在专业设置和课程内容上存在"跟风现象"，忽视了地方产业转型发展的实际情况，盲目照搬本科院校专业设置和教学内容，有些专业设置则不适应经济产业转型发展要求，片面强调理论知识的传授，既限制了专业的长远发展，也不利于学生操作技能的提升。职业院校技能大赛赛项设置和评价标准在普及中不断体现经济产业转型发展最新趋势，符合各类产业技能人才培养的最新需求。因此，为培养一批符合区域和国家经济产业转型和企业实际需求的高技能人才，职业院校应不断提升职业院校技能大赛的普及性。例如，职业院校可以借助技能大赛平台，邀请行业专家或企业一线技术人员，建设一批高质量的专业教师队伍，在职业技能大赛的相关设置上与人才培养有效衔接，不断培养出符合经济发展和产业转型升级所需要的高质量技能型人才。

第四节 职业院校技能大赛开放性与普及性的关系

职业院校技能大赛既要注重对开放性理念的认识，又要注重开展普及性的具体实践项目。在开放性理念的指导下，职业院校技能竞赛将进一步推动全社会对竞赛重要性的认识，为进一步普及职业技术教育，提升职业人才培养，促进大赛的普及提供科学的理论指导。与此同时，职业院校技能大赛在普及实践中也将进一步扩大竞赛的开放性。因此，二者之间存在辩证统一的关系。

一、开放性是职业院校技能大赛的核心理念

自2008年首届全国职业院校技能大赛举办以来，在多方参与和支持下，现阶段已经发展出60余个技能赛项，承办院校覆盖全国各个地区，竞赛体系、制度框架和组织架构日趋成熟。近年来，全国各类别职业院校技能竞赛紧密围绕国家对于职业教育新发展道路的要求，不断更新竞赛理念，创新竞赛机制体制，以便更好地体现中国职业教育发展特色。

有学者提出，竞赛应体现"以学生为中心"的理念，强调全面发展的学生观。职业技能竞赛首先要培养学生的职业技能，满足大众以及社会对高素质劳动者和技术技能人才的需求。其次，应将学生作为主体，进一步认识到学生是具有社会属性的社会人。职业院校技能竞赛要以立足未来的高度进行教育教学活动，不仅要关注学生的职业技能培养，还包括职业道德的养成。最后，应体现全体学生的全面发展需求，着眼于每个学生的终身教育，通过竞赛为学生在将来的职业生涯中更新职业知识和技能、提升职业能力、适应职业变化打好基础。也有学者从职业教育的育人为本理

念、终身化理念、市场导向理念、校企合作理念和注重素质理念等角度出发，指出竞赛在推动职业院校办学理念的创新和改革方面具有重要的作用。学者认为，职业院校技能大赛是教学成效的检验和展示。通过技能竞赛可以检验职业院校是否体现"以服务为宗旨，以就业为导向"的办学方针，是否突出职业教育特色，是否重视综合能力特别是实践能力的培养等等。选手通过个人形象和整体的风采，展示了技术、技能和技巧，显露了真活、细活和绝活，彰显了教育、教学和管理成果。当然，除此之外，从权威评价体系构建、竞赛过程中的安全操作、竞赛成果转化等方面的研究都提出了相关的理念。结合前述职业院校技能大赛开放性的内涵界定，无论是学生培养、学校发展还是技能型社会构建，均离不开对开放性问题的思考。从一定意义上而言，开放性理念应作为新时代职业院校技能大赛的重点。就目前来看，应进一步加强竞赛的开放性研究，从各类理念中不断丰富开放性的内涵。

二、普及性是职业院校技能大赛的实践路向

职业院校技能大赛是提高学生动手能力，培养应用型人才的重要抓手。在开放性理念的指导下，竞赛的重点应体现出普及性的实践策略。随着技能大赛的规模化、制度化，其经济效益日益增加。很多研究者认为，技能大赛不再是单纯的具有竞技性质的比赛活动，它正在对职业教育教学产生消极影响，尤其是技能大赛将有限的训练材料和资源投入少数精英群体身上，技能大赛已成为争名夺利的工具。事实上，职业院校功利主义的竞赛取向只是技能大赛招致负面评价的表层原因，究其根本，在于技能大赛已经成为类似于普通高考的评价工具，而竞赛考评对于职业院校课程和教学的影响远远超过大赛本身。因此，职业院校技能竞赛在一定程度上未能得到部分学生和社会人员的认同也就有了其内在的根由。

从社会本位视角看，研究者普遍认同职业院校技能大赛在展示、宣传、评价、激励和导向方面的功能，由于竞赛是对课程教学的高度展示，对如何促进职业院校课程与教学紧跟产业发展，更好地对接行业企业先进技术，不断地提升师资队伍质量具有重要意义。正因如此，职业院校技能大赛需要不断提升其普及性，在标准引领、内容渗透、设备革新等方面下

功夫，以此形成赛课融通的新形势。无论何种层级的技能竞赛，都提供了卓越技能标准以及技能水平评价标准。因此，在课程、教学和教法上嵌入先进技能大赛标准是确保学生高水平职业技能获得的重要方法。从普及性的实践上看，技能大赛的普及，包括参赛者在赛场上的优秀表现，优秀参赛者获奖的成功经验，对他人而言都具有重要的激励作用，而且有助于改变公众的职业教育偏见。通过展示优秀年轻人在赛场上的表现，还可以积极宣扬他们积极正面的社会形象，有助于提升职业教育的吸引力并使其成为受人尊重的、具有社会地位的学习路径。

三、大赛开放性与普及性的辩证统一关系

中国经济是开放型经济，中国社会是包容型社会，中国的职业教育正在大步迈进国际舞台。只有不断提升职业院校技能竞赛的开放性，在"走出去"中不断扩大竞赛的国际影响力，在"引进来"中不断提升竞赛的国际竞争力，才能真正走出一条中国特色的职业教育发展之路。当然，开放性作为一种先进的理念，为职业院校技能竞赛提供了有效的理论支撑和理论保障。而作为前提的理论总是离不开一定的实践土壤并经受着实践的检验，离不开职业院校技能竞赛普及性的全面推广与实践。总之，开放性是职业院校技能竞赛普及推广的理论前提，普及性则是职业院校技能竞赛不断促进开放性的实践保障（见图1-1）。

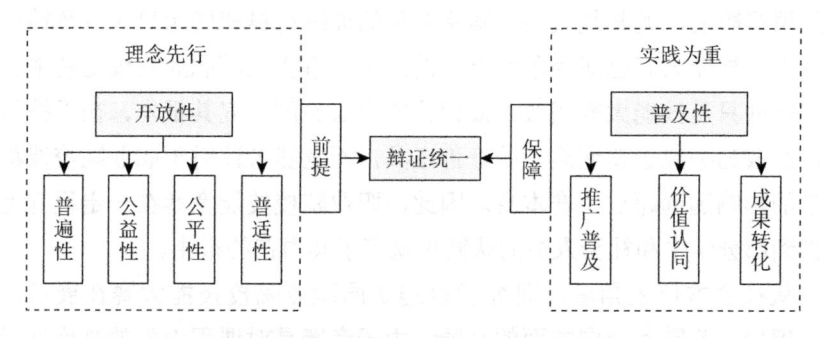

图 1-1 职业院校技能竞赛开放性与普及性的辩证统一关系

职业院校技能竞赛不是少数学生才有机会参加的"精英赛"，不是经济实力雄厚的院校才有资格参与的"贵族赛"，更不是承办院校才更容易

受惠的"关系赛"。职业院校技能竞赛应始终将开放性作为最根本宗旨，充分体现"人人有机会参与""人人公平参与""成果人人共享"的良好生态格局。职业院校技能竞赛作为评价学校教育教学质量和水平的指标之一，其开放性应体现在所有学生是否能够有效地适应比赛；所有教师是否能够依托技能竞赛及时更新教学内容、教学方法和教学设备；所有院校是否能够紧密对接世界产业先进技术标准，适时制定符合我国经济社会发展对技能人才需求的中微观政策。因此，开放性是职业院校技能竞赛应始终遵循的进步理念和始终坚持的发展方向。同时，开放性也是检验竞赛是否真正实现普惠大众、普及全员的真实写照。

目前，一些地方主管部门和职业院校将技能竞赛（尤其是市级以上竞赛）的成绩与业绩挂钩，使得大赛的锦标主义倾向较为突出，争夺奖牌成为他们参赛的唯一目标。在比赛的淘汰机制下，许多院校将大量的人力、物力和财力资源积极投入在少数的拔尖选手身上，虽提高了选手的技术技能，也更容易在竞赛中取得优异成绩，但却忽视了职业竞赛的普及性。毋庸置疑，技能竞赛本质上体现了角逐赛事的竞技性，但这不应简单地理解为"唯奖牌论"。各级各类职业院校技能竞赛的开展应兼顾竞赛的普及性，真正做到人人都想参与、都要参与、都想提高专业技能水平的自觉性。自2008年起，教育部和天津市联合主办职业院校技能大赛，自此拉开了我国职业院校技能大赛的帷幕，至今已走过15年历程。我国职业院校技能竞赛的类别多种多样。从级别看，主要有国赛、省赛、市赛、校赛等；从行业看，包括跨行业的一类竞赛和单一行业的二类竞赛；从参赛主体看，有单项比赛和团体比赛两类；从参赛选手的范围看，主要有中职学生、高职学生和普通本科学生。与此同时，从职业院校技能大赛发展态势看，职业院校技能大赛日益成为职业院校与各行各业对接与交汇的纽带，竞赛呈现良好的阶段性特征——从竞赛的类型、比赛项目和比赛人数的增加到整体竞赛质量的提高。有研究统计表明，2008—2013年主要表现为竞赛各方面在量上的增长趋势，2014年后则主要是层次和质量的提高，呈现出创新发展的良好局面。这些成绩表明，在办赛的全过程不断贯彻开放性理念，努力践行赛事的普及性，并在普及赛事的过程中，不断提升职业院校技能竞赛的开放性，我们才能真正走出一条具有世界竞争力和影响力的中国特色社会主义职业院校技能竞赛发展之路。

第二章
职业院校技能大赛开放性与普及性政策分析

职业院校技能大赛的开放与普及对于技能型社会的建设具有重要意义。加强顶层设计并制定相关政策有助于进一步推动大赛的开放与普及。从应然视角，相关政策要秉持开放理念，面向普及发展。从实然视角，需要探究当前各项政策是否较好地体现了开放性与普及性，具体表现在哪些方面，以及未来如何发展完善等问题。基于此，本章首先立足国内，通过政策文本分析，廓清我国职业院校技能竞赛政策的发展阶段与特征，明晰现有政策在开放性与普及性方面的发展现状。其次面向世界，通过比较研究，对日本、德国、澳大利亚等国家的职业院校技能竞赛政策中有关开放办赛、普及办赛的内容进行分析，以期对我国相关政策改革提供借鉴。

第一节 国内相关政策分析

我国关于职业院校技能大赛的政策法规不断发展和完善。本节从政策类型、政策数量、政策年份分布等维度分析了相关政策文件，把大赛开放性与普及性政策发展历程划分为"初创探索期""规范发展期""改革深化期"三个阶段，竞赛开放与普及的政策呈现出办赛理念逐步清晰、赛事要求转向提质、载体形式走向多元、体系构建渐趋系统的特征。

第二章
职业院校技能大赛开放性与普及性政策分析

一、大赛开放性与普及性政策的基本情况

围绕"全国职业院校技能大赛",主要选择由教育部作为发文机构的相关政策、大赛执行委员会发布的重要文件作为分析对象。具体包括全国职业院校技能大赛相关的重点通知、规划章程、制度汇编、办法方案、意见决定及教育部的年度工作要点等文件。文件可划分为针对性政策文件和非针对性政策文件两大类,针对性政策文件是指针对全国职业院校技能大赛所颁发的政策文件,非针对性政策文件是指政策内容中提及全国职业院校技能大赛的职业教育领域内的其他文件。梳理分析政策中关于大赛办赛理念、办赛机制、办赛规模、宣传方法、资源转化等方面中体现大赛开放性与普及性的重要内容。经筛选,排除各类具体执行工作通知、会议安排、获奖名单等与开放性、普及性关联不大的文件,最终得到全国职业院校技能大赛针对性文件39份,非针对性文件22份,共计61份文件。文件类型分布详见表2-1。

表2-1 全国职业院校技能大赛开放性与普及性政策的类型分布

文件类型	通知	规划章程	制度汇编	办法方案	意见决定	工作要点	总计
针对性政策	25	5	8	1	1	0	40
非针对性政策	7	1	0	4	2	8	22

从政策类型看,通知类文件占多数,主要包括办赛通知、工作开展通知等;制度汇编数量次之,是指把各项办赛管理规定整合形成的系统规范的赛事文件,在大赛政策文件中占据重要地位。从政策年份分布看,在大赛设立初期,开放与普及的办赛理念并没有得到充分体现,故相关政策数量较少。自2012年起,大赛办赛机制发生重大变化,开放性与普及性开始受到重视,政策中相关内容也逐步增加(见图2-1)。

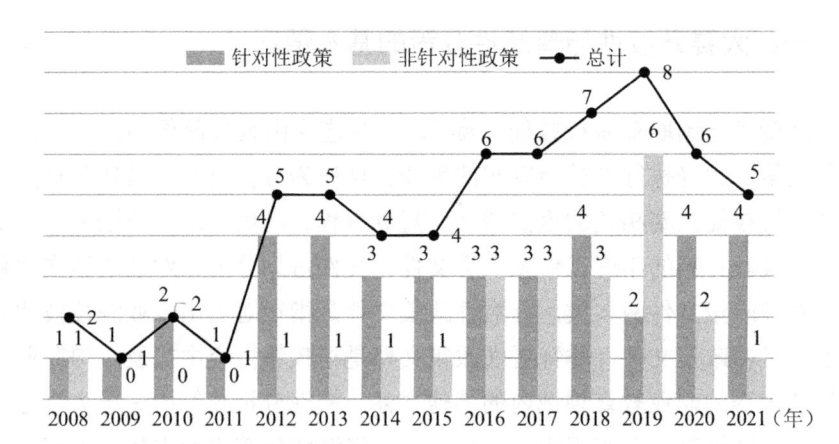

图 2-1　全国职业院校技能大赛开放性与普及性政策的年份分布

二、大赛政策开放性与普及性发展阶段分析

（一）初创探索期（2008—2011年）：举办多种同期活动提高大赛知晓度

《2008年教育部工作要点》将"举办全国职业院校技能大赛"列入其中，体现了办赛之初教育部对大赛的高度重视。办赛初期，政策文件数量较少，主要以发布全国职业院校技能大赛办赛通知为主。例如，发布办赛方案、举办日程、赛项设置等。因此，这一时期的政策目标主要注重顺利办赛。

在开放性与普及性方面，该时期相关政策内容主要体现在宣传活动及试行网络报名两个方面。第一，大赛初期的主要宣传内容是同期举行的周边各类职业教育活动，如"职业教育高峰论坛""职业教育现代技术装备展览会""全国职业院校学生文艺调演晚会"等。旨在通过宣传各项同期活动，共同营造重视职业教育的社会氛围，以此提升全国职业院校技能大赛的知晓度。第二，随着网络信息技术的发展，《关于2010年全国职业院校技能大赛试行网上报名的通知》提出大赛首次试行网上报名系统。网上报名为选手参赛提供了便利，同时也促进了大赛的开放性。

表 2-2 初创探索期（2008—2011 年）大赛开放性与普及性的主要政策

政策文件名称	主要内容	发布时间
《关于举办 2008 年全国职业院校技能大赛的通知》教职成函〔2008〕3 号	发布大赛方案，同期举办"职业教育高峰论坛""全国职业教育现代技术装备展览会"	2008-2-28
《关于 2010 年全国职业院校技能大赛试行网上报名的通知》教职成司函〔2010〕50 号	首次试行网上报名系统，提高报名工作便利性与效率	2010-4-21
《关于举办 2011 年全国职业院校技能大赛的通知》教职成函〔2011〕2 号	发布大赛方案，同期举办"全国职业院校学生技能作品展洽会""民族地区职业院校学生才艺展示"等活动	2011-3-15

总体上看，大赛举办初期，与开放性与普及性相关的政策较少，尚未形成明确的开放性与普及性理念，但是已经开始动员多元主体的参与，营造良好的外部环境。

（二）规范发展期（2012—2019 年）：扩大规模与完善制度推进大赛开放与普及

2012 年，《教育部工作要点》指出要"研究制定大赛管理办法和改革方法"。此后，教育部等部门先后颁发《全国职业院校技能大赛三年规划（2013—2015 年）》《关于征求〈全国职业院校技能大赛实施规划（2017—2020 年）〉意见的函》《全国职业院校技能大赛章程》等重要文件。2013 年，大赛执行委员会首次研究编制《全国职业院校技能大赛制度汇编》，涵盖了赛前、赛中、赛后各个阶段的组织、实施、宣传、管理、总结等各类工作，使大赛各项要求及规定更加系统化和规范化。此后，随着大赛各项规章制度的系统化和规范化，大赛的开放与普及发展日益受到重视。

第一，赛区与赛项数量不断扩大，赛区由一个主赛区增至二十多个赛区，赛项数量也由最初二十几个增至一百个左右，赛项设置在专业类别上逐步增多、覆盖面逐步递增，产业分布渐趋优化[①]。2017 年赛执委发布《关于开展行业特色赛项工作的通知》，提出设置行业特色赛项，加强对

---

① 付云. 全国职业院校技能大赛赛项研究——基于 2008—2017 年赛项数据分析 [J]. 职业技术教育，2017（36）：39-43.

意义重大、特色突出、专业布点较少专业的发展，使得赛项更好地覆盖各个行业产业。

第二，更加注重赛场开放与宣传，《关于2012年全国职业院校技能大赛赛事筹备工作要求的通知》首次明确了"开放竞赛原则"。《全国职业院校技能大赛三年规划（2013—2015年）》提出要"继续推进开放办赛"，一体化设计赛项的现场比赛、技术体验和成果展示，尽可能多地对赛场进行开放，对大赛进行网络直播或录播。《关于做好2016年职业教育活动周相关工作的通知》中也提出要"开放各类赛场"，向社会各界传播职教"好声音、新形象"。同时，政策中对大赛宣传方法也做出明确与完善，充分发挥传统媒体与新媒体相结合的宣传方式，通过各类平台、途径及多种形式对赛事进行宣传报道。

第三，大赛资源成果转化受到重视。2013年大赛首次编制《全国职业院校技能大赛制度汇编》，"编制赛项资源转化方案"要求仅在《赛后工作要求》一篇中提出。《全国职业院校技能大赛三年规划（2013—2015年）》中提出加强竞赛资源向教学资源转化，建设"全国职业院校技能大赛资料中心"、大赛资源数据库及赛事信息管理系统。在此后的制度汇编中《赛项资源转化工作办法》开始作为单独文件出现。

第四，大赛影响逐步扩大。《中国特色高水平高职学校和专业建设计划项目遴选管理办法（试行）》《全国职业院校教师教学创新团队建设方案》等文件将"在全国职业院校技能大赛中获奖"等作为项目评选条件；《本专科生国家奖学金评审办法》《中等职业教育国家奖学金评审暂行办法》等也将"在全国职业院校技能大赛中获奖"作为学生评选加分项。大赛专业性逐渐被职业院校师生认可，其影响力不断扩大。

这一时期，大赛政策类型逐步完备，各项制度与规定不断完善，体现开放性与普及性的相关政策增多，开放性与普及性的办赛理念日益彰显，通过规范办赛、科学办赛有效提升了办赛水平。

表2-3 规范发展期（2012—2019年）大赛开放性与普及性的主要政策

政策文件名称	主要内容	发布时间
《全国职业院校技能大赛三年规划（2013—2015年）》教职成函〔2013〕1号	提出继续推进开放办赛及加强社会宣传的主要任务	2013-1-21
《2013年全国职业院校技能大赛制度汇编》	首次汇编大赛制度，整合赛事各项工作管理规定	2013-5-21
《关于做好2016年职业教育活动周相关工作的通知》教职成函〔2016〕5号	提出开放各类赛场，充分展示职业教育风采	2016-4-21
《关于开展行业特色赛项工作的通知》赛执委函〔2017〕7号	探索设置特色赛项，使赛项更好地覆盖行业	2017-3-21
《全国职业院校技能大赛章程》教职成函〔2018〕4号	对大赛宣传与资源转化、规范廉洁办赛等做出总体要求	2018-3-22

（三）改革深化期（2020年至今）：创新理念与运行模式推进大赛开放与普及

2020年，为推动落实《国家职业教育改革实施方案》，促进职业教育高质量发展，《关于举办2020年全国职业院校技能大赛改革试点赛的通知》提出，依托教育部和山东省共建的国家职业教育创新发展高地，在山东省实施大赛改革试点赛。改革试点赛的实施是推动职业教育改革发展的重要举措。2021年，教育部发布新版《全国职业院校技能大赛章程》，对大赛部分制度提出创新性改革。

新的改革措施破除了部分限制性规定，创设了新的大赛制度，使大赛的开放性与普及性得到进一步体现。第一，在办赛理念上，面向世界，与世界接轨。2020年发布的《全国职业院校技能大赛改革方案（征求意见稿）》倡导在组织形式上借鉴世界技能大赛经验，实行赛题、赛场、比赛过程、专家裁判信息、组织程序等公开，有效利用电视直播、网络直播、现场观摩等方式向社会展示竞赛过程，扩大赛事的社会影响力。《关于举办2021年全国职业院校技能大赛的预通知》也提出要将大赛打造成一项世界水平的赛事。第二，在办赛模式上，2021年版《全国职业院校技能大赛章程》明确建立学校、省级、国家三级竞赛体系；实行赛区制，取消主赛区与分赛区模式；赛项承办除院校承办外，新增城市承办以及校企承办，并取消参赛选手年龄限制等。这些改革措施对促进大赛的开放与普及将发挥更加积极的作用。第三，在办赛功能方面，强调"赛教融合"。全国职业院校技能大赛作为目前专业覆盖范围最大、参赛人数最多、办赛经验最丰富的一项全国性技能赛事，应充分发挥大赛功能及影响，扛起职业教育领域国内赛的大旗。《职业教育提质培优行动计划（2020—2023年）》提出，要充分发挥大赛"以赛促学"的引领作用。将竞赛内容转化为优质教学资源，开放赛项成果资源，使其惠及全体学生，加强大赛成果在专业领域的普及和人才培养的应用[①]，推动"课岗赛证"有效融合。同时倡导企业加深参与度，不断探索和发挥校企协同育人模式作用。

这一时期，政策主要通过对原有大赛的各项制度进行改革、完善与创新，进一步提升大赛水平和质量，扩大大赛影响，力求办出教育特色、社会影响、世界水平。该时期把对大赛的开放性与普及性要求提升到更高层次，不仅面向学生、企业、行业、社会，同时还面向世界，实现了积极突破。

表2-4　改革深化期（2020年至今）大赛开放性与普及性的主要政策

政策文件名称	主要内容	发布时间
《全国职业院校技能大赛改革方案（征求意见稿）》赛执委函〔2020〕4号	提出"借鉴世赛经验，深化办赛体制改革，创新运行机制"的改革目标	2020-3-24
《职业教育提质培优行动计划（2020—2023年）》教职成〔2020〕7号	办好全国职业院校技能大赛，发挥以赛促教促学的引领作用	2020-9-16
《关于举办2020年全国职业院校技能大赛改革试点赛的通知》教职成函〔2020〕5号	在山东省举办改革试点赛，力求赛出新机制、高水平	2020-9-9
《关于举办2021年全国职业院校技能大赛的通知》教职成函〔2021〕7号	发布大赛方案，在赛项、赛区设置等上做出改革	2021-5-12
《全国职业院校技能大赛章程》（最新版）教职成函〔2021〕11号	在竞赛体系、赛制、赛项承办、参赛条件上进行多维度改革	2021-9-2

---

① 程智宾，李宏达，张健.岗课赛证融通培养模式的价值追问、学理依凭和实践创新[J].职教论坛，2021（11）：68-74.

三、大赛政策开放性与普及性发展特征分析

(一)开放与普及的办赛理念由模糊转向清晰

在大赛举办初期,政策中有关于大赛开放性与普及性的内容并不多,主要以发布大赛通知与方案为主。在宣传理念上,仅把大赛作为整个职业教育周中的一个活动,将大赛作为共同营造职业教育氛围的多种活动形式之一,对于大赛本身开放与普及并没有过多关注。随着大赛各项规定走向具体完善,"开放办赛"理念与目标在政策中逐步体现,如《关于2012年全国职业院校技能大赛赛事筹备工作要求的通知》《全国职业院校技能大赛三年规划(2013—2015年)》都明确提到了"开放办赛"的政策内容,认为开放办赛是保障比赛公平、提升赛项质量、扩大比赛影响的重要手段。《关于举办2017年全国职业院校技能大赛的通知》提出"联合办赛、开放办赛"的办赛机制,将其明确为一种办赛理念。在2021年版《全国职业院校技能大赛章程》中,改革的各项内容进一步体现了开放办赛与普及办赛的理念,表明开放与普及的目标逐步受到重视。高水平、高质量的大赛不仅要在赛项设置上做到覆盖重点行业产业,且大赛成果也能够得到有效利用,同时营造良好社会氛围。从原则之一,到任务之一,再到明确导向,大赛的开放性与普及性在政策目标中逐步明确并得到重视。

(二)开放与普及的程度范围由增量转向提质

2008年首届全国职业院校技能大赛在天津举办。天津作为我国近代工业发源地之一,从早期孕育了"工学并举"的职业教育模式到成为"半工半读"试点城市,再到与教育部共建国家职业教育改革试验区,将天津作为主赛区充分体现了其地区发展的优势及引领作用。2012年起,办赛规模开始扩大,赛区和赛项数量大幅增加,开放与普及的范围得到延展。大赛在不同地区设立赛区有利于加强技能大赛的宣传,夯实大赛群众基础、扩大社会影响,建立了大赛开放与普及的良好基础。同时,赛项调整紧跟产业崛起、行业发展和专业布局,既能提高大赛的前瞻性与时代性,又能有效地将赛项转化为教学项目、案例,将赛事标准融入教学过程,有利于提升大赛的普及性。2020年改革试点赛的实施,将开放与普及的着力点由覆盖范围扩大转到赛事质量提升上来。正值新时代职业教育高质量发展

时期，全国职业教育大会提出建设技能型社会的宏伟目标，全国职业院校技能大赛应在其中营造良好氛围，充分发挥以赛促学、以赛促教的引领作用。赛项设置更加科学，参赛限制更加宽松，将赛事与院校、企业、学生个人发展联系起来。大赛发展转向追求质量优化，从办赛过程中抠细节、抓关键，通过提升大赛水平与质量增强大赛的深度开放与普及，从而持续扩大大赛的社会影响。

（三）开放与普及的载体形式由单一转向多元

大赛设立初期，尚未形成明确的开放与普及的办赛理念，政策中仅对大赛宣传方式做出一定要求，形式较为单一。首先，在大赛制度得到进一步完善规范后，开放办赛的要求逐步得到明确，赛场开放、开放设计赛项等开放形式逐步出现。其次，大赛宣传办法得到明确，制度汇编中对大赛宣传办法做出详尽规定，对具体宣传形式及各执行主体的责任进行了明确与细化，有利于落实宣传执行工作。同时，竞赛资源成果转化工作也受到重视及规范性指引，保障了赛后资源的普及与应用。随着信息技术的快速应用，伴随疫情带来的影响，赛场开放还充分利用了网络直播，使观摩不会受到地理空间的限制，大大扩展了开放的可能性。此外，开设"云上活动周"，通过各类主题网站、线上展厅、资源开放等形式扩大了赛事宣传，为大赛风采和成果展示搭建了更加开放与广阔的平台。大赛开放与普及的形式更加多样，形成了"赛场开放与传统媒体宣传层面的直接开放、职业活动周举办烘托层面的间接普及、网络信息技术层面的无差别开放"的三层开放与普及体系，多方向、多途径共同着力，更好地提升了大赛的开放性与普及性。

（四）开放与普及的运行体系由零散转向系统

2012年的全国职业院校技能大赛是其走向开放的一个里程碑，为了推动开放办赛，多数比赛都允许现场观摩并组织当地学生进行参观，此外，依托信息技术实现主赛区网络直播和分赛区网上录播[1]。此后，大赛的开

---

[1] 全国职业院校技能大赛官网.2012年全国职业院校技能大赛工作总结 [EB/OL].http://www.chinaskills-jsw.org/content.jsp?id=422efb3b2c2449a193b8c13d9f2d23de&classid=ff8080814ead5a9701512655694 10339，2014-12-11.

放性与普及性在各项政策内容中开始逐步展现，逐渐形成系统的大赛开放性与普及性运行体系。首先，在办赛理念上，自从中国参与世界技能大赛以来，全国职业院校技能大赛便努力对接世赛标准、赛项及其理念，逐步增强开放与普及的意识。其次，在赛事规模上，通过对赛事规模的扩大和调整，大赛覆盖更多地区、更多行业，更好地惠及了各地师生及相关行业企业。此外，在宣传方式上，政策中提及的宣传途径更加多样，社会传播效果更加明显。最后，在资源转化上，逐步保障大赛成果的有效利用，使大赛成果利好校企协同发展和人才培养，提升了大赛的实质性普及程度。

开放与普及在政策内容中的体现逐渐超越一般的赛场开放与赛项开放，其内涵更是体现在大赛运行过程的各个方面。经过十多年办赛历程的优化与整合，开放性与普及性理念在各项政策内容中的演化由零散走向系统，逐步明确、完善，形成了赛前开放意识的确立、赛中赛事活动的多样化实施、赛后成果的总结宣传推广一体化的开放与普及运行体系。

四、推进大赛开放性与普及性政策发展的价值逻辑

（一）以提升职业教育影响为逻辑起点

逻辑起点是理论体系中回答基本问题的关键概念，或者说是对基本问题进行解答的起点[1]。全国职业院校技能大赛萌发于2002年全国中等职业学校学生技能大赛、2007年全国中等职业教育技能大赛之中[2]。2008年，为深入贯彻党的十七大精神，认真落实党中央、国务院关于大力发展职业教育的方针，首届全国职业院校技能大赛在天津举办。全国职业技能大赛的举办，旨在把多年来职业教育发展过程中逐步探索出的具有中国特色的"工学结合、校企合作、顶岗实习"的经验和做法加以制度化、规范化，形成"普通教育有高考，职业教育有技能大赛"的局面[3]。同时也致力于为每一名职教学子搭建实现梦想的舞台，提供人生出彩的机会，在全社会

---

[1] 周越，徐继红.逻辑起点的概念定义及相关观点诠释[J].内蒙古师范大学学报（哲学社会科学版），2006（5）：16-20.

[2] 孟凡华.全国职业院校技能大赛：检视与反思[J].职业技术教育，2015（24）：32-35.

[3] 榴红.普通教育有高考 职业教育有技能大赛——全国职业院校技能大赛在天津举行[J].中国职业技术教育，2008（20）：1-2.

进一步营造"崇尚技能"的良好氛围，从而提高职业教育的影响力和吸引力[1]。

2011年，我国首次参加世界技能大赛。世界技能大赛作为一项世界级的职业技能赛事，是目前职业教育领域中最高级别的竞赛。为进一步与世界技能大赛对接，2012年全国职业院校技能大赛在赛事组织与管理，形式与内容上进行了创新与突破，进一步提升了大赛的开放性与普及性。一方面扩大赛事规模，成为办赛以来覆盖专业最广、参加行业最多的一次比赛；另一方面规范竞赛管理，全面开放网上报名通道，制定了一系列规范性文件如赛事筹备工作等，进一步健全大赛制度；同时，大赛遵循开放办赛理念，组织群众线下观摩，还向境外职教同人发出邀请，共有来自55个国家和地区的代表以不同形式参与到赛事中[2]，切实提升了大赛的国际影响力。并通过同期活动从不同角度展示我国职业教育改革建设的成果，彰显了我国开放包容的职教形象。

（二）以高技能人才培养为逻辑中介

逻辑中介是联结逻辑起点和逻辑终点的中间环节，是运用从抽象上升到具体的方法以形成系统理论而确定的逻辑范畴体系中的逻辑中项[3]。全国职业院校技能大赛的举办始终秉持提高技能型人才培养质量的宗旨。技能竞赛的举办能够促进院校专业设置及时对接行业变化，并且将课程标准与职业标准对接，在对教师素质提升、促进院校实训条件对接企业技术装备、促进中高职衔接、提升学生综合素质等方面亦可发挥重要作用[4]。事实表明，技能竞赛的举办，促成了大批优秀技术技能人才的培养，已成为大国工匠诞生的"摇篮"。随着社会工业化的快速发展，技术技能人才

---

[1] 天津市委员会.我市打造现代职业教育体系透视[EB/OL].https://jy.tj.gov.cn/JYXW/TJJY/202108/t20210810_5530071.html，2021-08-10.

[2] 全国职业院校技能大赛官网.2012年全国职业院校技能大赛工作总结[EB/OL].http://www.chinaskills-jsw.org/content.jsp?id=422efb3b2c2449a193b8c13d9f2d23de&classid=ff8080814ead5a9701512655694103 39，2014-12-11.

[3] 宋思运.《道德经》的逻辑起点、逻辑中介、逻辑终点——老子思想体系的"道—德—势"逻辑结构分析[J].宁夏社会科学，2018（5）：49-55.

[4] 吕景泉，汤晓华，周志刚.全国职业院校技能大赛对技能人才培养的价值与作用[J].职业技术教育，2014（9）：54-56.

的缺失一直是劳动力市场上的棘手问题，尤其是高素质技术技能人才的紧缺成为制约我国经济持续快速发展的重要因素。而全国职业院校技能大赛的举办，将"赛、学、教"有机融合，并且能够从现实需求出发，将社会行业的技术应用型人才素质要求与职业院校教学内容相结合，深化产教融合，优化人才培养模式。首先，大赛的开放与普及能够使各方标准更好融合，扩大技能人才培养面，让更多学生参与其中；也让更多企业参与到人才培养中，更好地促进校企融合，提升标准和水平。其次，面向社会的开放有利于营造良好的技能人才培养环境，赛项设置和成果普及有利于平衡各产业人才结构失衡的状况，弥补院校专业结构设置与产业发展需求脱节的现象。新时期，通过对全国职业院校技能大赛的改革，提升大赛水平及影响力，有利于深化"三教"改革、"岗课赛证"综合育人，培养更多高素质技术技能人才、能工巧匠和大国工匠。

（三）以彰显职业教育类型特征为逻辑主线

逻辑主线是指融汇并引领于思想理论体系各主要组成部分之中的基本范畴、核心观点和基本方法[1]。改革开放以来，我国着力重振职业教育，赋予职业教育重要地位、不断扩大职业教育规模、调整优化职业教育结构[2]，发布了一系列职业教育政策文件，明确了国家发展职业教育的战略方针。1996年我国第一部《职业教育法》颁布，为职业教育的发展提供了法律保障。进入21世纪，2002年《国务院关于大力推进职业教育改革与发展的决定》确立了职业教育在我国社会主义现代化建设中的战略地位。2005年《国务院关于大力发展职业教育的决定》提出建立具有中国特色的现代职业教育体系，明确了构建现代职业教育体系的重要任务。全国职业院校技能大赛的举办有利于展示职业教育改革发展成果，提升职业教育影响力。而推进大赛的开放与普及，有助于进一步提升大赛的影响力，发挥大赛的导向作用，改变人们对于职业教育的传统认识与感知，不断推动职业教育的改革发展。2019年，《国家职业教育改革实施方案》提出职

---

[1] 吴育林.把握马克思主义基本原理体系整体性的关键[J].思想理论教育导刊，2011（6）：46-47.

[2] 李守可.中国共产党职业教育政策的历史变迁与功能[J].中共云南省委党校学，2020（1）：136-141.

业教育是一种类型教育，与普通教育具有同等重要地位。此后，《加快推进教育现代化实施方案（2018—2022年）》《职业教育提质培优行动计划（2020—2023年）》等重要文件的相继发布，标志着国家对职业教育的重视程度逐步加深，职业教育高质量发展、类型教育的战略地位进一步形成。全国职业院校技能大赛自成立以来不断完善大赛制度，提升大赛的科学化、规范化水平。新时代，提升大赛的开放性与普及性、进一步提升大赛社会影响力，这无疑是彰显职业教育类型特征的重要路径和有效渠道。

（四）以技能型社会的建成为逻辑旨归

2021年全国职业教育大会提出建设技能型社会，国务院《关于推动现代职业教育高质量发展的意见》提出，到2035年基本建成技能型社会。技能型社会是一种能够促进技能知识积累与技能习得的社会理念，旨在使每个劳动者都有习得技能的机会，旨在营造国家重视技能、社会崇尚技能、人人学习技能、人人拥有技能的社会氛围。技能型社会体现了技能覆盖全体劳动者的全面性，贯穿劳动者全生命周期的终身性，覆盖全产业链的普及性[1]，这与全国职业院校技能大赛的开放与普及一脉相承。全国职业院校技能大赛坚持德技并修、工学结合，深化产教融合、校企合作，弘扬劳动光荣、技能宝贵、创造伟大的时代风尚，推动人人皆可成才、人人尽展其才的局面形成，引导全社会了解、支持和参与职业教育。可见，大赛的功能价值及实践效果与技能型社会建设的目标高度契合。提升大赛的开放性与普及性，有利于充分实现大赛功能价值，发挥大赛实践效用，在促进技能型社会建设中发挥着重要作用。一方面，大赛开放性与普及性的提升有利于转变传统社会观念，大赛的开放与普及能够让更多人了解并参与其中，更好地向社会展示和宣传职业教育，营造良好的社会氛围，为营建技能型社会创造良好环境；另一方面，大赛的开放与普及有利于提升职业教育国际影响。大赛具有国际视野，积极向世界展示和宣传我国职业教育的优秀成果，同时为国际交流合作提供平台，助力高水平技能型社会的建设。

---

[1] 张学英，张东. 技能型社会的内涵、功能与核心制度[J]. 职教论坛，2022（1）：35-41.

第二节 国外相关政策分析

我国职业院校技能大赛正在按照国家战略和部署有计划地展开，已经取得了巨大进步，但大赛的开放性与普及性仍有很大提升空间。在此阶段，我们借鉴国外职业技能大赛相关政策法规的制定与实施经验，对于推动我国大赛的深度开放与普及意义重大。经参考、分析大量国外职业技能院校大赛的开放性与普及性相关政策后，发现日本、德国和澳大利亚这三个国家的政策具有鲜明特点，对我国职业院校技能大赛的政策制定与职业技能大赛开放性与普及性发展具有重要的参考价值和意义。因此，本节将对这三个国家的职业技能大赛的普及性和开放性政策进行多角度的分析与展示。

一、日本职业技能大赛开放性与普及性政策

（一）制定《职业能力开发促进法》，保障职业技能竞赛的实施

日本以产业立国，高度重视职业技能人才，尤其是把制造业职业技能人才的培育、开发放在首位。日本的职业技能竞赛依据《职业能力开发促进法》实施，其职业技能竞赛制度与职业技能评价制度互为支持、紧密结合[1]。从1962年起，日本每年都举办全国综合技能展、全国技能竞赛大会、国际青年奥林匹克技能竞赛等活动，以推动日本职业教育的发展[2]。

《职业能力开发促进法》是日本的一项教育法案。1985年6月8日颁布。同年9月30日公布施行细则，并规定10月1日开始实施以取代《职业训练法》。1987年再次修订，分总则、职业能力开发计划、职业能力开发之促进、职业训练法人、技能检定、职业能力开发协会、职业能力开发审议会、细则和罚则共9章108条。强调要在劳动者整个职业生涯期间，通过职业训练和技能检定，有计划地实施综合性的能力开发，即"生涯训练"。职业能力开发主张保证训练的长期化，从过去以公共职业机构的养成训练为主，转向以企业内部的发展训练为主；主张训练的广泛化，训练

---

[1] 日本职业技能竞赛制度给我们的启示[EB/OL].http://www.idacn.org/news/32549.html，2016-12-06.

[2] 任凯. 技能大赛影响力与职业教育发展[J]. 中国职业技术教育，2011（30）：26-29+33.

范围由过去的职业训练扩大到各种职业能力的开发活动，包括教育训练休假制度、促进企业主给劳动者提供多种教育训练机会等；主张训练的弹性化，由过去呆板地实施公共职业训练，改变为自主性地实施职业能力开发，使之符合工人个人的愿望和职业经验，适应技术进步、产业结构变化和经济活动国际化等形势。结合职业训练按一定标准对工人进行技能检定。分特级、一级、二级及单一等级，授予合格者技能士称号。

目前，日本劳动省每五年修订一次并由国会认定的《职业能力开发促进法》，从法律上明确了职业培训、技能竞赛的国家公共事业属性，还确立了卓越技能者表彰制度。日本国家和都、道、府、县分别设置职业能力开发协会和职业能力开发审议会。无论是政府、企业，还是社会团体都承担着对劳动者进行职业技能培训的社会义务。竞赛活动的经费，一半由国家财政支持，其余由企业或社会团体赞助。

（二）建立职业技能大赛层级制度，为不同人群提供竞技平台

日本技能人才可选择的职业技能大赛包括具有衔接性的四个部分：青年者制造竞技大会、全国技能竞赛、全国技能大奖赛、世界技能大赛。

青年者制造竞技大会。为了使年轻人制造技能意识得到提高，成为独当一面的技能工人，在推进年轻人掌握技能的同时也同样需要赋予技能竞赛需要的角逐场。因此，职业能力开发协会设立了原则上以工业高等学校、技能习得中的待就业的20岁以下的年轻人为对象的青年者制造竞技大会，促进了年轻人技能的提高和就业，同时扩大了年轻技能者的阵地。

日本的全国技能竞赛赛项内容更注重人的技能，尽量减少机器的作用，他们最重视的是保留企业内部一些传统手工技能，他们坚信在锻炼职业素质方面，手工操作比数控操作更胜一筹[①]。虽然日本的数控技术在世界上处于顶尖水平，并且世界技能大赛使用的均是数控机床，但日本国内竞赛采用普通机床。他们依旧依靠纯粹的手工机械加工实现微米级的加工，他们认为，奥林匹克精神要展现人的技能魅力，这一点是更加重要的，要传承下来的。第一名除发给金牌外，以劳动大臣名誉发给奖状；银牌和铜

---

① 邹吉权，刘晓梅.日本的职业技能竞赛概述[J].职业技术教育，2014（20）：93-96.

牌获得者，同时以职业能力开发局局长名誉发给奖状；第四、第五名只发奖状。对职业技能竞赛各工种金牌得主会得到出国旅游10天的奖励。

日本的全国技能大奖赛没有年龄限制，但要求参赛者必须拥有国家一级技能证书。实际上，它是日本全国高级技能师的比武擂台。该比赛由日本厚生劳动省、中央职业能力开发协会和日本技能士联合会共同举办，比赛的获胜者将分别获得总理奖、厚生劳动大臣奖等奖励[1]。此项赛事的目的是不断提升特级、一级和单级技能士的专业水准，通过获奖和表彰改善他们的地位，提倡全社会尊重和关注劳动技能。

日本支持技能人才参加世界技能大赛，不断与世界技能大赛接轨，通过以竞赛来引导职业培训机构、企业强化对技能人才的培养。日本自1962年首次参加第11届世界技能大赛以来，迄今已有50余年的参赛历史，并在1970年、1985年和2007年三次承办世界技能大赛。这推动了其技能竞赛水平。日本在世界技能大赛上的表现优异，主要原因之一是日本全国技能竞赛的赛项设置与世界技能大赛的赛项大部分一致，涵盖了世界技能大赛90%以上的项目。日本对于优胜选手，将会提供为期6个月的培训，之后再去参加世界职业技能大赛[2]，从而提升了选手的国际竞争力。

此外，通过获奖和表彰改善他们的社会地位，提倡全社会尊重和关注劳动技能。日本长期的技能大赛活动和技能认定奖励制度对高度技能与工匠精神的传承以及营造全社会崇尚技能型劳动的氛围都起到了建设性推动作用。

（三）重视社会教育、技能鉴定和培训制度，为竞赛储备人才

各类职业技能竞赛参赛者的良好表现离不开完善的教育体制、技能级别考试制度以及赛前选拔培训制度。

首先，日本对学生开展的包括职业教育在内的社会教育在学生们处于儿童早期的时候就开展了。日本文部科学省初级中等教育司教育课程司成立了中央教育审议会教育课程企划特别部会，强调面向社会的教育课程要力求做到三点：第一，广泛关注社会和世界发展状况，以通过更好的学

---

[1] 罗文. 完善竞赛体系建设 强化制度与资金保障 [N]. 中国劳动保障报，2016-12-03（003）.
[2] 靳润成. 全国职业院校技能大赛促进职业教育发展的战略思考 [J]. 教育研究，2011（9）：56-61.

校教育建设更好的社会为目标，贯彻教育课程与社会共享这一理念；第二，在教育课程中，明确孩子们是要创造未来社会的，要全面了解他们面对社会和世界并与之交往所需要的各项素质和能力；第三，在实施教育课程时，学校教育不要封闭在学校内，要在与社会共享、合作的同时实现目标，要充分利用当地的人力、物力资源，利用放学后或周末时间与社会相关机构实现合作教育[①]。

其次，日本1959年对非学术性熟练工种建立了技能级别考试体制，诸如铁匠、木工、泥瓦匠、建筑装修、烹饪、刻章、裱画、裁缝、花艺等。根据国家考试制度，可以按照一定的标准检验工人的技能，并授予国家认定的证书。考试内容逐年充实，截至2018年4月，已针对111个职业实施了这类技能考试。通过技能考试，合格者将获得厚生劳动大臣（特级、一级、单一等级）或县知事（二级、三级）名义的合格证书，从而具有技能士的等级称号。该制度的目的是提高公众对技能的认知，同时提高蓝领群体的技能和地位。很多企业机关也鼓励工人通过考试来提高劳动技能。持有某种技能证书，就能在工作和待遇上获得相应的优待，且有更多参赛机会。

最后，日本的参赛机制完善，道、府、县均有公共训练基地，参赛选手一开始都会接受心、技、体的全面训练。从训练从开始都和竞赛保持一致，评分采用仪器检测，减少人为因素[②]，提升选手技能水平。日本选手获得参加世界技能大赛的资格是既严格又苛刻的，由中央职业能力开发协会（JAVADA）负责参赛选手的选拔、集训、派遣、组织等工作。当年第一名获得者和前一年第一名大赛获得者是有资格参加的，选拔赛要对选手进行三次非常严格的考试，包括技能、心理素质、思想品德等，由技术委员会专家对选手的成绩进行综合评判、严格挑选和慎重研究，最终确定最优秀的选手参加世界技能大赛。

（四）形成"产学官"联合体，促进校企人才共育、选手同赛

日本政府和企业均重视对技能人才的培养，并且深度参与各类技能

---

① 文部科学省初等中等教育局教育課程課．初等中等教育における創造性の涵養と知的財産の意義の理解に向けて—知的財産に関わる資質 能力の育成—[Z].2016-02-18.
② 戴正．职业技能竞赛国内外现状分析[J].出版与印刷，2013（4）：45-47.

竞赛的办赛过程。国家标准的技能评定体制、职业教育领域的技工培养体系、企业的专业培训体系和激励制度等都得到了充分的发展与完善,均衡的技能人才队伍是让日本社会和经济发展拥有底气的实力基础。

文部科学省终身学习政策局和职业学校教育推进室于 2015 年 11 月出台了关于职业学校与行业合作的"区域版再学习教育计划",推行终身学习推进课,目的是专门面向研究生院、大学、大专、技术学院、高中等机构,与工业界组织形成"产学官"联合体,建立以获取实践知识和技能的学习体系,致力于把在职成年人和学生培养为核心专家与高技能人才。根据"产学官"联合体的政策,针对各个领域和行业,制定全国标准并开发示范课程。利用已开发的全国标准示范课程,向各地区的职业学校和大学推广,并根据当地企业、行业团体等的需求,开发"定制教育方案"。在纵向贯通方面,通过开发连续性的示范教育课程,促进学生从高中阶段顺利过渡到高等教育和职业教育阶段[1]。

日本第 51 届全国技能竞赛的选手 27% 来自学校与培训机构,73% 来自企业。很多选手来自丰田、本田、日立、三菱、日产、佳能、松下等知名企业。学生关于职业技能的学习并不因为毕业而终止。日本大型企业均有完善的职业培训体系,既有工业大学,也有技工学校和技能培训中心,他们参赛的积极性很高。通过参加国内和国际职业技能竞赛,可为青年技术工人树立榜样,提升公司整体技术水平,还可以对外界宣传企业,树立企业的良好形象[2]。

(五)全国技能竞赛实施轮换赛区制度,不断扩大赛事影响

日本的全国技能竞赛由厚生劳动省、中央职业能力开发协会主办,地方政府承办,文部科学省、经济产业省、国土交通省、各都道府县等部门协办,在全国各地轮流举办,以此提高全国技能比赛在不同地区的影响力和渗透力。举办地区的民众会充满期待地隆重迎接盛事,这让人们都有机会在本地区近距离接触全国技能比赛,从而扩大了赛事影响力。

日本全国技能竞赛举办期间,同时会举办数十场周边活动,这些活动

---

[1] 文部科学省生涯学習政策局.専修学校等と産業界協働による「地域版学び直し教育プログラム」について[Z].2015-11-17.

[2] 邹吉权,刘晓梅.日本的职业技能竞赛概述[J].职业技术教育,2014(20):93-96.

的主要内容有：企业、团体、学校展示，技能表演，从而让更多的人了解企业、学校的信息；通过制造乐趣体验、亲子活动，使青少年建立对技能的浓厚兴趣，这些活动吸引了更多青少年对技能的关注，在社会上营造尊重知识、尊重技能的氛围。还有体现地方特色的文化展览、美食等特产展示，以及亲民的文艺演出、烟火晚会等，每届参加人数10余万人[①]，同时宣传了当地的文化、旅游及企业，取得了良好效果。每一届都成立相应的大赛组委会和大赛运营委员会，并建立专门网站，大赛的各种信息均在网站上发布。由于各地区举办，各具特色，并且可以互相借鉴经验，大赛组织经验越来越丰富、越来越优化，形成了组织严密、服务周到、注重效率的办赛风格。

二、德国职业技能大赛开放性与普及性政策

（一）加强完善职业教育立法，在全国法律层面做到开放性与普及性

1. 完善基本法与德国职业教育法律，大力保障职业教育的发展

德国《基本法》规定了各州是拥有独立的文化主权，尤其是包括教育在内的文化主权。分级分类的学校属于州一级的国家设施，各州负责各个学校的职业教育，并严格实施《州学校法》；校外特别是企业形式的职业教育，则由联邦政府负责，严格实施《联邦职业教育法》，手工业的企业则按《手工业条例》实施。

德国职业教育最重要的法律有：《联邦职业教育法》（1969年）、《联邦职业教育促进法》（1981年）以及《手工业条例》（1965年）、《联邦劳动促进法》（1969年）、《企业宪法》（1972年）、《联邦青年劳动保护法》（1976年）。2005年4月1日将《联邦职业教育法》与《联邦职业教育促进法》合并，经修订后颁布并实施新的《联邦职业教育法》[②]。

德国制定了完善的法律体系保障职业教育的发展。《联邦职业教育法》是职业教育的基本法，规定了职业教育的定义、使用场景、培训合同

---

① 详见 http://aichi-waza.jp/outline/ginougorin。
② 张东.制造业发达国家如何培养高技能人才[J].中国人才，2019（11）：14-16.

和报酬待遇，也规定了国家机构和经济部门对职业教育的责任与作用。《企业组织法》《青年劳动保护法》规定了企业对员工进行培训的义务和规范。《职业培训条例》《职业培训促进法》等明确了职业教育的组织条件、经费、为职业进修提供帮助和学习期间的收入、待遇等，同时，对职业教育的目标、年度职业教育报告和统计作出具体规定。

德国法律明确规定了初中毕业后不再接受升学的学生，是不可以直接流入企业的，必须接受两年半至三年的"双元制"职业培训才可以就业。法律严格规定，企业不得接收未经过培训的员工，全德2/3以上的员工接受过"双元制"职业教育。

2. 管理机构实现监督管理职能，政府修改并完善职业培训相关的法律

管理机构是三级：联邦一级、州一级和地区一级。联邦经济与劳动部，是职业教育立法与协调的主管部门属于联邦一级；州文教部以及由雇主、雇员及州政府代表组成的州职业教育委员会属于州一级；工商行业协会、手工业行业协会、农业协会、律师协会、医生协会等经济组织统称为行业协会，属于第三级。通过三级管理机构施行划分层次的、清晰的、相互联系的管理职能。

德国政府对现代化和加强职业培训的法律进行了修改与完善，期望通过这项法律草案，联邦政府正在追求现代化和加强德国双元职业培训的目标。德国的职业培训比以往任何时候都更需要对年轻人有吸引，年轻人经常在职业培训和学习课程之间做出选择。因此，修正案的主要目标是提高双元职业培训对潜在学员和公司的竞争和吸引。虽然双元职业培训是几十年来最常见的资格选择，但现在大学录取已经超过了它。除了总体人口发展外，这一趋势还导致专业合格专家日益短缺。因此，有吸引的职业培训对于确保未来的熟练劳动基础在经济上也是必不可少的[①]。

---

① Deutscher Bundestag. Entwurf eines Gesetzes zur Modernisierung und Stärkung der beruflichen Bildung[Z].2019-06-11.

（二）建立"双元制"职业教育体系，使更多学生和教师对接职业技能大赛

1. 完善高中阶段职业教育、高中后职业教育体系，扩大受教育群体

德国职业教育以中等职业教育为主，16—19 岁接受职业教育者超过 70%。高中后非高等教育主要形式为专科学校，属于职业进修教育，入学条件是已接受职业教育并有两年以上职业实践者。学制一般为 2 年，其培养目标为技师和技术员。高中后高等职业教育主要形式为职业学院，招收中学毕业生，学制为 3 年，2 年后可分流。其培养目标为职业型高级人才，修完 3 年经国家考试合格者，授予"职业学院工程师（经济师、社会教育工作者）"称号，相当于本科教育；修完 2 年后经考试合格者，授予"工程师助理（经济助理、教育工作者）"，相当于专科教育[①]。职业学院专业设置集中在工程技术、经济工程、社会服务三大领域，采取"双元制"模式，学生与企业签订职业教育合同，教学分别在学院和企业里进行，3 个月轮换一次。学生在学习期间不仅不交学费，而且每月还可得到由企业提供的生活津贴及法定社会保险。

2. 建立良好的教师考核机制，委托第三方对指导教师进行评估和认证

为了确保职业院校的教师技能水平，德国是委托第三方认证机构对院校老师的教学水平进行评估、认证，以便满足在校学生的教学要求，实实在在提升技能习得的水准，保证参赛水平保持在比较高的水平[②]。

指导教师精准把握比赛内容、规则，并在比赛中强调精确、精准、严谨，注重培养比赛选手耐心、专注、精益求精的工作习惯。要求教师具有丰富的企业实践经验，做好学生培养与企业需求的对接。教师自身技术也要达到行业中最为精湛的水平，并接受企业认证、学校认证、第三方认证。

德国的教练在培养选手过程中，都有对教练的考核，比如是否做到了亲手演练和纠正，是否具有当场展示正确的技术流程、培养选手达到要

[①] 毕涛，陈玲. 产教融合 校企共赢——论中国制造 2025 计划的人才培养 [C]// 全国各省区市机械工程学会. 以创新驱动为引领，加快"中国制造 2025"战略实施研讨会暨 2016 年第六届全国地方机械工程学会学术年会论文集，2016：6.

[②] 杨洁. 浅谈高职院校优质校建设 [J]. 价值工程，2017（35）：201-202.

求效果的能力，是否有为选手纠正不足、传授好的方法。指导教师言传身教，学生参赛水平提高，参与激烈的比赛，教师自身的水平也得到提高，其发展潜力、职业状态也在不断提升。

考试委员会或考官代表团可以相互接受和评估个人笔试或其他考试，其评估方式是两名成员独立评估考试，并且有绝对的独立自主权。如果两位考官根据考试规则中规定的评估标准进行的评估相差不超过可达到分数的10%，则按两次评估的平均值计算最终评估。在较大偏差的情况下，最终评估由先前确定的考试委员会成员或考官代表团进行考核[①]。

（三）要求提高大赛的开放性，保证青少年体会大赛的趣味性和挑战性

1. 要求赛事组织科学设计场地，最大限度便于民众观看赛事

大赛组委会对所有比赛区域提出要求，具体到比赛区域的围栏80厘米左右，便于观众清晰地观摩到比赛选手的每一个动作。每个赛项入口处不仅要放置醒目的文字、图片，还要求循环展示、视频播放赛项内容，帮助参观者了解全部比赛。赛程同步对外开放，供游客和当地市民、学生现场参观[②]。

大赛组委会要求赛事组织设有特定互动体验区，方便中小学生不仅亲身体会大赛，还引导学生们积极参加讨论。要求大赛现场设有互动区，感兴趣的观众可以亲自动手操作，体会大赛的趣味性和挑战性。大量中小学生涌入比赛现场，把观摩比赛当作必修课程，大赛组织方专门为他们设置体验区域，老师、家长、教师一同参观，课后讨论、家庭讨论，不少青少年都投入其中。

2. 强调比赛过程，推崇"年轻专业人士都是赢家"这一社会风气

在组织选手参加比赛过程中，弱化结果，强调过程。观点是：你不必成为世界冠军就能取得伟大的成就。对许多人来说，成为冠军的旅程始于区域淘汰赛，在这里，他们遇到志同道合的人、各自领域的专家、渴望

[①] Deutscher Bundestag. Entwurf eines Gesetzes zur Modernisierung und Stärkung der beruflichen Bildung[Z].2019-06-11.

[②] 刘东菊.世界技能大赛与我国职业院校技能大赛的比较研究[J] 职教论坛，2013（22）：86-91.

成长的选手。通过淘汰赛的成员则要到国家层面竞争，而只有那些表现出更大雄心或依靠一些运气的人才能够登上国际舞台并参加欧洲或世界锦标赛。即使参赛者的道路提前结束，他们也可以引以为豪。因为他们已经学会了很多技能要点，学会在时间压力下、在陌生的环境中、在众多观众的注视下进行比赛。在此过程中，他们会从比赛中学到技能技巧，或者在参加 WorldSkills 专家组织的培训中掌握新技术[1]。

3. 待遇优厚，提升职业技能人才的社会地位

德国的技术人才在社会上很受重视，首先体现在收入水平上。德国技工工资高于全国平均工资，技校毕业生的工资高于大学毕业生工资，德国白领的平均年薪在 3 万欧元左右，而技工的平均年薪在 3.5 万欧元左右。德国技工的月平均工资超过德国人的平均工资水平，一般为 2500 欧元以上。

技工受到社会普遍尊重，如果晋升为高级技工，便有权利成为法人独立开办经营企业，使事业得到发展，有较高的政治和社会地位。技能大师更是被国家重视，拥有很高的社会地位。所以德国除了 27% 左右的青年上大学外，绝大多数都选择进入职业学校学习。对在职人员的培训采用带职到高等学校学习、企业内部进修或参加劳动总署组织并付费的专项职业技能培训等，德国每年为职业培训花费约 200 亿欧元，相当于国民经济中工资薪金数额的 3%，这笔费用基本上由企业负担[2]。

（四）加强国际化维度，改善对国外职业资格和比赛成绩的认证

虽然德国的国民经济高度发展很大程度依赖于"双元制"职业教育，并且这种教育体制为其国家的经济增长带来了大量的利好。但近十年德国国民经济发展又遭遇到了一些困难，主要表现为企业提供的培训岗位与市场需求不匹配为代表的主要特征，尤其在建筑业、酒店餐饮业等 12 个职业大类出现岗位过剩现象，而信息学、安防等行业的培训岗位却供不应求[3]。经济社会和职业环境的转变带来人才需求的变化，新的培训需求不

---

[1] WorldSkills Germany. Potenzial und Strahlkraft beruflicher Wettbewerbe Darum sind unsere jungen Fachkräfte alle Sieger[EB/OL].https://www.worldskillsgermany.com/de/wettbewerbe, 2022-07-18.
[2] 张东. 制造业发达国家如何培养高技能人才 [J]. 中国人才，2019（11）：14-16.
[3] 伍慧萍. 当前德国职业教育改革维度及其发展现状 [J] 比较教育研究，2021（10）：38-46+54.

断产生，并且得不到及时供给，而一些职业被加速淘汰。为应对这种变化，德国政府加紧战略布局和顶层设计，出台一系列指导战略、政策文件和项目计划，巩固在国际职教领域的优势地位，引导职教界适应形势变化，重点从数字化、高学历化和国际化等方面推动职教改革进程。

1. 战略规划转向数字化战略，加大数字能力的培养和扶持力度

联邦政府从 2019 年开始实施的国际职业培训合作战略为教育、研究、政治和商业领域的参与者采取联合一致的行动提供了框架。德国向全世界感兴趣的伙伴国家提供其在职业培训双重体系方面的专业知识。除联邦教育部外，其他部门也参与国际职业培训合作：联邦经济合作与发展部（BMZ）、经济事务与能源部（BMWi）、劳工与社会事务部（BMAS）以及联邦外交部（AA）。近年来，国外对培训主题建议的需求有所增加。自 2013 年以来，已经创建了特定的机构和讨论形式，以确保德国职业培训参与者能够连贯地向外国利益相关方展示自己，并确保德国职业培训国际化的目标以连贯的方式得到实施[①]。

德国政府自 2014 年以来多次出台数字化战略，始终将职教列为数字化建设的重要领域，具体包括联邦经济部联手内政部和交通部共同颁布的《数字议程 2014—2017》（2014 年）、《数字化实施战略》（2018 年）和《人工智能发展战略要点》（2018 年），联邦经济部 2016 年单独颁布的《数字战略 2025》，以及各州文化教育部长联席会议 2016 年颁布的《数字化世界中的教育战略》和联邦教研部 2019 年出台的《中小学数字契约》。综合历次战略文件中与职教相关的内容来看，德国着眼从四方面规划核心任务。主要表现在对学生的数字能力培养、加强数字基础设施建设、改革培训章程规范和推进重点扶持项目。

将数字能力作为所有劳动者的核心素养，提高企业和职校师资、考核人员和学生的数字媒体能力，重点为职校、企业和跨企业培训机构配备数字媒体、网络设施、专业数字技术设备和管理信息系统，要求职校开发用于监控、研究和管理的专业流程模块、学习管理平台、软件系统和电子档案。梳理相关项目的重点领域、目标群体、收益和实施步骤，要求继续支

---

① Internationale Zusammenarbeit in der Berufsbildung[EB/OL].https://www.bmbf.de/bmbf/de/europa-und-die-welt/berufsbildung-international/internationale-zusammenarbeit-in-der-berufsbildung.html, 2019-01-18.

持行之有效的大型项目，引领重点行动领域，落实数字化实践。要求联邦职教所调整培训职业的设置，评估并修订现有培训章程、教学方案和教学大纲，挖掘与人工智能相互融合产生新职业的潜力。

2. 简化对国外职业资格认可程序，吸引优秀外国专业技能人才落户德国

德国职教国际化的一个重要举措是为国外职业资格在德国获得认可创造条件，吸引优秀的外国专业人才落户德国。德国不断出台或修改法律，简化对国外职业资格的认可程序。2020年《职业教育法》规定，如果《职业资格确认法》确认了在国外所取得职业技能的同等价值，即国外职业资格等同于在德国通过职业培训考试。

德国政府对国外职业资格的认证政策大大提高了外国专业人才尤其是高技能人才在德国寻求职业发展的兴趣。根据相关数据报告，2012年4月至2018年底，共有超过14万名外国人提交职业资格认证申请。不过，从2018年的认证结果来看，德国对于国外职业资格的认证更多向欧洲国家倾斜，欧盟及欧洲经济区国家职业资格获得完全等值认可的概率高达81%，而欧洲以外国家获得的职业资格仅有40%左右被完全认可[①]。

3. 选派专家参加欧洲技能大赛，开展联合研究提升职业技能的领先地位

德国多位顶级专业选手争夺欧洲冠军头衔，这些选手为该赛事准备了一年半的时间，2021年9月22日至26日，德国国家职业队在欧洲锦标赛上展示了德国可以培养真正的实干家。在格拉茨举办的 EuroSkills 共有29名德国技术工人参加了24个专业学科的角逐。这是当年欧洲锦标赛上规模最大的德国队，也是2021年仅次于俄罗斯、奥地利和法国的第四大参赛队伍。在原定于2020年夏季举行的 EuroSkills Graz 两次延期后，德国队期待与欧洲顶级选手的对决。来自20个国家的约400名参与者将在38个官方赛项和10个展示项目中争夺梦寐以求的奖牌，包括工业4.0、瓷砖工、商用车技术和玻璃制造技术等。在 EuroSkills，欧洲最优秀的选手在贸易、工业、服务和未来技能领域的学科中角逐欧洲冠军头衔[②]。

---

① 伍慧萍.当前德国职业教育改革维度及其发展现状[J] 比较教育研究，2021（10）：38-46+54.
② Deutsche Spitzenfachkräfte kämpfen um [EB/OL].https://www.bmbf.de/bmbf/shareddocs/kurzmeldungen/de/, 2021-09.

为了实现联合研究和共同发展研究，形成了欧洲研究区，以此来确保和提升欧洲的竞争力。它提供了国家研究和科学系统之间的密切联系，并确保高效的跨国合作。欧盟成员国已经在研究和创新方面密切合作，以确保欧洲的长期竞争力和经济增长，并应对巨大的社会挑战。在这种情况下，集中欧洲的力量并在国家研究和创新活动之间建立更加紧密的联系非常重要。在这个过程中，最大的挑战是在更大程度上整合欧盟成员国和地区的不同科学体系，同时又不失其多样性，这是它们的主要优势[①]。

三、澳大利亚职业技能大赛开放性与普及性政策

（一）制定法律和职业教育政策，对经济发展和技能人才培育起到重要作用

1. 明确指导思想，将技能作为推动社会经济繁荣发展的核心驱动力

澳大利亚是南半球经济最发达的国家，也是全球第四大农产品出口国。随着国际竞争加剧，澳大利亚出现了危机，主要表现为高级技能人才严重短缺，技术工人严重匮乏。为了应对这两种危机，澳大利亚政府主要在两个方面进行了改革，一方面是通过教育手段来培养全国范围内的技能人才，为每个澳大利亚人发挥自身的潜力提供机会，另一方面，致力于培养具有国际竞争力的技能型人才，使高技能人才满足社会的需要，与新一轮高速运行的经济相匹配。

澳大利亚政府明确提出了澳大利亚职业教育与培训发展的指导思想：第一，职业教育的发展为澳大利亚的商业服务，使之具有高效的、达到国际水平的竞争力；第二，职业教育的发展为澳大利亚人服务，使之具有普遍性且属于世界级的知识与技能；第三，职业教育的发展为澳大利亚社会服务，使之具有包容性并能够可持续发展。

澳大利亚政府认为，澳大利亚要在全球竞争中占据优势，必须建设一支高技能人才队伍。澳大利亚未来的繁荣发展与澳大利亚劳动者的技能水平和生产能力息息相关，将技能作为推动澳大利亚社会经济繁荣发展的核

---

① The European research area: Enabling joint research and joint growth[EB/OL].https://www.bmbf.de/bmbf/en/international-affairs/the-european-research-area/the-european-research-area_node.html.

心驱动力。澳大利亚技能组织（World Skills Australia）在实现澳大利亚职业教育与培训的总体战略目标过程中发挥了重要的作用，并且形成了较为成熟的运行机制[①]。澳大利亚教育由联邦政府及州政府负责。澳大利亚的大学分布在州和地区。除2所私立大学外，其余为公立大学。澳大利亚大学及高等教育机构执行全国统一的学历学位及高等教育文凭体系。澳大利亚的职业教育与培训机构（VET）包括公立技术与继续教育学院（TAFE）和私立职业技术学院。公立技术与继续教育学院一般由政府拥有和管理。私立职业技术学院一般由企业公司、私人和专业组织拥有与管理。职业教育与培训机构提供种类繁多的课程。

2.建立澳大利亚技能组织，担任一系列职业技能竞赛的实际组织者角色

澳大利亚技能组织（World Skills Australia）成立于1981年，它是一个独立的、非营利性、非政府性质的社会企业组织（Social Enterprise），是澳大利亚在世界技能组织的官方代表，也是澳大利亚一系列职业技能竞赛的实际组织者。该组织的宗旨是举办技能竞赛、制订国际标准和开展应用型研究，积极推动澳大利亚技能政策与实践的发展。

澳大利亚政府正在探索如何加深行业参与并改善所有澳大利亚人的VET系统。已经建立了三个行业主导的技能组织试点，以加强和提升行业和雇主在系统中的作用。此外澳政府、TAFE（技术与继续教育）机构、集团培训机构、企业雇主、学校、行业、志愿者和赞助合作伙伴等也在竞赛组织方面发挥着重要作用，他们与澳大利亚技能组织密切合作形成重要的社区力量。相关研究表明竞争性实践社区在澳大利亚职业教育和高质量技能形成中发挥着重要作用。这些职业技能竞赛及其相关的宣传和技能展示活动，给澳大利亚年轻人提供学习和展示技能的机会，提升职业教育和培训的地位。已经建立了技能组织试点，以测试使VET系统更能响应三个选定行业的技能需求的新方法。这包括确定技能需求、发展资格以及提高培训交付和评估的质量。试点成立于人工服务、数字和矿业这三个方面[②]。

---

① 郭达，张瑞.澳大利亚技能组织的运行机制研究[J]当代职业教育，2018（3）：96-101.

② 详见澳大利亚政府网站：https://www.dewr.gov.au/skills-organisations.

（二）形成"地方—国家—世赛"三级竞赛体系架构，体现竞赛的开放性与普及性

澳大利亚"地方—国家—世赛"三级竞赛体系如图 2-2 所示。

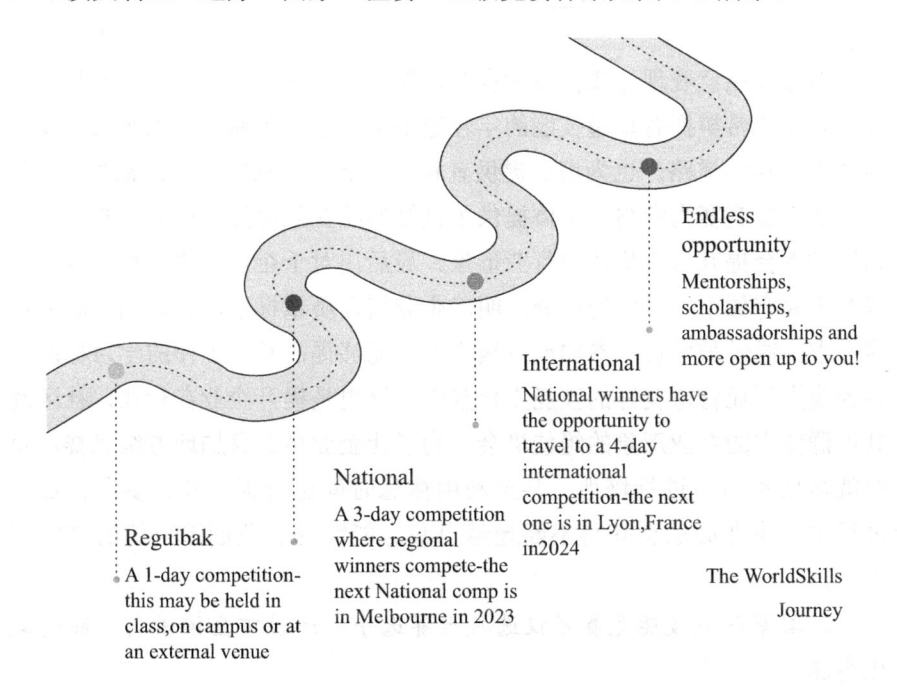

Reguibak
A 1-day competition-this may be held in class, on campus or at an external venue

National
A 3-day competition where regional winners compete-the next National comp is in Melbourne in 2023

International
National winners have the opportunity to travel to a 4-day international competition-the next one is in Lyon, France in 2024

Endless opportunity
Mentorships, scholarships, ambassadorships and more open up to you!

The WorldSkills Journey

图 2-2　澳大利亚"地方—国家—世赛"三级竞赛体系示意

图片来源：https://www.worldskills.org.au/2023-national-championships/。

1. 地方技能竞赛为年轻选手提供通往参加澳大利亚全国技能比赛的道路

近两年，澳大利亚 34 个地区累计举办了 500 多场地方级别的技能竞赛，该级别竞赛主要是澳大利亚技能组织与 TAFE 学院和在册的培训机构合作举办，地方政府、企业雇主、行业、志愿者和赞助合作伙伴形成的社区也发挥着重要作用，竞赛项目和流程由行业技能专家进行设计，根据一套严格的标准评估选手的知识技能水平。

来自 7 个技能组的 50 多个行业和技能人员参加了的技能领域比赛。7 个技能组是：建筑与建筑技术、创意艺术与时尚、信息与通信技术、制造与工程技术、社会和个人服务、运输与物流和 VETIS 比赛。

地区赛没有年龄限制，参赛者应至少满足以下一项：正在接受学徒或实习、正在攻读 RTO/TAFE 的资格证书、在区域竞争周期（2019 年 3 月 1 日至 10 月 31 日，对于 2019 年区域赛）在 RTO/TAFE 完成资格认证[1]。

地方技能竞赛现已成为澳大利亚技能组织开展各项活动的基本载体，并且为那些希望拥有卓越技能的年轻选手提供了一条通往参加澳大利亚全国技能比赛的道路，也为培训提供者和企业等都会获得很大的益处[2]。首先，地方级竞赛为参与者个体提供了良好的职业生涯发展机会。其次，培训提供者会提升自身价值与行业形象。最后，对于企业来说，参与地方级竞赛主要有如下三方面的益处。明确企业培训质量标准，有效满足地方技能需求。通过鼓励员工参加地方级竞赛，能够提高基于工作的学习标准，并为澳大利亚营造良好的技能文化氛围，这也是提升企业在行业、社区及其他群体中的企业形象的绝佳机会。为了让企业员工参加地方级竞赛，企业就需要对员工进行培训，甚至利用休息时间进行训练和比赛。在这个过程中，企业必然会获得不断超越自我、能够为企业创造价值的技能型人才。

2. 国家职业技能竞赛不仅选拔世赛选手，还注重全国崇尚技能的文化内涵

澳大利全国技能锦标赛（World Skills National Championships）通常在世界技能大赛的前一年举行，已经成为澳大利亚规模最大、最负盛名的技能竞赛。在地方技能竞赛中脱颖而出的选手经过数月训练后会集到这个赛场同台竞技。全国锦标赛是澳大利亚最大的职业教育和卓越竞赛。在为期三天的澳大利亚技能展上，选定的区域参赛者从全国各地飞来，在全国舞台上展示和衡量他们的技能，与来自全国各地的同行竞争[3]。

全国竞赛的目的不仅仅是为了选拔参加世界技能大赛的最终人选，更要让澳大利亚青年对技能型职业产生兴趣，鼓励年轻人在激烈的竞争中奋起直追，提升澳大利亚崇尚技能的文化内涵。除了正赛外，大赛主办方

---

[1] 详见 http://www.worldskills-database.org.au/yii/wsa_db/index.php/person/registerForEvent。

[2] 王春楠，陈晓曦．澳大利亚职业技能竞赛体系及其国际化研究 [J] 职业教育研究，2021（2）：80-84.

[3] 详见 http://www.worldskills-database.org.au/yii/wsa_db/index.php/person/registerForEvent。

还在比赛期间开展专门的职业论坛和面向基层民众的互动式技能交流项目——技能尝试（Try'a Skill）。

当选手参加全国职业技能大赛时，不仅会看到一些澳大利亚最优秀的行业和技能人才展示他们的才华，选手在 Try'a Skill 展位尝试多种技能和交易、通过职业教育和培训了解有多少职业途径、见证澳大利亚最优秀的学员和学徒争夺金牌、与创造行业和技能机会的雇主、培训组织和技能组织交谈、聆听行业领袖和 World Skills 成功案例、获取选手需要的信息，以便对未来教育和职业做出明智的决定。

为了让澳大利亚的年轻人对技能和行业感到兴奋，并发展澳大利亚的技能文化，澳大利全国技能锦标赛还通过提供一个参与和合作的论坛来建立行业与社区的力量。澳大利亚最大的技能卓越活动为成千上万名学徒、学员、学龄儿童和年轻人、他们的家庭、行业协会和雇主团体创造了一个令人兴奋、互动和参与的环境。通过观看比赛、参加 Try'a Skill 演示并与数百名行业和教育专家建立联系，参与者可以在一个屋檐下观察和体验无与伦比的各种技术贸易与技术职业。全国锦标赛的主办城市通常会通过吸引数以万计的本地、州际和国际游客并承诺在当地购买产品、商品和服务而产生数百万美元的经济效益。支持全国锦标赛的综合营销和传播活动为合作伙伴与主要利益相关者提供了与下一代学徒、学员及其家人接触的无与伦比的机会。政府还提供许多奖学金、奖学金和个人专业发展机会，帮助技能竞赛的选手成为国家未来的商业和工业领导者[①]。

3. 通过参加世界技能大赛，提高了本国的技术技能型人才全球认可度

澳大利亚远离世赛初创地，且加入世界技能组织也很晚，但在世赛上也取得了非常好的成绩。澳大利亚技能组织还会邀请曾经参加过世界技能大赛的选手作为澳大利亚技能组织的校友，使组织成员能够融入由技术专家组成的社会关系网络之中。这些技术专家作为榜样会激励组织成员不断进取，为未来参加世界技能大赛的成员提供经验，支持在相关活动和会议中分享他们独特的比赛经验和职业生涯发展历程，对技能型职业生涯感兴趣的青年人提供有价值的职业咨询。

---

① 详见 https://www.worldskills.org.au/what-we-do/worldskills-australia-competitions/national/。

澳大利亚技能组织认为技能是现代生活的基础,从建造房屋到创造社会,都是劳动者技能创造出来的结果。技能也是世界经济发展的驱动力,推动着全球经济的飞速发展。然而,任何带有全球化性质的发展目标都不可能依靠某个国家的力量去实现。澳大利亚技能组织正是深刻地认识到了这个关键,从而参加了世界技能组织,与76个国家共同塑造互助性技能文化依靠技能的力量改变世界。这在彰显了技能对于现代经济社会重要价值的同时,也提高了技术技能型人才的全球认可度。

World Skills Australia(WSA)旨在发展和培养澳大利亚年轻人的技能。目的是通过激励年轻人、庆祝技能卓越并为他们提供展示其贸易和技能才能的机会来促进与建立技能文化,通过在地区、国家和国际层面举办的比赛来实现这一目标。WSA旨在鼓励澳大利亚人庆祝职业教育和培训,转变观念并让人们认识到学习技能、选择以技能为基础的职业是年轻人及其家人做出的最重要的决定之一。比赛以两年为周期进行。区域比赛进入全国比赛,全国比赛的获胜者,如果符合条件,可以成为澳大利亚技能队的成员。WSA的竞赛计划与国家培训计划相一致,旨在确保当今的年轻人具备在瞬息万变的全球市场中竞争的技能和能力[1]。

World Skills Australia(WSA)数据库是为WSA组织的所有联系和活动管理提供支持的集中式系统。目前以任何角色参与WSA的任何人(例如,竞争对手、法官、专家、召集人、工作人员等)都可以使用该系统,包括保持他们的最新信息、找出他们目前的角色、查找与他们相关的人员和事件的信息、注册为区域级比赛的新参赛者、轻松联系WSA工作人员以解决任何问题。所有这些功能都是在一个严格的、定制的安全系统下提供的,该系统只允许人们根据他们当前的角色访问他们应该被允许访问的内容。例如,前竞争对手不一定有权访问当前信息。如果在使用WSA数据库系统时遇到任何问题,可以随时联系工作人员[2]。

---

[1] 详见http://www.worldskills-database.org.au/yii/wsa_db/index.php/site/page?view=about。

[2] 详见http://www.worldskills-database.org.au/yii/wsa_db/。

（三）建立 TAFE 模式，使更多的年轻人获得参加职业技能竞赛的机会

TAFE 是 Technical and Further Education 的简写，意为技术与继续教育，是澳大利亚职业教育的一种模式，目前已成为一种特色的职业教育体系。20 世纪 90 年代，成立了国家级别的培训局，并建立了 TAFE 管理机构和与职业教育培训相关的机构，建立了全国统一的毕业证书制度。同时，确定了学位框架，实行了澳大利亚联邦政府、州政府和行业共同来管理的一种职业教育的新体制，即政府主导，行业参与，有效促进，并高度重视行业组织的专业特长，按照职业能力来设置课程。在 TAFE 模式中，重视职业能力和岗位能力的培养，并在教学安排上邀请企业人员参与，随着企业需求及市场变化来调整教学计划[①]。

TAFE 在 20 世纪 80 年代进行了一次收费政策的改革，不再全部由政府承担，由职业院校采取各种方式筹集办学基金，学校完全面向市场。TAFE 的模式为澳大利亚全民提供了方便的学习环境，受教育人群越来越多，不仅满足了不同层次人的教育需求，同时也满足了社会的需求。

目前，澳大利亚有 TAFE 学院 62 家，分布在维多利亚、昆士兰、新南威尔士、西澳大利亚、南澳大利亚等 8 个地区。TAFE 模式中最有特色的就是建立了培训包，在培训包中规定了职业资格证书的专业方向、等级形式及能力单元。证书等级分为 6 个等级，每个等级有不同的证书数目和对应的岗位，不同的等级设有不同的培养目标。

1. 为社会培养技能人才，提高参加技能大赛的人数

TAFE 学院每年提供给学生数以千计的职业和非职业课程，这些课程大多是根据社会经济和商业生活发展的需要而设计的，也与职业技能大赛的项目吻合，着力培养学生的实际操作能力。课程的设计，不仅是由教育决策部门进行设计与修正，工商企业界也同时参与设计课程，所以其课程可以提供学生未来就业所需的知识与技能。TAFE 的学制一般为一年到两年，平均每班 15 名到 30 名学生，采用小班制，学生可得到较多老师的帮助，而且学校的设施相当完善及现代化。

在教学上比较注重小组学习和讨论，教师大多为经验丰富的专业人

---

① 李国和．闫辉．澳大利亚 TAFE 模式研究 [J] 中国职业技术教育，2017（9）：78-81．

士，教学内容是实践工作和课堂教学相结合，也有些课程采取了大学的授课方式。绝大多数 TAFE 的课程可以让学生在毕业后继续攻读大学课程，所念的学科甚至可以抵免一年或一年以上的本科课程。满足以下条件的学生，就可以申请 TAFE 学院：希望进一步接受教育和培训的离校生、希望建立职业生涯所需的资格和技能的第一次就业者、希望提升或扩展知识和技能以促进职业发展的在职人员、对工作和收入提升感兴趣的学徒或实习人员、寻求接受大学教育途径的人员、希望提高英语技能的国际学生等。学院鼓励学生积极地参加职业技能大赛，教师能够在日常教学中、比赛前给予学生充分的指导，报名网站有参赛入口，详情咨询电话号码等，让更多的年轻人参与其中。

2. 按照联合制定的职业能力标准执行，符合全国职业技能大赛的要求

TAFE 各学院的专业和课程设置都有具体的依据，要按照联合制定的职业能力标准来执行，具体实施情况由各个学院和相关企业联合安排，同时，根据市场情况随时调整。通过行业的高度参与，政府、各学院、各企业相互联系，紧追市场动向，实现了澳大利亚的劳动力需求与供给的有效结合，在数量和质量上实现了较好的匹配[①]。

TAFE 各学院由联邦政府和各州政府共同管理，学历职业教育与培训管理体制一致，资源共享，联邦政府及州政府、教育机构、行业各有其明确的职能，促进了职业教育协调而有序的发展。TAFE 各学院主要负责具体教学的实施，无权制定教学大纲与设置课程，但可以自行选聘教师，自主决定办学形式，在经费使用上拥有自主支配权。澳大利亚 TAFE 模式在管理职能上特别明确，由联邦政府及州政府承担，政府下设两个机构：一个是决策机构，一个是咨询机构，负责制定职业教育的方针政策，制定证书和文凭的具体标准，具体工作由国家培训总局负责。联邦政府及州政府严格规范 TAFE 各学院的课程设置及教学大纲的制定。统一的职业能力管理标准，要求州、企业建立严格的注册标准，具备较好的师资条件及营销系统，并符合行业标准的才能注册。使选手参加全国职业技能大赛时标准一致，保证了学习和参赛时一致。

---

① 孙云志. 多元共治视域下我国高职院校产教融合发展研究[D]. 南京：南京师范大学，2021.

（四）澳大利亚职业技能竞赛的国际交流与国际拓展

1. 以世界技能大赛为契机，与多个国家、地区开展职业技能竞赛交流活动

以世界技能大赛相关活动和全球技能挑战赛为契机，澳大利亚与包括我国在内的多个国家和地区开展职业技能竞赛交流活动。这些活动呈现出多种层次和形式，主要有以下方式：一方面是组团参与其他国际职业技能竞赛，包括世界技能大洋洲挑战赛（Oceania World Skills Competition）和我国组织的中国国际技能大赛（2017年）、"一带一路"国际技能大赛（2019年）等；另一方面是由其他国家政府部门、职业技能组织、企业或行业发出邀请，澳大利亚派出对等代表团或专家赴其他国家进行邀请赛或对抗赛等相关交流与合作。

成立了世界技能基金会，旨在探讨在职业教育与培训中建立更加客观的、具有国际视野、可评估、标准一致的"世界技能"标准研究计划。这些研究合作既为澳大利亚职业教育与培训决策提供了科学的理论和数据支持，也间接提升了澳大利亚在世界技能组织和国际职业教育领域中的学术地位。

2. 全球技能挑战赛邀请赛定位为"世赛练习赛"，吸引众多国家选手参加

澳大利亚全球技能挑战赛是由澳大利亚技能组织主导举办的国际职业技能邀请赛，通常在世界技能大赛当年提前数月举办，邀请全球范围内的世界技能组织成员参加。在世界技能大赛中国组委会的组织下，我国也已先后3次派团参加了澳大利亚全球技能挑战赛并进行了较为细致的观摩。

澳大利亚全球技能挑战赛的特点主要体现在以下两个方面。第一，竞赛含金量高。该挑战赛定位为"世赛练习赛"，赛程时间严格按照世界技能大赛规程举行，赛题、设备、材料尽可能采用即将举行的新一届世界技能大赛已公布的内容。与此同时，参与赛事组织和评审的专家也由澳大利亚本国在世界技能大赛各竞赛项目中担任竞赛项目经理、首席专家、副首席专家等职务的专家担任。这是吸引世界技能组织各成员积极参加的最大特色。第二，办赛地点安排在当地的TAFE学院以及企业内举行，比赛场地就是各学院的实习场地或企业的车间，场地搭建和设备使用不需要太多的资金，但设备工具齐全。

本节以日本、德国和澳大利亚这三个国家为重点，进行了其职业技能竞赛的分析与研究。日本主要是国家立法，把职业教育上升到国家的战略，又落实到制度层面，积极推动日本职业教育的发展；强化职业技能竞赛体系建设，积极与世界技能大赛接轨；轮换赛区制度，营造全社会尊重劳动技能的氛围。德国通过国家立法，从全国法律层面做到开放性与普及性，制定完善的法律体系保障职业教育的发展；建立"双元制"职业教育体系，不断完善高等教育体系；加强国际化维度，改善对国外职业资格和比赛成绩的认证；要求提高大赛的开放性，保证青少年体会大赛的趣味性和挑战性；德国技工工资高于全国平均工资，技校毕业生的工资高于大学毕业生工资，通过优厚的待遇，提升职业技能人才的社会地位。澳大利亚的职业技能大赛开放性与普及性政策主要体现在制定重要的职业教育与培训政策，将技能作为推动社会经济繁荣发展的核心驱动力；建立澳大利亚技能组织，担任一系列职业技能竞赛的实际组织者角色；形成了"地方—国家—世赛"三级竞赛体系架构，体现竞赛的开放性与普及性；建立TAFE模式，建立健全全国统一的毕业证书制度；澳大利亚职业技能竞赛进行广泛的国际交流与国际拓展，实现开放性与普及性。这些内容对我国职业院校技能大赛的政策制定与职业技能大赛开放性与普及性发展具有重要的参考价值和意义。

第三章
全国职业院校技能大赛开放性与普及性研究

全国职业院校技能大赛由教育部发起并牵头，联合国务院有关部门以及有关行业、人民团体、学术团体和地方共同举办的一项公益性、全国性职业院校学生综合技能竞赛活动。该赛事是专业覆盖面最广、参赛选手最多、社会影响最大、联合主办部门最全的国家级职业院校技能赛事。全国职业院校技能大赛自2008年启动到2022年，已成功举办14届，其规模及影响力日益扩大，甚至被许多职业教育专家誉为观察我国职业教育改革发展的"风向标"。全国职业院校技能大赛的开放与普及具有示范意义，能够有效引领和推动各级各类职业院校技能竞赛的蓬勃发展。

第一节 全国职业院校技能大赛的发展与社会功能

一、大赛的发展趋势

（一）大赛规模逐年增加

参赛选手已经从2008年的2000多人增加至2022年的12427人，指导教师从1000余人增长至9000余人，主办单位由最初的11家增加到了35家，合作企业由最初的10余家增加到了100余家。从2017年起大赛开始加入行业特色赛项，进一步丰富了赛项设置。2022年全国职业院校技能大赛于7月至11月在天津、山西、吉林、江苏、浙江、安徽、福建、山东、河南、黑龙江、新疆等27个赛区举行。共有来自全国32个地区5591支队伍参加了中、高职组的102个项目的比赛。其中，中职组10个专业大类，40个赛项；高职组15个专业大类，62个赛项。关键数据的成倍增长，体现了全国各地区、各院校的广泛参与，也体现大赛的扩展度、认可度在不断加强，大赛的普惠性、辐射性得到了充分展现。

（二）制度体系不断完善

经过多年的发展，大赛逐步构建起"校赛、省赛、国赛"三级选拔体系，形成了"普通教育有高考、职业教育有大赛"的人才选拔制度。以大赛为载体，一条职业教育院校内部"人人参与、专业覆盖、层层选拔"的人才培养选拔系统链条已搭建完成。在国家设计层面，大赛经历了三个重要的发展期，即2008年至2012年的初创期，2013年至2015年的三年规划期，2017年至2020年大赛实施发展规划的征求意见阶段。在制度设计层面，2021年教育部等35家主办单位正式印发新版《全国职业院校技能大赛章程》，同时教育部根据大赛章程和规划制定了大赛制度汇编，并每年进行征求意见及修改，保证大赛在制度规范下运行发展。

（三）社会效应持续增强

大赛自2008年举办以来，得到了党和国家领导人的高度重视。2017年第十届大赛前夕，国务院原总理李克强对第十大赛作出重要批示。在已举办的11届大赛里，党和国家领导人多次出席大赛相关活动并发表讲话，肯定了大赛在职业教育改革和发展中所取得的突出成绩。通过十多年的发展，大赛已经成为一张彰显我国职业教育特色的亮丽名片。特别是2014年全国职业教育工作会后，国务院印发了《关于加快发展现代职业教育的决定》，为大赛在新时期发展指明了方向。2015年，国务院同意设立职业教育活动周，2016年教育部结合实际情况将大赛作为重要板块整体并入职业教育活动周。2021年整体并入后，借助活动周广阔的宣传、展示、交流、分享平台，大赛得以进一步发展壮大，整体社会效应更加凸显，社会关注度和参与度也随之大幅提升。

（四）覆盖范围日益扩大

经历 13 届大赛的发展，覆盖范围日益扩大。首先，面向区域范围扩大。教育部于今年 3 月至 11 月牵头组织"金砖国家"职业技能大赛[①]。本届大赛是中国作为主席国在"金砖国家"机制下举办的第一届职业技能大赛。推动"金砖国家"在教育领域的深度合作交流，搭建具有高水准和鲜明职业教育特色的赛事平台。另外，全国职业院校技能大赛组委会决定于 2022 年 6 月大会期间[②]，在天津举办全国职业院校技能大赛国际赛暨首届世界职业院校技能大赛（以下简称"世校赛"）。把全国职业院校技能大赛打造成世界水平的赛事。其次，大赛活动内容日益丰富。全国职业院校技能大赛集开幕仪式、大赛、展览、观摩体验活动等为一体，同期还举办了职业教育创新发展高地建设交流研讨活动、技能型社会教育研讨会、职业教育改革创新成就展、黄河流域产教联盟成立大会暨高峰论坛等活动。另外，各项邀请赛、挑战赛也在大赛期间成功举办。最后，参与人员范围扩大。各级竞赛的中职、高职专业类覆盖面超过了 80%，专业覆盖率大大提高，使得越来越多的专业选手可以参加。竞赛已成为提高学生技能学习兴趣、评价学校人才培养质量的重要手段。"校校有比赛、层层有选拔、全国有大赛"的职业院校技能竞赛体系基本形成。

二、大赛的社会功能

近年来，教育部注重发挥职业院校技能大赛在促进"三教"改革、提升职业院校人才培养质量中的引领作用，不断改革大赛办赛模式。综观大赛 14 届的发展历程，大赛从无到有、从小到大，已经成为展示广大师生风采和改革创新成果的重要窗口，成为推进产教融合和人才培养模式改革的重要手段，成为评价和选拔技能人才的主要形式，成为扩大社会影响和国际合作的重要平台。全国职业院校技能大赛的宗旨是：服务国家战略，对接产业发展；服务专业和教学，突出以赛促教；服务地方经济，促进校

---

① 新闻速递 [J]. 教育科学论坛，2022（15）：11-13.
② 世界职业院校技能大赛执行委员会. 关于开展首届世界职业院校技能大赛报名工作的通知 [EB/OL].https://www.sohu.com/a/546348598_121124333，2022-05-12.

企深度融合。其目的是通过大赛，促进青年技术人才的迅速成长，为技术创新和社会经济发展提供强大的人才保障。

（一）赛项设置适应产业需求

大赛从筹备伊始，赛项设置就紧贴国家产业发展，赛项设置的基本思路就是赛项设置对接产业发展。在2013—2015年大赛发展规划中明确提出，赛项设置须遵照"加强农业基础地位，提升制造业核心竞争力，发展战略性新兴产业，加快发展服务业"的四个基本要求。基本要求的出台，为今后大赛赛项设置搭建了基本框架。2021年印发的《全国职业院校技能大赛章程》中明确指出，大赛赛项设置需对接职业院校主要专业群，对接产业需求、行业标准和企业主流技术水平。该章程的出台为新时代大赛赛项设置标准指明了方向。从2012年起，赛项数量不断增加，目前已经有百余项。结合国家产业结构调整战略，现代服务型产业相关赛项比重稳步提升，占比在一半左右；智能制造、新技术产业赛项占比四成左右；现代农业、先进制造业赛项设置也更加契合相关产业升级发展的方向。

（二）多元参与推动产教融合

职业教育是与经济社会结合最紧密的一类教育，职业院校技能大赛的发展离不开行业企业的支持与帮助。在行业广泛参与的基础上，国赛的举办始终坚持产教融合、校企合作的原则。经过多年的发展，大赛已经成为落实产教融合、校企合作的重要载体，且融合程度与形式向着深度内涵型方向发展。行业企业在大赛发展过程中扮演着越来越重要的角色，由最初的提供资金、竞赛设备到现在的参与赛项设计、制定标准、开发教学资源、培养师资队伍、转化竞赛成果等。大赛为职业教育产教深度融合锚定了重要切入点，各职业院校也通过大赛这个平台深度了解行业企业发展现状，及时调整院校发展和专业设置方向，通过大赛的快速发展推动了产教良好互动的新局面。

（三）注重技能大赛成果转化

2015年7月大赛期间，全国职业院校技能大赛博物馆正式在主赛区落成，大赛博物馆启用为大赛各项活动创造了更加优质的展示平台。2017年大赛期间，大赛数字博物馆也在中央领导的见证下启动，借助网络强大的传播能力，进一步丰富和拓展了宣传效应。

2016年5月大赛期间，为坚决贯彻中共中央关于精准扶贫的决定，国家职业教育中西部地区师资培训中心在天津成立，本着扶贫先扶智的工作思路，充分发挥国家示范区的带动效应，针对中西部地区开展了广泛的师资培训交流活动。

2017年大赛期间，全国职业技能大赛成果转化中心和国家职业教育教学资源开发与制作中心在津启动运营，两个国字号中心组建将进一步促进大赛成果资源向日常教育教学转化应用。

2018年大赛期间，国家职业教育质量发展研究中心正式落户天津。此后，越来越多的优质大赛转化平台逐个建立。

（四）助推院校教育教学改革

大赛与职业教育教学有着密不可分的关系。大赛伴随职业教育发展应运而生，是检验职业教育改革发展质量的重要平台。同时随着大赛产教融合的不断加强，教学改革风向标的作用也日益凸显，不断向促进日常教学中产教融合和教育教学质量的提升，每年一届的大赛都是检验院校教学质量的重要契机。从微观层面看，选手的技术技能水平往往代表其所在院校教育教学质量的高低，大赛已经成为检验职业院校技术技能育人水平的重要标尺。部分职业院校的专业质量、课程质量、教材质量、实训基地质量、师资队伍质量和学生质量等都逐一对应大赛的相关环节。通过多年的努力，大赛和教学之间逐渐形成了竞赛赛项对接专业建设、竞赛内容对接课程建设、竞赛标准对接教材编写、竞赛设备对接实训室建设、指导教师对接师资队伍建设、参赛选手对接学生培养的六大对接。

第二节　全国职业院校技能大赛开放与普及的发展分析

全国职业院校技能大赛自2008年举办以来，全国职业院校技能大赛不断摸索前进，相关制度体系不断完善，参赛范围不断扩大，办赛水平不断提高。在大赛不断蓬勃成长的过程中，其开放性与普及性也不断向纵深发展，办赛理念更加开放，办赛主体更加多元、参赛对象更加广泛、办赛成果的应用也更加普及、社会影响度不断增大，大赛各方面都不断朝着更加开放与普及的方向前进。

一、大赛办赛理念的开放性演进

《辞海》中认为理念代表着一种"看法、思想、观念"，是一种"思维活动的结果"，当看法和观念上升到理性高度，即可以称之为"理念"[①]。理念往往指导着活动的方向和具体实施。"办赛理念"是比赛的核心精神和始终秉持的重要原则，它对大赛的办赛机制和模式都产生了重要的影响。在全国职业院校技能大赛开放普及发展过程中，我们可以首先看到大赛的办赛理念也在发生重大变化，从职业教育界内部的比赛到成为职业教育赛事名片，再到与社会行业企业的多方跨界合作，再到面向世界、走向世界，其办赛理念不断向开放性演进。

（一）逐渐成长为职业教育赛事标杆

2007年，国家职业教育改革试验区领导小组第二次会议决定，自2008年起每年在天津举办一届全国职业院校技能大赛，其目的在于为全国广大职业院校师生搭建展示技术技能的舞台，通过比赛的形式让更多的院校师生在参赛过程中建立"质量意识"和培养"精益求精"的职业素养和职业精神[②]。随着办赛的深入，全国职业院校技能大赛已成为职业教育领域的一项重要赛事，在人才培养、院校改革等方面发挥着不可替代的作用，实现了"普通教育有高考，职业教育有竞赛"，并带动着各级技能竞赛的举办，使得竞赛体系逐步完善，其办赛理念也不断向更加深刻与广泛的立意发展，不断走向"高效""专业""精彩"。

---

① 夏征农，陈至立. 辞海：第6版[M]. 上海：上海辞书出版社，2011：1348.
② 芮志彬，梁群，田玲，项琳，崔秋英，郝天晓，高威. 回顾与展望：全国职业院校技能大赛发展研究[J]. 中国职业技术教育，2018（16）：102-107.

（二）从教育界主导到跨界的多元参与

"跨界"作为职业教育区别于普通教育的本质特征[1]，对职业教育的办赛理念提出了更多要求，这意味着职业教育领域内的技能竞赛不单单是教育界内的事情，它要求更加多元化的主体参与其中。全国职业院校技能大赛是由教育部牵头所举办的一项职业教育技能赛事，它是面向所有职业院校在校师生的一项比赛。然而，随着大赛的不断开放与发展，全国职业院校技能大赛不仅仅是院校师生参与的赛事，各个行业的企业也参与到赛项的设置、赛题的开发、赛事的评价、比赛的承办等环节中，成为全国职业院校技能大赛的重要角色[2]。同时，大赛紧密对接企业和岗位技能需求，紧跟行业动态与市场需求，始终以开放的姿态吸取行业中的先进观念与技术，在职业教育与市场中保持跨界的平衡。

（三）从国内顶级赛事到向世界发出邀请

2022年，全国职业院校技能大赛首次举办国际赛，在天津举办首届世界职业院校技能大赛，国内外院校学生都可以通过联队、混合编队等形式参与比赛，向世界职业教育学生发出来自中国的邀请。自大赛持续推进以来，一直秉持"立足世界""面向世界"的开放办赛理念。不断加强与世界技能大赛的联系，增强交流、探索合作。同时主动学习先进国家国际赛事的标准与经验，向东盟地区部分国家输送我国制定的标准与教材，提升大赛的国际性[3]。从国内职业教育领域内的国家级大赛，到立足世界、面向世界，最终走向世界的国际性大赛，全国职业院校技能大赛始终秉持开放的办赛理念，兼容并包，不停学习与传授，使大赛质量越来越高、影响越来越大。

二、大赛办赛主体的多元化发展

办赛主体是大赛的主要举办者，通常指主办单位、承办单位等。2008

---

[1] 张健.职业教育跨界理论：本质、价值与内涵[J].中国职业技术教育，2022（9）：5-10.
[2] 吕景泉，吴淑媛，汤晓华.技能大赛：引领职业教育教学改革发展走向新高度[J].中国职业技术教育，2017（16）：99-105.
[3] 芮志彬，梁群，田玲，项琳，崔秋英，郝天晓，高威.回顾与展望：全国职业院校技能大赛发展研究[J].中国职业技术教育，2018（16）：102-107.

年，由教育部率先领头，在天津市举办第一届全国职业院校技能大赛。党中央、国务院历来高度重视职业教育，特别是党的十八大以来，党和国家对职业教育发展寄予厚望。随着职业教育地位的不断提升，职业院校技能大赛受到全社会的支持与关注，同时，随着持续开放办赛理念的渗入，各个地方、部门、行业、企业等主体不断加入赛事举办中，为大赛注入多方的力量，共筑更加开放、精彩的技能赛事。

（一）组织部门多元化发展

2008年，第一届全国职业院校技能大赛举办，共由教育部、天津市人民政府、劳动和社会保障部、人事部、建设部等12个部门作为主办单位。其中大多数是国家行政部门，行业代表仅有中华全国总工会，学生代表仅有共青团中央，职业领域代表仅由中华职教社参与赛事主办。随着大赛的不断开放与赛事规模的扩大，大赛的主办单位逐年增多，由最初的12个发展到30多个。自2013年起，大赛主办单位均保持在30个以上，2016年与2017年更是达到37个主办单位。在2022年大赛中，主办单位有35个，其中包括教育部、国家发展改革委、民政部、财政部、人力资源社会保障部等多个国家行政部门，还包括中华全国总工会、中国机械工业联合会、中国石油和化学工业联合会、中国物流与采购联合会、中国纺织工业联合会、中国有色金属工业协会、中国煤炭工业协会等多个行业协会，以及中华职业教育社、中国职业技术教育学会等职业教育协会，共同参与赛事主办。详见图3-1。

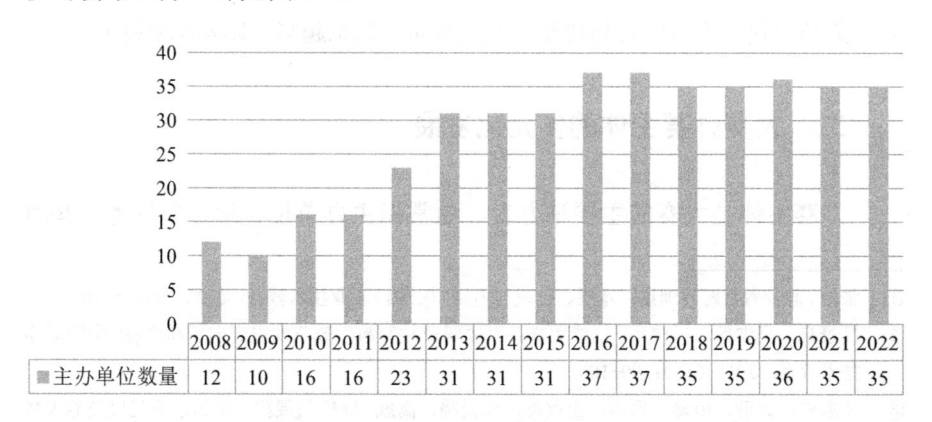

	2008	2009	2010	2011	2012	2013	2014	2015	2016	2017	2018	2019	2020	2021	2022
主办单位数量	12	10	16	16	23	31	31	31	37	37	35	35	36	35	35

图3-1　2008—2022年全国职业院校技能大赛主办单位数

（二）承办主体多元化发展

2018年《全国职业院校技能大赛章程》第二十二条指出，"大赛赛项主要由职业院校承办，赛项承办院校在分赛区执委会和赛项执委会领导下开展工作，负责赛项的具体实施和保障"。2021年，教育部等35个部门印发新版《全国职业院校技能大赛章程》，对赛项承办主体规则做出修改，第二十三条指出，"赛项由赛区执委会选择条件适宜的城市和职业院校单独承办或校企联办"。并对赛项承办院校及赛项合作企业遴选原则做出规定。新版大赛章程的发布，深刻彰显了大赛开放办赛的原则，新增城市承办与企业承办，使办赛主体更加多元。

（三）新增大赛冠名赞助商

与以往不同的是，2022年最新一届的全国职业院校技能大赛，除了大赛执行委员会等组织机构，以及多家主办单位、多元承办主体联合办赛以外，首次新增冠名赞助商。2022年中国银行以"中银杯"对大赛进行独家冠名赞助。通常对于企业来说，期望通过"赞助"的方式达到某种宣传效果。而赞助商可以利用自身渠道和优势宣传大赛以借势营销，同时也增加了赛事本身的宣传力度，实现"双赢"[1]。这意味着大赛的办赛向更多有意加入全国职业院校技能大赛的主体敞开怀抱，办赛主体更加多元化。

三、大赛参赛对象的普及化发展

2021年4月全国职业教育大会提出建设技能型社会，加快建设"社会崇尚技能、人人学习技能、人人拥有技能"的技能型社会。技能型社会具有技能形成制度覆盖全体劳动力、贯穿劳动力全生命周期、囊括全产业链需求的特征[2]。全国职业院校技能大赛办赛至今，已成为我国参赛人数最多、范围最广的职业技能赛事，在实现技能型社会建设目标过程中具有重要作用。然而在办赛过程中仍然存在"精英式比赛"的问题[3]，有悖于技

---

[1] 戴颖洁.节目、赞助商、受众：视听内容三位一体的网络营销策略[J].中国出版，2018（12）：32-35.
[2] 张学英，张东.技能型社会的内涵、功能与核心制度[J].职教论坛，2022（1）：35-41.
[3] 颜炳乾，陈衍.全国职业院校技能大赛：成效与反思[J].职业技术教育，2013（33）：62-64.

能型社会的宗旨与目标，与大赛开放与普及的发展方向相左。推进大赛的开放与普及，有利于实现技能型社会的三大特征，扩大参赛对象完善赛项设置，尽可能让更多师生参与其中，让更多人走上技能成才之路，建设技能型社会。

（一）参赛人数不断增多

随着大赛制度的完善与规模的扩大，参赛人数不断增多。2008年首届全国职业院校技能大赛全国各地参赛选手2000余人，2010年参赛选手达4000余人[①]，2015年参赛人数达到3.4万余人。2008年至2015年，历年大赛中职组、高职组获奖选手共计34613人；各级各类技能竞赛活动的学生数由2008年的数十万人，发展到目前基本覆盖约3000万名职业院校在校生[②]。此后参赛人数进一步增长，2022年共有来自全国32个地区5591支队伍、12427名选手和9624名指导老师参与其中[③]。

（二）参赛条件更为合理

全国职业院校技能大赛是针对职业院校在校师生的一项比赛，因此在参赛条件上，首要条件就是必须为在校师生。2018年大赛章程规定高职参赛选手"比赛当年一般不超过25周岁"，中职参赛选手"比赛当年一般不超过21周岁"。2021年新版大赛章程发布，对参赛选手条件进行了进一步优化。去掉了参赛选手的年龄限制，同时"鼓励高职大龄学生、国际学生、符合条件的国际选手参赛"。在某些赛项参赛队伍数量方面，规定"对涉及国家战略需求、新兴产业、人才紧缺专业、民族民间非遗传承等需要，且参赛规模不足10队的赛项，可适当放宽参赛队数"。提升了参赛对手来源的多样性与参加条件的合理性。

---

① 徐桂庭，陈晓梅，滕秋月，王彤欣，郭效安，唐朝元."精彩十年"——全国职业院校技能大赛——访教育部职成司副司长王扬南 [J]. 中国职业技术教育，2017（16）：114-119.

② 董鲁皖龙，高靓等．全国职业院校技能大赛博物馆采访记 [EB/OL]. http://www.moe.gov.cn/jyb_xwfb/s5147/201605/t20160510_242670.html, 2016-05-10.

③ 教育部职成司．2021年全国职业院校技能大赛获奖名单公示 [EB/OL]. http://www.moe.gov.cn/jyb_xxgk/s5743/s5745/A07/202108/t20210819_552483.html，2021-08-21.

（三）参赛地区不断扩大

王扬南指出 2007 年至 2012 年是大赛的探索发展阶段[①]。这一阶段是大赛从无到有的发展时期，大赛不断摸索更加科学的办赛机制。随着大赛参与人数的增多与社会关注的增加，大赛的举办要惠及更多院校师生，就必须扩大比赛范围，增加参赛地区。2012 年，大赛首次在天津主赛区以外地区设立分赛区，在河北、山西、吉林、江苏、浙江、安徽、山东、河南、广东、贵州 10 个地方设立分赛区。此后赛区数不断增加，2013 年，又新增了福建、甘肃、广西、大连、宁波 5 个分赛区。2018 年，参赛地区数目达到最大，共有 23 个赛区，进一步扩大了参赛范围。2021 年新版《全国职业院校技能大赛章程》规定"大赛实行赛区制"并"采取赛区申办制"，取消主、分赛场之分，在全国设立了 27 个赛区，办赛范围更广，办赛更加平等，使得更多地区的学生都有机会参赛，参赛对象更广泛。详见图 3-2。

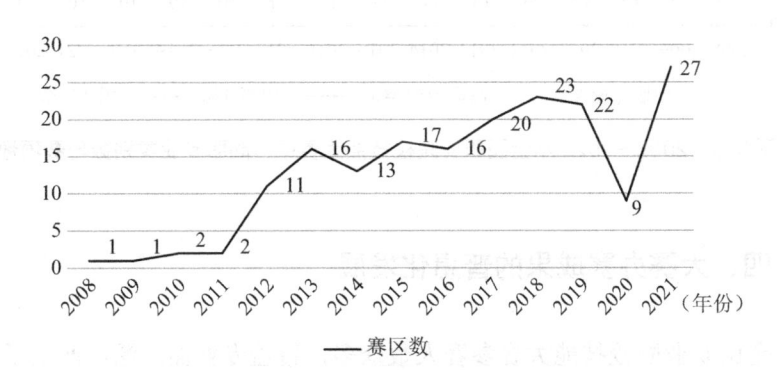

图 3-2　2008—2022 年全国职业院校技能大赛赛区数

（四）专业类别不断增加

在大赛赛项设置方面，专业类别不断增加，赛项覆盖更多行业类别与专业，使得更多学生有机会参与其中。2008 年首届大赛共设置了 23 个比赛项目，其中，中职组含 7 个专业类别 19 个比赛项目，高职组含 3 个专业类别 4 个项目。2013 年，赛项总数达 100 个，中职、高职组分别设置了

[①] 徐桂庭，陈晓梅，滕秋月，王彤欣，郭效安，唐朝元．"精彩十年"——全国职业院校技能大赛——访教育部职成司副司长王扬南[J]．中国职业技术教育，2017（16）：114-119．

50个比赛项目。2008年至2017年，赛项总数的三产比例为9∶35∶56，与我国产业结构优化升级"三二一"结构类似①。2022年，大赛赛项数目达历史最多，中职组含10个专业类别40个比赛项目，高职组含15个专业类别62个比赛项目。详见图3-3。目前，赛项总体数量趋于平稳，涉及的产业分布逐渐优化。

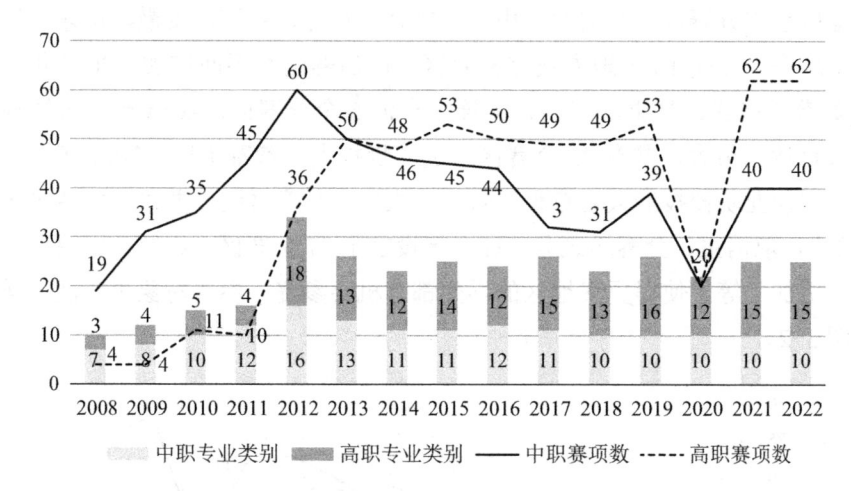

图3-3 2008—2022年全国职业院校技能大赛中、高职专业类别数与赛项数

四、大赛办赛成果的普惠化发展

全国职业院校技能大赛参赛人数众多，覆盖专业面广泛，产生了很多有意义的成果。大赛办赛成果的有效利用是发挥"以赛促学、以赛促教、以赛促改"的关键环节。促进大赛普及化、普惠化发展，让大赛成果惠及更多院校师生，才能更好地促进教育教学改革。

（一）大赛资源建设与运用逐步完善

赛项资源转化的制度层面体现出规范化、程式化、系统化、整体化趋

---

① 付云.全国职业院校技能大赛赛项研究——基于2008—2017年赛项数据分析[J].职业技术教育，2017（36）：39-43.

势，制度的健全完善为资源转化提供了逻辑依据[①]。项目设置不仅要紧跟行业发展，服务现代产业，随着大赛赛项设置逐步增多，分类逐渐精细，大赛资源转化也在向更加有效有利的方向发展，真正实现以赛促教。将赛项与教学相结合，通过赛项装备转化提升为教学设备、赛项任务转化设计为教学项目、赛项要求转化建设为课程内容、赛项工艺转化完善为教学标准、赛项评测转化形成教学评价，实现赛教融合。通过赛项资源转化，大赛逐步形成了以竞赛内容为核心的教学资源平台、"四位一体"的立体化教学包及"职业培训包"等；以竞赛理念为核心的技能精神融入日常教学，培养学生的工匠精神；以竞赛实训基地为依托为院校建立综合实训基地；以竞赛指导为契机提升教师的双师素质等[②]，从而达到大赛资源的有效利用。

（二）"课岗赛证"融通一体化发展

2019年《国家职业教育改革实施方案》提出实施1+X证书制度。1+X证书制度旨在缓解职业教育中学历教育与社会行业发展脱节的问题，及时将行业企业中的新技术、新工艺、新标准融入X证书的开发和人才培养方案中。"赛岗融合"使得赛项规程对接行业先进技术，将真实的工作过程融入比赛环节。1+X证书制度与竞赛旨在优化院校专业结构、促进教育教学改革的目标具有同向性。随着1+X证书制度的深入实施，大赛资源成果也要及时对接行业标准、企业课程教学要求，推动1+X相关证书标准体系建设[③]，从而实现"赛证融通"。同时，还要努力实现"赛课融合"，即把大赛成果融入课程教学，制定体现赛教融合的专业课程标准，开发体现赛教融合的课程教学内容，形成赛教融合的人才培养模式[④]。

---

① 任江维，杨新宇，邱康锋，等.赛教融合：全国职业院校技能大赛赛项资源转化的路径与考量——以学前教育专业教育技能赛项为例[J].中国职业技术教育，2021（9）：91-96.
② 刘晓宁.大赛八年发展成果盛宴——全国职业院校技能大赛博物馆参观活动侧记[J].中国职业技术教育，2015（22）：140-148.
③ 曾天山，陈斌，苏敏.以高水平赛事促进"岗课赛证"综合育人——基于2021年全国职业院校技能大赛分析[J].中国职业技术教育，2021（29）：5-10.
④ 任江维，杨新宇，邱康锋，等.赛教融合：全国职业院校技能大赛赛项资源转化的路径与考量——以学前教育专业教育技能赛项为例[J].中国职业技术教育，2021（9）：91-96.

五、大赛社会影响的纵深化发展

十四年来,大赛为每一位职教学子搭建实现梦想的舞台,为他们提供人生出彩机会的同时,也在全社会进一步营造"崇尚技能、尊重技能"的社会氛围,增强了职业教育的吸引力和影响力。在大赛开放性与普及性发展历程中,大赛的社会影响也随着大赛的不断开放与普及向纵深化发展。从最初的技术技能展示交流平台,到成为职业教育领域引领教育改革的标杆,大赛的影响逐步扩大,成为职业教育向社会展示和宣传、营造良好社会氛围的窗口,最终面向世界、走向世界,成为代表中国标准的职教名片。

(一)交流技术技能的平台

大赛办赛之初,其主要目的在于为职业院校师生搭建一个展示技术技能风采、促进技术技能交流的平台。大赛为无数青少年提供了人生出彩的机会,帮助他们改变人生,改变命运。许多选手通过参加全国职业院校技能大赛,其出色的表现赢得了来自企业、院校的青睐,为他们提供了具有竞争力的就业升学机会,不少参赛者在企业贡献自己的力量,成为企业中的技术能手;也有不少获奖者选择在院校留任,将自己的优秀技能经验传递给更多学生;还有一些获奖者凭借过硬的专业知识和技能继续学习深造。

(二)引领教学改革的标杆

随着大赛覆盖专业范围的增大,参赛对象专业背景更加多元,大赛影响的增加也使得院校对大赛的重视程度得到提升。借鉴大赛经验推动人才培养教学改革的积极性得到有效调动。技能竞赛能够及时将产业变迁、岗位调整纳入考核内容,能够有效促进教学与培训的全过程改革与升级。依托职业技能竞赛,推动课程改革、实践活动改革,促进专业文化建设与创新型人才培养方案有效融合[①]。大赛还通过与不同院校进行职业技能的切磋,锻炼和提高学生的思维、反应、协调、沟通等能力,提升学生的综合

---

① 刘燕华,杨彩如.社会工作技能竞赛与专业文化融合路径的探讨[J].当代教育实践与教学研究,2020(6):151-152.

素质[1]。同时，在人才评价方面，大赛改变了传统职业教育教学的单一评价方式，形成了由多元主体实施多维度的评价模式，包括知识、技能、素养等维度，是一种多样化评价的实践性测试[2]。

（三）营造社会氛围的窗口

随着大赛的开放与普及，大赛的社会认可度和社会影响力的逐步扩大。技能竞赛"赛会展学研"的新形式有利于促进相关领域和群体合力，共同参与、体验、认识并支持职业教育[3]。职业院校技能竞赛注重发挥宣传力、号召力、推动力[4]，有力地宣传了尊重劳动、尊重技能、重视职业教育的国家方针政策。号召全社会参与并支持职业教育，号召全社会各个群体关注技能人才的培养和职业教育的发展，让更多青年人加入职业教育中。随着大赛的不断壮大，国家各部门参与的热情也越来越高，社会反响越来越大，职业教育也越来越具有影响力。从制度设计层面推动社会实现从"重普轻职""重学轻工"的传统观念向"理实并举""工学结合"的新发展理念的重要转变[5]。

（四）代表中国标准的名片

逐步成长的全国职业院校技能大赛已成为国赛头牌，大赛标准已成为职业教育标准的标杆和权威，随着大赛的持续开放，国家级大赛已成为代表我国国家标准的名片并向世界输出。首先，大赛很好地展示了我国职业教育改革成果。技能竞赛通过综合运用"赛会展"等手段，对装备、技术、产品进行展览，展示我国学生、教师、院校风采，展示我国优秀项目

---

[1] 刘燕华，杨彩如.社会工作技能竞赛与专业文化融合路径的探讨[J].当代教育实践与教学研究，2020（6）：151-152.
[2] 张科丽.全国职业院校技能大赛评价体系研究——以2019年技能大赛为例[J].中国高校科技，2020（8）：38-41.
[3] 曾天山，陈斌，苏敏.以高水平赛事促进"岗课赛证"综合育人——基于2021年全国职业院校技能大赛分析[J].中国职业技术教育，2021（29）：5-10.
[4] 吕景泉，汤晓华，周志刚.全国职业院校技能大赛对技能人才培养的价值与作用[J].职业技术教育，2014（9）：54-56.
[5] 芮志彬.职业技能竞赛对构建技能型社会的价值研究[J].职业教育研究，2021（12）：54-59.

案例、大赛成果，全方位、多角度地向世界宣传中国职业教育[①]。其次，通过大赛向世界推广我国职业技术技能标准。技能型社会建设需要推介具有中国特点的发展模式，通过技能竞赛的"名片效应"，让中国制造和中国技术标准走向世界。最后，通过大赛分享我国职业教育建设方案。结合技能型社会建设，让中国职业教育建设方案通过技能竞赛搭建的平台，助力人类命运共同体的实现，与世界携手共进，让中国经验惠及世界。

第三节　全国职业院校技能大赛开放与普及的挑战与应对

在全国职业院校技能大赛的带动下，各地省赛、市赛、校赛广泛开展。技能竞赛已成为职业院校提高学生技能及学习兴趣、评价学校人才培养质量的重要手段。同时也要注意到国赛的开放与普及程度还不够理想。本节将首先通过空间分析，考察地区差异；其次通过问卷调查，实证分析大赛的开放程度和普及程度；最后提出推进全国职业院校技能大赛开放与普及的发展建议。

一、大赛开放与普及的空间特征

全国职业院校技能大赛的开放与普及在空间上存在显著不均衡现象。大赛获奖情况是重要表征之一。现以2021年高职组各省获奖情况为例进行分析。2021年全国职业院校技能大赛高职组共设有62个赛项，有2479名参赛学生获奖。我们仅统计31个省份2470名获奖选手的空间分布，不分析新疆生产建设兵团的获奖情况（9人次）。2470名获奖选手中，一、二、三等奖获奖人数分别为428人、817人和1225人，区域分布详见表3-1。

---

① 芮志彬.职业技能竞赛对构建技能型社会的价值研究[J].职业教育研究，2021（12）：54-59.

表 3-1　2021 年全国职业院校技能大赛各省份获奖情况（高职组）

省份	一等奖（人）	二等奖（人）	三等奖（人）	合计（人）	高职在校生（万人）
山东	83	32	31	146	113.70
江苏	52	66	23	141	117.41
浙江	39	68	34	141	66.13
重庆	34	46	55	135	48.83
江西	17	56	61	134	61.02
湖南	28	66	36	130	78.18
安徽	19	43	59	121	71.00
福建	22	42	57	121	53.72
湖北	20	39	56	115	93.40
广西	16	30	64	110	56.00
陕西	4	49	55	108	72.22
河南	18	29	57	104	125.07
广东	17	34	48	99	122.25
四川	7	11	74	92	99.38
河北	3	31	51	85	87.45
北京	6	32	40	78	53.61
山西	2	16	55	73	52.74
辽宁	4	11	50	65	71.21
上海	3	23	39	65	40.00
贵州	0	18	43	61	39.40
吉林	11	7	34	52	50.08
天津	9	20	22	51	36.82
甘肃	3	10	35	48	30.75
黑龙江	0	13	24	37	56.01
海南	4	9	19	32	12.57

续表

省份	一等奖（人）	二等奖（人）	三等奖（人）	合计（人）	高职在校生（万人）
云南	4	6	21	31	49.94
新疆	0	1	27	28	23.85
内蒙古	0	5	16	21	27.11
青海	3	0	18	21	4.25
宁夏	0	4	16	20	8.94
西藏	0	0	5	5	2.70
合计	428	817	1225	2470	1825.74

资料来源：根据2021年全国职业院校技能大赛获奖名单（高职组）整理。

大赛奖项的地理空间分布总体呈现"孔雀东南飞"的特点。从获奖总人数看，东南地区的省份获奖数量普遍较多，如山东、江苏、浙江、安徽、福建等；同时中部地区的重庆、江西、湖南的表现也很亮眼。从获一等奖的人数看，以上省份除了江西和安徽，排名均居于前列；而新疆、内蒙古、青海、宁夏、西藏这五个省份则未能获得一等奖。

仅根据奖项的地理空间分布还不能判断全国职业院校技能大赛的区域均衡性，还需要考虑各省高职在校生人数，计算基尼系数，才能更为准确地分析全国职业技能大赛的空间均衡度。以2021年各省高职在校生人数为X轴，并分别以各省获奖总人数、获一等奖人数为Y轴，绘制如图3-4所示的洛伦茨曲线，并计算基尼系数。

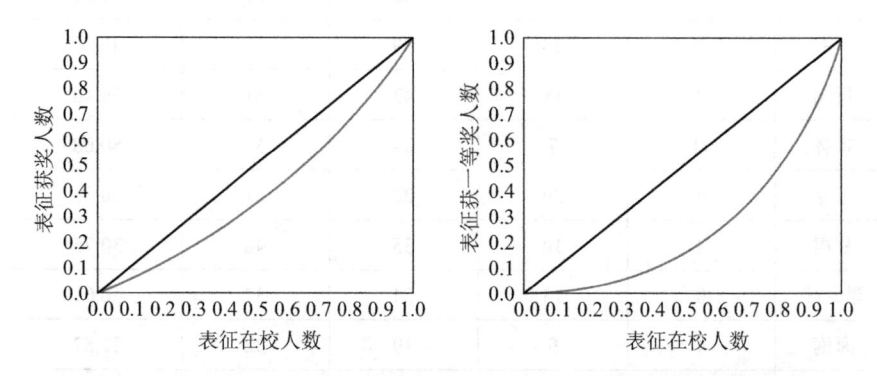

图3-4 2021年全国职业院校技能大赛（高职组）各省获奖情况的洛伦茨曲线

从基尼系数看，获奖总人数空间分布的不均衡系数为0.108，处于相对公平的水平。可见，全国职业院校技能大赛在奖项分配上较好地进行了地区平衡。然而，获一等奖的不平等系数达到0.245，不均衡程度显著增大。图3-4中的洛伦茨曲线同样直观展示了一等奖的空间分布较大地偏离了绝对公平线。这在一定程度上反映了不同省份之间职业教育质量的差异。未来需要加强对中西部、西南、东北等地区职业教育的关注和支持。

二、大赛开放与普及的问卷调查

为进一步了解职业院校技能竞赛的开放性与普及性情况，我们对部分职业院校的教师进行问卷调查，分析竞赛的开放与普及现状，发现其中存在的主要问题，以期为更好地推动技能大赛的开放与普及提供实证依据。

（一）问卷的设计与实施

1. 问卷内容与问卷结构

调查问卷基于对开放性与普及性内涵的分析理解，获取职业院校技能竞赛的开放性与普及性现状。调查问题主要包括：调查对象基本信息、开放性与普及性相关问题两大部分。调查对象信息包括调查对象的就职院校、专业、职称、职务、教龄，以及参与指导过的最高层级职业技能竞赛类别。对职业技能竞赛开放性与普及性的调查则主要从开放性、普惠性、转化性、保障性四个维度展开，在开放性方面，主要调查职业技能竞赛在体现行业发展趋势、借鉴其他国家经验、对接世赛相关要求、媒体宣传及社会关注度等方面的情况；在普惠性方面，主要调查职业技能竞赛报名的公平性、参赛选手的占比以及竞赛设备等方面的情况；在转化性方面，主要调查职业技能竞赛与教学大纲、专业教材、日常教学的融合情况，以及对师生能力的影响等；在保障性方面，主要调查院校对师生参赛的支持力度、给予指导教师的奖励津贴及参赛的训练条件等方面的满意度情况。问卷见附录1。

2. 问卷发放与有效性分析

本次调查通过线上问卷方式进行，最终回收209份有效问卷。利用SPSS软件对调查结果进行分析，首先按照"越符合开放与普及的原则赋值越大"的原则对结果进行编码,最高值为 5,最低值为 1,并对问卷进行信度与效度检验。

首先,对问卷进行信度检验。采用克隆巴赫系数法观察各项目的内部一致性。信度系数越大,说明问卷内部一致性越好,问卷的可靠性越好。当系数大于 0.6 时,表明结果勉强可接受;当结果大于 0.7 时,表明结果比较好;当结果大于 0.8 时,表明可靠性非常好。问卷整体的信度分析结果显示 Cronbach's Alpha 系数为 0.865,说明该问卷具有很好的可靠性,可信度高。其次,对问卷进行效度检验。可对变量进行 KMO(Kaiser-Meyerolkin)检验,当系数大于 0.6 时,表明效度可接受,当系数大于 0.7 时,表明效度良好。通过数据分析,最终得到 KMO 值为 0.747,且巴特利特球形检验的显著性水平小于 0.01,表明问卷的效度良好。见表 3-2。

表 3-2　问卷信度及效度检验

信度/效度检验系数	数值	可接受标准
克隆巴赫 Alpha 系数	0.865	>0.6
KMO 值	0.747	>0.6
巴特利特球形检验显著度	0.000	>0.05

3. 调查样本分布与信息

本次调查共回收 209 份有效问卷,调查对象包括来自上海、浙江、江苏、山东、新疆、北京、安徽、吉林、湖北等地共计 12 所职业院校的教师、辅导员、行政管理人员,被调查对象涉及包括计算机类、机械机电工程类、艺术设计类、教育类、社会服务类、财会类等多个专业。

调查对象中,专任教师为 127 人,占比 60.7%;专业主任共 41 人,占比 19.6%;辅导员或行政人员共 30 人,占比 14.4%;同时还有 11 位二级学院院长或系主任参加本次调查,占比 5.3%。详见表 3-3。

表 3-3　调查对象的岗位分布情况

辅导员/行政人员		专任教师		专业主任		二级学院院长/系主任		总数
人数(人)	占比(%)	人数(人)	占比(%)	人数(人)	占比(%)	人数(人)	占比(%)	
30	14.4	127	60.7	41	19.6	11	5.3	209

在职称方面，讲师或同等职称人员最多，占比为 54.2%，教授或同等职称人数占比较少，仅为 4.5%。在教龄方面，拥有 5 年及以上教龄人数占比 71.5%。调查对象在职务、职称上分布广泛，能够较好地体现不同身份人员对职业技能竞赛发展现状的认识和看法。详见表 3-4。

表 3-4 调查对象的职称与教龄分布

	教龄	1—3 年	3—5 年	5—10 年	10—20 年	20 年及以上	小计	占比
职称	初级职称	12	9	9	0	0	30	16.7%
	讲师或同等职称	10	15	30	35	7	97	54.2%
	副教授或同等职称	2	2	8	18	14	44	24.6%
	教授或同等职称	0	1	1	1	5	8	4.5%
总计		24	27	48	54	26	179	100%

注：30 位辅导员/行政人员未填写职称与教龄。

在调查对象中，共有 146 位调查对象（占比为 69.9%）指导学生参加过地市级及以上级别的职业技能竞赛，而参加过国家级及以上级别竞赛人员占比达 39.8%。这表明大部分调查对象都参与过职业技能竞赛的指导；另一方面，在参加的职业技能竞赛类别分布上，从地市级到世界级的参赛都有涉及，便于开展不同级别职业技能竞赛开放性与普及性的分析比较。详见表 3-5。

表 3-5 调查对象参与指导职业技能竞赛情况

竞赛级别	参加过地市级以上竞赛				没有参加	合计
	地市级	省级	国家级	世赛		
人数	18	70	43	15	63	209
占比	8.6%	33.5%	20.6%	7.2%	30.1%	100%

（二）问卷调查具体分析

1. 问卷调查总体情况分析

对调查结果进行分级赋值，越符合开放与普及的原则赋值越高，将

"不符合、比较不符合、一般、比较符合、符合"分别赋值为"1、2、3、4、5"。通过均值比较可初步判断职业技能竞赛在不同维度的开放与普及状况，分析结果见表3-6。根据被调查者反映，职业技能竞赛在转化性方面表现最好，其均值达到4.00。而在普惠性方面则比较一般，均值仅为3.19。总体均值为3.62，表明当前职业技能竞赛的开放性与普及性总体发展情况并不理想。

表3-6　职业技能竞赛开放与普及调查各维度及总体情况

分析维度	题项数	均值
开放性	5	3.70
普惠性	4	3.19
转化性	5	4.00
保障性	4	3.60
总体	18	3.62

从各题项看，均值在4.00以上的有普惠性（面向全体）、开放性（对接行业）、转化性（学生能力与竞赛）、转化性（教师能力与竞赛）、保障性（支持力度），均值分别为4.78、4.36、4.33、4.27、4.12。首先，表明职业技能竞赛在面向全体方面做得最好，在进行报名选拔时能够面向相关专业所有学生进行公开。其次，竞赛在体现行业发展趋势、提升师生能力方面也做得较好。同时，院校院系也能对师生参与职业技能竞赛提供较好支持。均值在3.00以下的有开放性（借鉴国际）、普惠性（设备器材）、普惠性（选手占比），分别为2.99、2.45、1.98，即教师在指导和训练参赛选手时较少借鉴其他国家经验，竞赛倾向于指定特定厂商或品牌的设备器材，参赛选手占全体学生的比例较低。详见表3-7。

表3-7　职业技能竞赛开放与普及各题项均值比较

题项	样本数	均值
普惠性（面向全体）	197	4.78
开放性（对接行业）	146	4.36
转化性（学生能力与竞赛）	205	4.33
转化性（教师能力与竞赛）	146	4.27

续表

题项	样本数	均值
保障性（支持力度）	204	4.12
开放性（媒体宣传）	145	3.87
转化性（教学大纲与竞赛）	193	3.86
转化性（竞赛资源与教学）	168	3.80
转化性（专业教材与竞赛）	192	3.72
保障性（训练条件）	203	3.70
开放性（社会关注度）	202	3.68
开放性（开放度）	201	3.58
普惠性（普及度）	201	3.56
保障性（奖励）	192	3.40
保障性（补助津贴）	188	3.19
开放性（借鉴国际）	146	2.99
普惠性（设备器材）	176	2.45
普惠性（选手占比）	178	1.98

2. 技能竞赛的开放性分析

在开放性维度，主要包括教师在培养和训练参赛选手时是否对接了世界技能大赛的相关比赛要求、职业技能竞赛是否体现了行业发展趋势、在培养和训练参赛选手时是否借鉴了其他国家经验，以及媒体对竞赛的宣传与社会对获奖选手的关注度等。从表3-6中可知开放性总体均值为3.7，表明开放性总体情况较好。

从表3-7可知，表现较好的指标包括"体现行业趋势"与"媒体宣传力度"，均值分别为4.36、3.87。随着现代科学技术的不断创新与发展，产业转型加速，行业与岗位不断变化，各层级职业技能大赛在赛项设置上不断开发出各类新设项目、专业覆盖面越来越广，且技能操作贴近岗位和企业实战要求[1]，能够较好地体现行业发展趋势。同时，随着全国职业院

---

[1] 李浩泉.论"产教融合、以赛促学"的职业院校技能大赛[J].教育与职业，2019（18）：104-108.

校技能大赛办赛规模的不断扩大以及国家对职业教育发展的不断重视，对大赛的宣传力度不断加大，不仅形成了"赛、展、会、演"交相辉映的大赛文化[1]，还采用新闻报道、网络直播、影片制作等方式进行赛前、赛中、赛后的全方位全面宣传，扩大了赛事的影响。此外，社会对于获奖选手的关注度有待提高，均值为3.68。在指导和训练学生参加职业技能竞赛时，教师在借鉴国际经验方面得分较低，均值仅为2.99，只有25.4%的教师较好地借鉴了国际经验，33%的教师借鉴程度一般或者较低，还有11.5%的教师没有借鉴国际经验。详见表3-8。

表3-8 职业技能竞赛开放性情况

开放性	好/高 人数（人）（占比）	比较好/比较高 人数（人）（占比）	一般 人数（人）（占比）	不太好/比较低 人数（人）（占比）	不好/低 人数（人）（占比）	不清楚/跳过 人数（人）（占比）	总数（人）
体现行业发展趋势	66（31.6%）	67（32.1%）	12（5.7%）	1（0.5%）	0（0）	63（30.1%）	209
媒体宣传力度	30（14.3%）	67（32.1%）	472（2.5%）	1（0.5%）	0（0）	64（30.6%）	209
获奖选手关注度	35（16.7%）	84（40.2%）	69（33.0%）	11（5.3%）	3（1.4%）	7（3.4%）	209
整体开放度	30（14.4%）	77（36.8%）	81（38.8%）	5（2.4%）	8（3.8%）	8（3.8%）	209
借鉴其他国家经验	14（6.7%）	39（18.7%）	48（23.0%）	21（10.0%）	24（11.5%）	63（30.1%）	209

在对接世界技能大赛方面，一部分调查对象反映相关专业的职业技能竞赛没有可以对接的项目；在有可以对接的项目时，仍有近40%没有对接世界技能大赛的相关比赛要求。这说明在吸收和借鉴国际经验和标准方面，当前情况总体不理想，各级赛事举办方应积极调整，进一步提升赛事的国际化和开放性。详见表3-9。

---

[1] 程宇."国赛"十年：将职业教育改革进行到底——2008—2017年全国职业院校技能大赛回顾与展望[J].职业技术教育，2017（18）：21-27.

表 3-9 在指导学生参加职业技能竞赛时对接世赛要求情况

开放性（对接世赛）	有对接世赛项目		无对接项目	不清楚或跳过	总计
	对接了相关要求	未对接相关要求			
人数（占比）	46（22.01%）	29（13.88%）	47（22.49%）	87（41.62%）	209（100%）

利用 SPSS 对调查结果进行相关性分析发现，职业技能竞赛级别与大赛的开放性无显著相关性，见表 3-10。说明在赛项体现行业趋势、参赛时借鉴其他国家经验、备赛时对接世界技能大赛相关要求、媒体宣传力度、社会对获奖选手关注度及竞赛的整体开放度方面，不同级别竞赛没有显著差异。

表 3-10 不同层级竞赛与竞赛开放性的皮尔逊相关性情况

	对接行业	借鉴国际	对接世赛	媒体宣传	社会关注度	整体开放度
不同级别竞赛	0.03	0.012	−0.12	−0.01	−0.018	−0.03

3. 技能竞赛的普惠性分析

关于普惠性的分析维度，测度指标包括大赛的报名与选拔是否面向全体学生、参赛学生占相关专业学生的比例，以及在参加的竞赛中，参赛设备、软件、器材等是否由主办方唯一指定等内容。从表 3-6 数据可见，在四个一级指标中，普惠性均值最低，仅为 3.19。更具体的数据见表 3-11。

表 3-11 职业技能竞赛普惠性情况

题项	选项	人数（人）/ 占比
报名是否面向全体	是	186（89%）
	否	11（5.3%）
	不清楚/跳过	12（5.7%）
	总计	209（100%）

续表

题项	选项	人数（人）/占比
参赛选手占 专业学生比例	<10%	111（53.1%）
	10%—20%	47（22.5%）
	≥20%	20（9.6%）
	不清楚或跳过	31（14.8%）
	总计	209（100%）
设备器材由 主办方唯一指定	符合	79（37.8%）
	比较符合	66（31.6%）
	一般或不符合	31（14.8%）
	不清楚或跳过	33（15.8%）
	总计	209（100%）

在是否面向全体学生进行公开公平选拔，89%的老师都持赞同意见，说明在大赛参赛选拔时是面向全体学生的。但在参赛选手占全体学生比例方面，53.1%的老师选择比例小于10%，参赛选手占全体学生比例大于或等于20%以上的仅有9.6%。目前大部分院校最终能够参加到职业技能竞赛中的学生几乎不到全体学生1/10。究其原因，首先，可能是由于竞赛本身的名额限制，即使在开展报名、进行选拔时是面向全体学生，但最终真正能够获得参赛资格的学生数量十分有限。这在一定程度上让职业技能竞赛成为一种"精英式"比赛，一方面会造成院校的资源分配不公，另一方面由于参赛机会太少难以惠及更多的学生[1]。其次，在参赛设备、软件及器材的指定方面，69.4%的老师反映设备是由主办方唯一指定的。当前，大多数技能竞赛设备都是由主办方指定，而设备运行投入高、更新换代快等问题给职业院校带来较大压力[2]，部分职业院校的设备大都是之前已配备好，但由于竞赛设备更换频繁且唯一指定，就导致院校配备的设备不能满足参赛实训需要，如果想要取得好成绩就要花高价买入新设备或者送学生去外面培训[3]，这无疑是一笔不小的开支，打击了一些院校的参赛积极性。

---

[1] 颜炳乾，陈衍.全国职业院校技能大赛：成效与反思[J].职业技术教育，2013（33）：62-64.
[2] 许怡赦，周洪波.职业院校技能竞赛集训研究[J].大视野，2019（4）：50-54.
[3] 冯秀玲.浅谈高职类技能竞赛存在的缺陷及应对策略[J].南方农机，2019（23）：140+149.

通过对相关变量进行相关性分析发现，职业技能竞赛级别与竞赛普惠性没有显著相关。即不同层级竞赛在报名是否面向全体、参赛选手占比、设备器材是否唯一指定及总体普及度方面没有显著差异。未来，地市级、省级比赛要在普及化方面下功夫，应覆盖更多的职业院校师生。详见表 3-12。

表 3-12 不同层级竞赛与竞赛普惠性的皮尔逊相关性

	面向全体	选手占比	设备器材	普及度
不同级别竞赛	0.069	0.022	0.104	−0.102

4. 竞赛成果的转化性分析

关于大赛的转化性分析维度，测度指标包括职业技能竞赛对师生能力的提升影响，以及相关专业的教学大纲体现职业技能竞赛相关要求的程度、教师在日常教学中融入职业技能竞赛相关资源如视频、课件、素材等情况、相关专业教材融入职业技能竞赛规则的程度等方面。从表 3-6 可知，大赛成果转化性的总体均值在四个维度中最高，为 4.00，说明当前职业技能竞赛在成果转化方面情况较好。

从表 3-7 可知，参与职业技能竞赛对于教师教学能力和学生专业能力的提升方面作用最为明显，均值分别为 4.27 和 4.33。表 3-13 显示，60.7%的教师认为参加职业技能竞赛能够明显提升教师教学专业能力，89.2%的教师认为参加职业技能竞赛能够明显提升学生的专业能力。在教师能力提升方面，一方面，教师通过指导学生参与竞赛，自身专业能力得到提升；另一方面，职业院校技能大赛教学能力比赛也成为提升教师综合教学水平的有效路径，不断促进教师队伍培育和能力成长[1]。在学生专业能力提升方面，职业院校技能大赛作为专注学生技能水平，符合分类评价、增值评价、多元评价原则的一项权威测评工具[2]，同时培养和锻炼学生的如专业技能知识、理论联系实际、解决实际问题、团队合作、抗压等综合能力，

---

[1] 曾天山，陈永，房风文. 全国职业院校技能大赛教学能力比赛历程与展望 [J]. 中国职业技术教育，2022（11）：17-22.

[2] 高绣叶，郑国萍. 权威评价工具：职业院校技能大赛价值逻辑的深层阐释 [J]. 职业技术教育，2022（10）：20-25.

学生在使自身能力得到提升的同时，也能获得不少企业的青睐[①]。在竞赛资源融入教学方面，66.5%的教师认为相关专业教学大纲中体现竞赛要求情况较好，50.7%的教师能够将竞赛各项资源应用到日常教学中，57.9%的教师认为相关专业教材中体现竞赛规则情况较好。"赛教融合"既是实现大赛资源转化的主要路径，也是发挥"以赛促教、以赛促学、以赛促改"的关键一步，数据显示"赛教融合"总体情况良好，大赛成果转化已取得一定成就。

表 3-13 职业技能竞赛转化性情况

转化性	符合/高 人数（人）（占比）	比较符合/比较高 人数（人）（占比）	一般 人数（人）（占比）	不太符合/比较低 人数（人）（占比）	不符合/低 人数（人）（占比）	不清楚/跳过 人数（人）（占比）	总数（人）
教师能力提升	59 (28.2%)	68 (32.5%)	19 (9.1%)	0 (0.0)	0 (0.0)	63 (30.2%)	209
学生能力提升	89 (42.6%)	97 (46.4%)	17 (8.1%)	2 (1.0%)	0 (0.0)	4 (1.9%)	209
教学大纲融入竞赛要求	37 (17.7%)	102 (48.8%)	48 (23.0%)	2 (1.0%)	4 (1.9%)	16 (7.6%)	209
竞赛资源融入教学	42 (20.1%)	64 (30.6%)	51 (24.4%)	8 (3.8%)	3 (1.4%)	41 (19.7%)	209
竞赛资源融入教材	34 (16.3%)	87 (41.6%)	57 (27.3%)	11 (5.3%)	3 (1.4%)	17 (8.1%)	209

通过相关分析发现，职业技能竞赛级别和教师的教龄、职称、职务与竞赛转化性没有显著相关。即不同层级竞赛在竞赛资源与专业大纲、专业教材、日常教学融合方面，以及对于教师能力和学生能力提升没有显著差异。教师的教龄、职称或者职务对于以上方面也没有明显的相关性。这一结论提示我们，在职业竞赛的指导方面不能论资排辈，学校要支持年轻教

---

① 郝天晓.全国职业院校技能大赛提升人才培养质量的现状及对策[J].职业技术教育，2019（14）：11-14.

师参与竞赛指导工作。详见表3-14。

表3-14　不同样本特征/层级竞赛与竞赛转化性的皮尔逊相关性

	教龄	职称	职务	不同级别竞赛
教学大纲	-0.148	-0.062	-0.122	-0.017
专业教材	-0.094	-0.117	-0.078	-0.087
竞赛资源	-0.029	0.045	-0.025	-0.084
教师能力	-0.063	-0.087	0.057	-0.025
学生能力	-0.088	-0.029	0.047	0.123

5. 竞赛开展的保障性分析

关于保障性的分析维度，测度指标包括院校给予师生参赛的支持力度、学生备赛期间各项训练条件情况，以及教师对院校给予教师参与指导学生备赛的工作津贴或相关补助和对获奖结果奖励的满意度情况。从表3-6可知，保障性总体均值为3.6，综合保障不够有力，具体情况见表3-15。

表3-15　职业技能竞赛保障性情况

保障性	满意/高 人数（人）（占比）	比较满意/比较高 人数（人）（占比）	一般 人数（人）（占比）	不太满意/比较低 人数（人）（占比）	不满意/低 人数（人）（占比）	不清楚/跳过 人数（人）（占比）	总数（人）
支持力度	76（36.4%）	85（40.7%）	37（17.7%）	3（1.4%）	3（1.4%）	5（2.4%）	209
训练条件	41（19.6%）	88（42.0%）	52（24.9%）	16（7.7%）	6（2.9%）	6（2.9%）	209
奖金奖励	32（15.3%）	63（30.2%）	59（28.2%）	25（12.0%）	13（6.2%）	17（8.1%）	209
补助津贴	32（15.3%）	43（20.6%）	63（30.2%）	28（13.4%）	22（10.5%）	21（10.0%）	209

其中，均值最高的为院系对师生参赛所给予的支持力度，均值为4.12，有77.1%的教师认为院系给予的支持力度很大。院校支持师生参与竞赛，既符合政策要求也符合院校自身发展要求，如《高等职业教育专科英语课程标准（2021年版）》中就明确提出要求各高职院校进一步提升教师素质，支持教师参与职业院校技能大赛[①]。同时，参加职业技能竞赛能够倒逼专业建设与改革，改变教学方式、规范评价机制、改善实训条件等[②]，对院校产生积极影响。在训练条件方面，有61.7%的教师认为学生备赛期间的各项训练条件较好。对于教师指导选手或团队获奖获得的学校奖励，只有45.4%的教师表示满意，对于学校给予的竞赛指导相应工作津贴或补助，只有35.9%的教师表示满意。从结果可知，目前教师对于参赛所得的津贴或奖励总体满意度不高。教师的指导质量与教师指导的积极性和自身业务素质有关，因此在提升教师素质的同时也要建立合理的激励机制，提高教师参与竞赛的积极性，进而推动提高技能竞赛水平。

通过相关性分析发现，职业技能竞赛级别和教师教龄、职称与竞赛保障性没有显著相关。即参与不同层级竞赛，院校所给予的支持力度、备赛训练条件，以及给予的补助津贴和奖励没有显著差异。教师教龄、职称与院校津贴补助满意度也没有显著相关。但教师职务与对奖励的满意度在0.05显著度水平上呈显著负相关，说明教师职务对于教师在对院校给予的获奖奖励满意度上有较大关系，教师职务越高，其满意度越低。表明学校的奖励制度没有充分考虑不同职务教师的诉求，具有较高职务的教师往往有着优越的社会资源，这对于提升学校的参赛竞赛水平有积极意义。详见表3-16。

表3-16 不同样本特征/层级竞赛与竞赛保障性的皮尔逊相关性

	教龄	职称	职务	不同级别竞赛
支持力度	−0.055	0.054	−0.118	−0.031
训练条件	−0.032	0.086	−0.116	0.040

---

① 常红梅.《高等职业教育专科英语课程标准（2021年版）》课程实施部分解读[J].中国外语，2021（5）：16-20.

② 鞠锡田.基于"倒逼理论"的职业院校技能大赛研究[J].中国职业技术教育，2012（18）：30-33.

续表

	教龄	职称	职务	不同级别竞赛
补助津贴	-0.045	0.082	-0.143	0.063
奖励	-0.019	0.077	-.146*	0.029

注：** 在 0.01 级别（双尾），相关性显著。* 在 0.05 级别（双尾），相关性显著。

（三）主要结论

1. 竞赛资源转化成效良好，参赛有利于提升师生能力

调查研究发现，当前职业院校技能大赛在成果转化方面有所成就。大赛资源成果能够较好地融入院校课程教学中，且通过参与职业技能竞赛，教师与学生专业能力都能得到显著提升。一方面，随着职业院校技能大赛规章制度的逐步完善，在竞赛资源转化层面的制度设计体现出规范化、程式化、系统化、整体化的趋势，不断完善健全的制度为资源转化提供了动力与逻辑依据[1]；另一方面，随着网络信息技术的发展，许多竞赛相关的素材资源都可以通过网络获取，为师生提供了更加便利的获取渠道。在政策引导宣传下，大部分院校老师都能有意识地、主动地将竞赛相关资源融入日常教学。但将资源转化到教学中不仅仅是简单的"搬运"工作，而需要教师对竞赛资源的二次开发与重组，如在对竞赛优秀案例、大赛标准规范、设备操作手册等竞赛资源分析基础上，撰写校本教材、制度课程标准等，将竞赛资源更好地融入教学。大赛的转化性充分体现了大赛的育人作用，在人才培养方面，大赛的举办不仅能够为教育教学带来丰富的教学资源，引领课程建设、促进课程优化，还能推动师资队伍建设、引领学生技能提升，提高人才培养质量。

2. 不同层级竞赛开放与普及差异不明显

从相关性分析来看，不同层级的职业技能竞赛与大赛的开放性、普惠性、转化性、保障性方面均不存在显著相关。对于地市级竞赛、省级竞赛、国家级竞赛、世界技能大赛，在当前大部分教师看来，其开放与普及

---

[1] 任江维，杨新宇，邰康锋等.赛教融合：全国职业院校技能大赛赛项资源转化的路径与考量——以学前教育专业教育技能赛项为例[J].中国职业技术教育，2021（9）：91-96.

程度没有显著差异。当前，我国职业院校技能竞赛已形成"校赛、省赛、国赛"的层层选拔机制，尤其是省赛一开始就被赋予了国赛选拔赛的角色，只有在省赛中名列前茅的参赛选手才具备参加国赛的资格[①]。因此，对于不同层级的竞赛来说，不管是哪一级的赛事，都会受到关注，因为每一类比赛都有能拿到参加的更高级别竞赛"通行证"的可能性，而校赛、地市级竞赛虽然层级较低，但是其参与面更加广泛，参赛名额更多，且更能够贴近当地院校专业特色，其资源能够更好地融入校本课程中。各地政府在推动市级竞赛方面提供了大力支持，设置了具有一定吸引力的奖励，例如山东省人民政府对于获得省级职业院校技能竞赛一等奖的学生和指导教师均颁发 5000 元奖励，对获得一等奖项目的学校给予每个获奖项目 5 万元的奖励[②]。因此，当前不论是哪一层级的职业技能竞赛，都能产生一定的社会影响，且由于具有"选拔功能"这一纽带关系，也使得各层级竞赛开放与普及的发展具有类同性。

3. 竞赛参赛名额与竞赛设备选定存在不合理限制

调查研究发现，当前职业院校技能大赛在普惠性方面有待提升，主要表现为参赛名额较少，以及参赛设备大多由主办方唯一指定，设备垄断性较强等问题。自职业院校技能大赛举办以来，参赛选手选拔问题和设备选用问题一直是反映较多的问题。特别是在省市级职业技能竞赛中，有的专业由于参赛名额较少，再加上承办院校等因素影响，容易导致在参赛资格的获取上存在较大的"可操作性"和"不公平性"，在一定程度上降低了其他学校的参赛积极性。在参赛设备的确定方面，当前，我国全国职业院校技能大赛竞赛设备的选定主要是通过公开竞标的方式进行确定，确定后三年内保持相对稳定，如局部需改进与升级，会免费为参赛院校提供升级服务，如有重大改进与变化会按照相关规定和程序进行重新遴选[③]。但由

---

① 付云.我国职业院校技能竞赛金字塔式三级体系研究[J].职教论坛，2019（1）：6-12.

② 山东省教育厅.2018 年山东省职业院校技能大赛工作手册：关于印发山东省职业院校技能大赛奖励办法的通知[EB/OL].http://sdskills.sdei.edu.cn/news.aspx?id=8d7c12b0734845f984d598b1d7486396&mid=21b0e5ce4d0948838f8cc908911c34ad，2018-10-19.

③ 全国职业院校技能大赛执行委员会.2021 年全国职业院校技能大赛制度汇编：全国职业院校技能大赛设备与设施管理办法[EB/OL].https://skills.pctj.edu.cn/info/1002/1129.htm，2021-05-25.

于院校仍需定期更换设备，一方面设备购置成本较高，给院校带来了一定的财务压力；另一方面容易导致以前已采购设备的浪费。同时，参赛设备使用对象较为局限，仅供参赛师生使用。且存在多数时候已购置设备但最后参赛只是"打酱油"的现象[①]，这在一定程度上降低了师生积极性，同样也导致了经费的浪费和设备的闲置。

4. 指导教师在借鉴经验及对接世赛标准上有待提升

在职业技能大赛开放性层面，在参与备赛期间，大部分老师都是自己准备，缺少主动学习借鉴国际先进经验的开放的意识和态度。一方面，是因为信息获取较为有限，大部分老师在备赛时没有办法找到相关的资料和素材。目前，对于国外职业技能竞赛经验介绍大多偏向宏观层面，缺少在微观层面讲解教师应该如何实施具体的培训操作。同时，较少有文献介绍该领域的新近情况，导致教师的信息获取渠道较为闭塞，缺乏有效途径去了解国外备赛的先进经验。另一方面，由于部分院校缺少对指导教师的赛前培训，很多初次参与职业技能竞赛的老师对于竞赛的要求或标准不太了解，导致备赛过程中无法有效地将世赛相关要求融入其中。职业技能竞赛的开放性，不仅是竞赛本身的开放，开放的理念也应当融入竞赛的每个环节，即使在备赛过程中，也应保持一种开放的学习和借鉴态度，努力提高参赛水平。

5. 教师对于参赛的激励满意度较低

在职业技能竞赛保障性方面，目前大部分教师对于院校给予老师的指导学生参赛工作津贴或补助，以及指导选手获奖后所获奖励的满意度总体偏低。指导教师在职业院校技能大赛备赛和比赛期间都发挥着关键作用。备赛过程期间，教师对学生的指导行为常在业余时间开展，缺少明确和刚性的管理规范，对学生的指导常常因为教师的责任心强弱不同而存在差异[②]。因此，教师的工作态度和积极性在一定程度上影响着学生参赛的质量和水平。为此，一方面，政府应加大落实对获得市赛或省赛奖项的指导教师在职称评定、评优晋升等方面的奖励；另一方面，院校应加大对职业技能竞赛指导教师的工作补贴力度，同时应充分考虑不同专业训练指导的

---

① 高友凤. 刍议职业院校技能大赛实施过程中的问题、成因及对策[J]. 现代农机，2022（1）：90-92.

② 贾桂玲. 关于职业院校技能大赛的分析与思考[J]. 中国职业技术教育，2018（1）：55-59+74.

难度差异,实行分级分类的津贴激励。在完善激励保障机制过程中,还应考虑到不同职务教师、不同职称教师、不同教龄教师在津贴补助和奖励类型上的差异性诉求。

三、大赛开放与普及的现状反思与发展建议

(一)大赛开放与普及的空间发展不均衡及其应对

全国职业院校技能大赛中各省市代表队和参赛选手的表现不仅表征了职业教育的发展质量,也反映了地区经济社会综合发展状况。因此,促进大赛开放与普及、缩小地区差异是一项系统性工程,需要各级政府统合规划、协调推进,职业院校主动发展,行业企业积极融入。

首先,要提升欠发达地区的职业院校发展水平,提升学生的技能素养。职业院校发展的影响因素包括生源质量、人才培养质量、产教融合程度等。一是要在中小学阶段做好职业生涯启蒙教育,改变学生和家长轻视技能的传统观念,让更多人认识到职业教育是类型教育,而不是层次教育,从而吸引更多优质生源;二是职业院校要打造优秀师资团队,并积极引进优秀教师,从科研、教学、学生工作等各方面保障人才培养质量;三是职业院校要主动对接行业企业,把先进理念和技能引入教育教学以及备赛参赛过程,提升学生的大赛竞争力和就业竞争力。

其次,要把职业教育发展作为社会经济发展的重要环节,在制度和资源上对技能竞赛予以保障。一是弱化院校的级别划分和待遇级差。政府固然要对"双高"院校进行大力扶持,但同时也要保证普通职业院校的可持续发展。在职业院校技能大赛方面,应为其提供较为充足的建设资金和政策保障。二是估计院校之间的资源共享和合作共建。我国各地的技能型人才普遍供给不足,因此区域内院校之间要摒弃就业竞争的观念,要通过共建共享,齐心协力提升学生的技能竞赛水平。三是政府要鼓励企业深度参与到职业教育发展中。企业为职业院校的专业建设和人才培养出谋划策,尤其是加大对优秀技能人才的支持力度,帮助他们在高级别技能竞赛中获奖,其实就是为企业自身储备高水平人力资源的过程。

(二) 大赛开放与普及的制度不完善及其应对

全国职业院校技能大赛的开放与普及的制度保障不仅取决于赛事制度的公开公平公正,而且取决于各省各市各校的选拔制度、激励制度和成果转化机制。因此,国赛组委会和执委会要从"学校选拔—省内比拼—全国竞赛"的全过程全环节审视各项制度的科学性和有效性,不断调整和完善。

首先,主管部门和赛事主办方要不断健全比赛制度。一是加强竞赛资源的开放性。为解决部分赛项的设备垄断问题,应规定竞赛设备的主要指标,如若未涉及重大技术升级就不要频繁更换设备要求;同时不指定特定厂家或品牌的设备,或者由主办方统一购买或租用设备,供参赛学校和选手使用。此外,应建立更多开放的公共实训基地,加强建设赛事资源智慧平台,便于选手备赛。二是提高参赛选手覆盖率。可以增加赛项或参赛名额,或者对已参赛已获奖选手的参赛出台更为严格的限制条件;亦可设置表演赛,让更多师生参与其中。三是在赛项设置上注重地区、院校、专业之间的平衡,并主动对接世界技能大赛要求。设置能够体现中国特色、地区特色、院校特色、专业特色赛项;对于未能设置对应赛项的专业,可在比赛期间设置行业企业专场,同步举办比赛,让更多学生感受赛事氛围。

其次,各级政府要动员职业院校优化选手选拔制度和激励制度。一是科学设置选拔流程,鼓励学生人人参与。校级选拔赛争取全员参与,选拔的过程就是专业技能教育的过程。各级政府相关部门既要有择优选拔的名额,还要有随机抽取的名额。这样既能体现职业教育的最高水平,也可以反映职业教育的平均水平。二是加大政策支持力度,激励教师参与指导。从物质奖励方面,要对指导教师付出的劳动和购买的备赛资源予以补偿,对获奖团队的指导教师予以奖励;从职业发展方面,在评优评先、职称晋升时,给予指导教师一定权重的加分。三是推行教育教学改革,鼓励教师转化和应用赛事资源。可设置专项资金和攻关项目,一方面鼓励教师把成熟的赛事资源引入专业课教学中,另一方面鼓励教师对赛事资源进行二次开发,形成校本教育教学资源,推动专业建设和课程建设。对于没有能力独立完成赛事成果转化的学校,相关主管部门应予以指导和支持,或者采用多校联合的方式推进相关工作,实现共建共享,提升赛事成果的普及水平。

第四章
省级职业院校技能大赛开放性与普及性分析

省级职业院校技能大赛的开放与普及对于区域社会经济发展具有重要意义。一方面省赛能够很好地与国赛进行对接并适度扩大赛事规模,能够充分发挥向公众宣传普及技能教育的职能;另一方面省赛能够灵活对接区域产业规划和省内职业院校的改革发展,快速准确反映当地经济社会发展和职业教育改革的需要。目前,全国除西藏自治区之外的30个省份都举办了多届省赛和国赛选拔赛。2022年西藏自治区已经启动了第一届技工(职业)院校职业技能大赛的筹备工作。省级职业院校技能大赛逐渐发展出地方特色,成为推动地方经济社会发展和提升职业院校办学质量的重要载体。本章将通过典型案例对省级职业院校技能大赛开放与普及的实践经验和发展困境进行分析,并提出发展建议。

第一节 省级职业院校技能大赛开放与普及的进展

各省普遍把职业院校技能大赛作为推动全省职业教育高质量发展的重要抓手,作为贯彻落实全国职业教育大会精神的重点举措。职业院校以技能大赛备赛参赛为契机,更加重视实践教学、强化技能训练,通过提质培优、增值赋能,助力职业教育高质量发展。各省在省级职业院校技能大赛的开放与普及推进方面,都积累了丰富经验,形成了地方特色。本节主要探讨广东、江苏、浙江、上海、山东等省市职业院校技能大赛的相关经验。

一、大赛作为常规性的制度立足赛事的开放与普及

省级职业院校技能大赛已经成为各省职教领域的一项常规性制度。省级职业院校技能大赛起初仅面向中职学校。广东省2003年举办首届中等职业学校学生技能竞赛，上海市2004年举办了首届"星光计划"中等职业学校技能大赛，均属于最早启动职业院校技能大赛的省份。随着国家对高职教育的重视，在2008年首届全国职业院校技能大赛的推动下，各省职业院校技能大赛纷纷增设高职组。省级职业院校技能大赛向不同类型和层次的职业院校开放，并逐渐形成职教领域的常规性制度。

首先，成立专门的组织机构，统筹协调省级职业院校技能大赛各项事宜。浙江省在2011年成立中等职业学校职业能力大赛组委会，在2021年成立高职院校职业能力大赛组委会和专家委员会，旨在贯彻落实《国家职业教育改革实施方案》，组织高职院校实施好国家和省两级职业能力大赛，提升全省高职院校人才培养水平。广东省也在较早时候启动了相关工作。2015年广东省教育厅成立高职教育技能竞赛工作指导委员会[1]；2017年，广东省教育厅职业教育与终身教育处设立广东省职业院校技能大赛组委会办公室；2022年印发《广东省职业技能竞赛管理办法》，要求包括职业院校技能大赛在内的各类职业技能竞赛主办单位牵头成立赛事组织委员会，承办单位牵头成立赛事执行委员会[2]。

其次，省级职业院校技能大赛的办赛主体多元，能够广泛动员社会力量。广东省教育厅在每届全省职业院校技能大赛筹备阶段公开征集承办单位。2021—2022年度广东省职业院校技能大赛由8个地级市及以上教育局和36个高职院校承办单位共同组织各项赛事。江苏省职业院校技能大赛的政府主办单位同样众多，2022年主办单位包括省教育厅、省发改委、省工信厅、省财政厅、省住建厅、省交通运输厅、省农业农村厅、省商务厅、省文化和旅游厅、省卫健委、省总工会、团省委、省妇联、省中华职

---

[1] 顺德职业技术学院网站. 广东省高职教育技能竞赛工作指导委员会成立大会暨技能竞赛工作研讨会在我校召开[EB/OL]. https://www.sdpt.edu.cn/info/1042/6792.htm，2015-10-29.

[2] 广东省人力资源和社会保障厅网站. 广东省人力资源和社会保障厅关于印发《广东省职业技能竞赛管理办法》的通知[EB/OL]. http://hrss.gd.gov.cn/zwgk/xxgkml/bmwj/gfxwj/content/post_3944397.html，2022-05-30.

教社等14个部门①。这些举措既能够保证高职院校的参与度，又能够动员相关政府部门积极协调行业企业资源和社会力量，为提高赛事质量和水平提供有力支撑。

二、大赛通过多渠道多举措保障赛事的开放与普及

省级职业院校技能大赛不断向"普赛制"发展。为推进赛事的开放与普及，服务地方经济发展和职业教育发展，各省在赛项设置和调整、院校和师生参与、赛事公开公平公正等方面进行了有益尝试。

第一，大赛的赛项覆盖领域不断拓展。以浙江省高职组为例，2009年举办的浙江省高等学校学生职业技能大赛，仅设置了机电设备、机械设计与制造、通信、电子信息4类4个竞赛项目，2022—2023年度浙江省职业院校技能大赛高职组赛项增加到14个专业大类62个项目。同时，浙江省赛还关注农业发展，2011年举办"勿忘农"杯浙江省首届高职院校农业职业技能大赛②。广东省职业院校技能大赛的项目设置更为多样化，2021—2022年度广东省赛的中职组设有62个项目，高职组设有87个项目，相较于国赛多有扩充。上海"星光计划"从2012年第五届大赛起，设置了比赛区、观摩区和展示体验区，邀请中小学生和家长观摩比赛，并参加互动项目，以此作为对正式竞赛项目的拓展。

第二，大赛通过多种途径动员师生参与。2008年江苏省教育厅职业教育处下发《关于在全省职业学校建立和完善技能大赛制度的意见》，指出要把职业院校开展技能大赛作为一种常规性制度确立下来，实现技能大赛由少数师生参与到全体师生参与的转变。2022年3月，江苏省教育厅发布《关于推动现代职业教育高质量发展的实施意见》，进一步指出要发挥各类职业技能大赛引领作用，优化省级赛项设置，扩大学生参赛范围。2020年，广东、江苏、山东三省的省级职业院校技能大赛的中高职学生参赛率分别为0.72%、0.59%和0.32%，在各省处于较高水平。同时，更为重要

---

① 江苏省教育厅网站.2022年江苏省职业院校技能大赛圆满落幕[EB/OL].http://doe.jiangsu.gov.cn/art/2022/1/21/art_57807_10324124.html，2022-01-21.
② 浙江省教育厅网站.浙江省首届高职院校农业职业技能大赛在金职院开赛[EB/OL].http://jyt.zj.gov.cn/art/2011/5/10/art_1543974_21564335.html，2011-05-10.

的是促进更多师生参与备赛。为此，上海"星光计划"从2010年第四届开始采用学校指定（约占1/3）和大赛组委会办公室随机抽取（约占2/3）相结合的办法确定参赛选手，进一步扩大了参赛学生的范围。浙江省从2015年起实施"面向人人"的中等职业学校学生技能比赛省级试点方案，以设区市（注：设立市辖区的市）为单位，每个市参赛人员15人，按照随机抽取为主（约占总数70%）与各市推荐（约占总数30%）相结合的原则，组建设区市代表队①。

第三，大赛注重竞赛的公平性与开放性。一是注重竞赛过程的公平性。浙江省教育厅办公室早在2012年就下发了《关于严格执行职业学校学生技能大赛有关纪律工作的通知》，要求各地、各有关单位把维护比赛秩序、确保公平竞赛作为一项重要工作来抓好。强调各参赛学校要严格遵守纪律，不得向有关学校和教师了解有关竞赛规程以外的其他内容，共同维护良好的竞赛秩序。对出现问题的学校，大赛组委会将终止有关学校的参赛资格。各承办学校在命题、阅卷、评分等环节，要坚持考教分离，担任命题工作的教师不得参与培训、辅导等工作，严格履行保密规定，不得"跑风漏气"，切实做到公平竞赛、廉洁竞赛。二是注重竞赛效果评价的开放性。2019年，广东省职业院校学生专业技能大赛组委会办公室公开邀请各参赛学校积极填报"广东省职业院校学生专业技能大赛承办工作及国赛集训工作满意度"的调查问卷，这一举措公开、透明、务实，旨在做好经验总结和宣传推广，加强大赛对全省职业教育教学改革工作的促进和引领作用②。山东省职业院校技能大赛有关赛项建立了交流群，便于各校参赛指导教师开展专业交流，及时获取赛项信息。

第四，大赛具有区域开放性，各省积极开展跨区域赛事合作。一是"走出去"。2015年，浙江省成立"浙江—阿克苏职业院校发展联盟"③。2022年5月，"浙阿匠心杯"阿克苏地区暨第一师阿拉尔市职业

---

① 浙江职成教网. 浙江省中等职业学校"面向人人"学生技能比赛省级试点方案[EB/OL]. http://www.zjzcj.com/show.php?id=13449，2015-05-20.
② 广东省教育厅网站. 关于组织填报技能大赛承办工作及国赛集训工作满意度调查问卷的通知赛[EB/OL]. https://jnds.gdedu.gov.cn/web/article.shtml?sysid=3&articleInfoId=1793，2019-07-08.
③ 浙江省教育厅. 浙江省人力社保厅关于成立"浙江—阿克苏职业院校发展联盟"的通知[EB/OL]. http://jyt.zj.gov.cn/art/2015/5/25/art_1532983_27487815.html，2015-05-25.

院校技能大赛在新疆阿克苏职业技术学院开幕①。大赛分高职、中职两组进行，共设花艺、汽车检测与维修等26个赛项。来自阿克苏地区各县（市）职业学校、阿克苏技师学院、第一师阿拉尔职业学校等12个院校的590名师生分别在阿克苏职业技术学院、阿克苏地区中等职业技术学校、库车中等职业技术学校3个赛点进行比赛。二是"请进来"，上海"星光计划"的近几届大赛邀请了沪喀、沪果、沪滇等职业教育联盟对口支援地区的职业院校师生来沪观摩，主办方还遴选线上职业体验项目向对口支援的新疆和云南地区学生开放。这些举措都彰显了职业教育资源共建共享的办赛理念。

三、大赛积极推动职教发展深化赛事的开放与普及

省级职业院校技能大赛的重要社会功能之一就是推动地区职业教育高质量发展，促进职业院校合理设置专业，提升产教融合水平，提高人才培养质量。大赛客观上在职业教育和产业发展之间架设起桥梁，助力职业院校为社会经济发展培养优秀技能型人才，增加人才供需匹配度。

第一，赛项设置密切对接专业发展和产业发展。2013年，浙江省教育厅办公室《关于做好全省中等职业学校学生特色项目技能大赛的通知》强调了"教产学"相结合原则，要求比赛内容围绕浙江省中职学校专业设置及课程教学情况，特别是课改实施后的课堂教学情况，按照大赛项目与本省经济社会发展、产业群布局相吻合，与"教师课堂教什么，学生课堂学什么，学生竞赛比什么"相结合的原则，按照企业岗位要求和职业标准设计赛项、研制赛题、组织裁判工作和提供技术保障②。

第二，大赛带动了职业教育技能实训基地发展。江苏省2008年12月发布的《关于在全省职业学校建立和完善技能大赛制度的意见》指出，省、市、县都要重点建设一批技能大赛基地，将大赛基地建成职业学校示范性实训基地。2009年江苏省教育厅每年投资两亿元专项资金用于实训基

---

① 《浙江日报》."浙阿匠心杯"技能大赛举行[EB/OL].http://jyt.zj.gov.cn/art/2022/6/1/art_1532836_58937406.html，2022-06-01.
② 浙江省教育厅网站.浙江省教育厅办公室关于做好全省中等职业学校学生特色项目技能大赛的通知[EB/OL].http://jyt.zj.gov.cn/art/2013/9/18/art_1532983_27487765.html，2013-09-18.

地的建设，之后持续跟进建设。2022年江苏省规划新建50个示范性虚拟仿真实训基地。广东省扎实推进各级各类职业院校技能大赛，不仅在全国职业院校技能大赛中屡获大奖，而且在历届世界技能大赛上也取得突出成绩，已形成业界公认的"广东现象"，其中最重要的原因之一就是广东省世赛集训基地众多[①]，这些基地为国赛、省赛选手的训练提供了支撑，为省内职业教育发展提供了实践基地示范参考。

第三，大赛推动了职业院校师资队伍建设。一是设置教师组项目。2022年江苏省职业院校技能大赛中，高职教师组新增艺术插花、建筑信息建模与应用、数控加工综合应用技术、机电一体化、化学实验技术、汽车技术、物联网技术应用、云计算技术与应用、护理技能、会计技能、艺术设计等赛项。二是鼓励教师指导比赛。2008年浙江省在《关于实施新一轮"浙江省职业教育六项行动计划（2008—2010）"的通知》中提出，教师指导全省职业学校学生专业技能大赛，以及组织参加全国技能大赛，省财政给予每项比赛5万元的补助。2018年《山东省职业院校技能大赛工作手册》规定，政府对于获得省级职业院校技能竞赛一等奖的学生和指导教师均颁发5000元奖励。这些举措有助于提升教师指导比赛的积极性，并同步提升实践能力和教学水平。

第四，大赛注重对获奖选手的宣传和奖励。大赛获奖选手是相同领域职教学生群体中的佼佼者和榜样，代表了职业教育人才培养的成果。自2010年起，山东省出台政策规定，参加全省职业院校技能大赛获得二等奖以上奖项的中等职业学校选手，毕业时可申请免试进入山东有单独招生资格的高职院校对口专业（专科）学习。2012年，浙江省教育厅办公室发布《关于开展历届全国职业院校技能大赛状元库建设和大赛状元宣传工作的通知》，加强职业教育社会宣传，深入挖掘获奖选手的学习和成才经历等形式，展示职业教育改革发展成果和职业教育优秀学生的优良素质与形象。通过对获奖选手进行宣传和奖励，为技能型人才提供了良好发展前景，为职业教育营造了良好的社会环境。

---

① 罗尧成，陈瑞达.世界技能大赛奖牌的"广东现象"探析[J].职业技术教育，2018（36）：37-40.

四、大赛开放与普及路径面临的主要困境

前文概述了典型省份省级职业院校技能大赛开放与普及的经验，我们在重视其示范效应的同时，也要关注到省级职业院校技能大赛进一步推进开放与普及还面临诸多困境。政府、市场（行业/企业）和职业院校共同影响赛项设置、赛事制度变迁，以及赛事的推广与普及。当前，中央政府的主导性更强，省级政府与行业企业的话语权较小；职业院校则处于被动地位，主要依靠赛事倒逼推动相应的教育教学改革[1][2]。在"国赛—省赛—校赛"三级赛事的制度背景下，省赛主要参照国赛标准，往往对本省行业产业发展规划和职业院校内涵发展的回应缺乏及时性与适切性，行业企业对赛事施加影响的路径不明确、职业院校对赛事资源的转化吸收流程未成型，这些都可能影响赛事普及化的推进。

省级职业院校技能大赛的开放与普及需要一个过程。大赛往往从试点地区、试点专业开始，然后梯度推进、逐渐普及[3]。区域间的政策环境、经济状况、产业结构存在差异，院校间的办学条件、专业结构有所差别，这都决定了职业院校技能大赛的开放与普及是一个非均衡发展的过程。非均衡发展符合现实状况，并且具有积极意义，它承认差异化、多元化，最终目的是实现满足公平公正价值理念的系统性均衡，而非简单的相同或平等[4]。省级职业院校技能大赛开放与普及要实现系统性均衡，应重点关注三方面的问题。一是通过合理的赛项设置引导高职院校进行专业布局调整，对接行业发展。赛项设置要考虑不同类型城市、不同类型院校的竞争优势，让它们都可以在竞赛中有价值感。二是赛事主办方要进一步完善制度建设，实现竞赛的公共性和公平性。三是职业院校要落实竞赛资源向教

---

[1] 王江涛，俞启定. 我国职业学校技能竞赛制度变迁的动因及其影响因素分析[J]. 江苏高教，2019（10）：117-124.

[2] 鞠锡田. 基于"倒逼理论"的职业院校技能大赛研究[J]. 中国职业技术教育，2012（18）：30-33.

[3] 靳润成. 全国职业院校技能大赛促进职业教育发展的战略思考[J]. 教育研究，2011（9）：56-61.

[4] 刘剑虹，熊和平. 非均衡理论视域下区域高等教育的多元发展[J]. 浙江社会科学，2013（5）：100-105+158-159.

学资源转化，实现竞赛的普适化和普惠化。唯有让职业院校技能大赛的赛事理念和竞赛成果高质量转化为职业教育活动中师生的日常实践，并随着社会发展与时俱进，才可称之为高标准的开放与普及。

本章后续内容将对上海和山东的省级职业院校技能大赛进行解析，详细分析大赛在办赛机制、赛事规程、赛项设置、成果转化、均衡发展等方面取得的进展和面临的问题，并提出促进省级职业院校技能大赛进一步开放与普及的建议。

第二节 上海市"星光计划"职业院校技能大赛的开放与普及

上海市"星光计划"职业院校技能大赛于2004年启动，每两年举办一届。截至2021年已成功举办九届。十多年间，大赛的宗旨和内涵不断丰富与拓展。该项赛事为提升上海市劳动力素质、增强城市综合竞争能力提供了有力支撑，为技能型人才的培养和成长创造了良好的发展平台和社会氛围。

一、"星光计划"技能大赛的发展概况

2004年，上海市教育委员会、上海市劳动和社会保障局联合发布《关于实施上海市"星光计划"通知》，提出技能比赛项目的内容、证书与职业资格考核要求相接轨，对获奖学生颁发相应的职业资格证书，为学生就业创造条件，同时也作为报考高等院校学生的加分奖励。上海市"星光计划"技能大赛的发展分为两个阶段。

第一阶段（2004—2013年），赛事名称为上海市"星光计划"中等职业学校技能大赛。该计划在初期由上海市教育发展基金会倡议，并与上海市教育委员会、上海市人力资源和社会保障局共同出资，开始实施"上海市中等职业学校知识型技能人才培养计划"。大赛仅面向中职学校师生，对中职教育的发展起到了极大推动作用。

第二阶段（2014年至今），赛事改名为上海市"星光计划"职业院校

技能大赛,比赛增加了高职组赛项。经过十多年的发展,上海市"星光计划"职业院校技能大赛与现代制造业和现代服务业发展需求相结合,促进了对社会经济发展所需的传统行业和新兴行业紧缺人才的培养。对于上海市的职业教育而言,"星光计划"职业院校技能大赛是导向、是平台,也是方式和手段,能够在一定程度上检验上海市职业教育的成果,提升学生的整体素养,并带动职业教育高质量发展。

二、"星光计划"技能大赛开放与普及的举措

上海市"星光计划"职业院校技能大赛(以下简称"星光计划")在推进开放与普及方面不断开拓创新,既注重内涵建设,即通过赛项设置和赛事制度保障提升大赛质量;又注重外延发展,即通过赛事宣传和周边展演体验活动提升赛事影响力。

(一)大赛理念的开放演进

大赛举办之初,重点关注提升中职校教师教学能力、学生专业能力和就业竞争力。根据上海市教育委员会、上海市劳动和社会保障局印发的《上海市"星光计划"第二届中等职业学校学生职业技能比赛办法》的通知(沪教委职成〔2006〕45号),2006年第二届大赛的办赛宗旨为"坚持以就业为导向,以能力为本位,加强学生职业技能训练,提高学生适应市场的能力;坚持中等职业教育的培养目标,加强职业教育与劳动就业的联系,促进课程改革和学历证书与职业资格证书的'双证融通';坚持学校基础能力建设,提升教师专业化水平和实践能力,全面提高中等职业学校教学质量"。

从第六届大赛起,比赛设置了高职组,办赛理念进一步丰富,把注重学生的终身发展、职业教育的社会影响力、尊重技能、对接世赛作为重要的办赛目标。2014年第六届大赛的办赛宗旨为"坚持面向全体学生,践行'为了每一个学生的终身发展'理念;坚持大赛与教育培养目标、专业教学标准、国家职业标准、全国技能大赛和世界技能大赛相结合,促进教师专业发展,推进学校教学改革;发挥大赛的积极社会效应,展示职业教育成果,营造'崇尚一技之长、不唯学历凭能力'的社会氛围,提高职业教

育社会影响力和吸引力"①。

第七届大赛正式提出了开放性的概念和推进校企合作的目标，在崇尚技能基础上增加了培育工匠精神，为职业教育培养目标注入了精神力量。2016年第七届大赛的办赛宗旨为"坚持大赛的开放性、科学性和国际化。深化教学改革、推进校企合作，促进专业发展，展示师生风采。提高学生素养，培育工匠精神。发挥大赛社会效应，展示职业教育成果，增强职业教育影响力和吸引力"②。2020年第八届大赛的办赛宗旨中增加了"服务上海产业转型发展"③，这表明大赛从关注特定专业与相关企业的链接，扩展到职业院校专业群建设与产业链、行业群的链接，把职业教育服务社会经济发展的重要性提升到了新的高度，开放与普及理念不断深化。

（二）赛项设置的科学调整

首先，"星光计划"的赛项设置注重适应职业院校和师生的发展，在专业覆盖方面不断优化。第一届比赛项目涉及11个职业大类33个项目，基本上覆盖了中等职业教育"量大面广"的主要专业。随着比赛项目的不断增加，到第九届大赛时，中职学生组设有10个大类66个项目，高职组设12个大类34个项目，几乎覆盖了职业教育的全部专业。同时，教师组的项目也在不断增加。目前，中职教师组设置9个项目，高职教师组设置6个项目。详见表4-1、表4-2。

---

① 上海市教育委员会. 上海召开全市职业教育工作会议加快构建现代职业教育体系[EB/OL]. http://edu.sh.gov.cn/xwzx_jyjb/20150428/0015-xw_81216.html，2015-04-08.

② 上海市教育委员会. 上海市"星光计划"第七届职业院校技能大赛进入决赛阶段 大赛亮点纷呈[EB/OL]. http://edu.sh.gov.cn/xwzx_bsxw/20170324/0015-xw_91894.html，2017-03-24.

③ 上海市教育委员会. 关于印发《上海市"星光计划"第八届职业院校技能大赛实施办法》的通知[EB/OL]. https://edu.sh.gov.cn/xxgk2_zdgz_zyjy_04/20201015/v2-0015-gw_403012018009.html，2018-11-30.

表 4-1 "星光计划"学生组赛项变化

	学生组（中职）	学生组（高职）
第一届	11 个大类 33 个项目 通用类、服装类、加工制造类、信息技术类、旅游类、现代服务类、都市农业类、美术类、卫生类、建筑类、财经类	—
第二届	11 大类 45 个项目 通用类、交通运输类、加工制造类、信息技术类、商贸旅游类、社会公共事务类、农林类、文化艺术类、医药卫生类、建筑类、财经类	—
第六届	16 大类 68 个项目 通用类、机械加工类、电工电子类、汽车维修类、信息技术类、旅游服务类、美容美发类、服装制作类、财会金融类、商贸物流类、现代文秘类、都市农业类、医药卫生类、建筑工程类、航空服务类、创意设计类	9 个大类 28 个项目 财经类、电子信息类、旅游类、文化教育类、医药卫生类、艺术设计传媒类、制造类、交通运输类、土建类
第七届	15 大类 68 个项目 通用类、机械加工类、电工电子类、汽车维修类、信息技术类、旅游服务类、美容美发类、财会金融类、商贸物流类、现代文秘类、都市农业类、医药卫生类、建筑类、航空服务类、创意设计类	8 个大类 30 个项目 财经商贸类、电子信息类、旅游类、教育与体育类、医药卫生类、文化艺术类、装备制造、土木建筑类
第八届	13 大类 70 个项目 通用类、机械加工类、电工电子类、汽车维修类、信息技术类、旅游服务类、美容美发类、财会金融类、商贸物流类、都市农业类、建筑类、航空服务类、创意设计类	10 个大类 43 个项目 财经商贸类、电子信息类、公共管理与服务类、教育与体育类、旅游类、农林牧渔类、土木建筑类、文化艺术类、医药卫生类、装备制造类
第九届	10 个大类 66 个项目 通用类、机械加工类、电工电子类、汽车维修类、信息技术类、旅游服务类、财会商贸类、建筑类、航空服务类、创意设计类	12 个大类 34 个项目 财经商贸类、电子信息类、公共管理与服务类、教育与体育类、旅游类、农林牧渔类、土木建筑类、生物与化工类、文化艺术类、医药卫生类、装备制造、资源环境与安全类

表4-2 "星光计划"教师组赛项变化

	教师组（中职）	教师组（高职）
第七届	4个项目 汽车维修、数控技术、网页设计和信息化教学技能	2个项目 机电一体化、信息化教学技能
第八届	5个项目 教学能力、汽车技术、数控铣、数控车和网页设计	3个项目 教学能力、网站设计和CAD机械设计等
第九届	9个项目 教学能力、汽车技术、数控铣、数控车、网站设计与开发、网络安全、糖艺（西点制作）、硬笔书法、课件制作	6个项目 教学能力、数控车、CAD机械设计、工业4.0、学前教育专业技能、英语专业口语

其次，"星光计划"的赛项设置不断适应行业产业的发展，对赛项结构与数量进行科学调整。从表4-1可知，赛项设置的数量总体呈现增加趋势，并逐渐稳定下来。这些变动体现了赛事的时代适应性，中职组增加的项目大多对应高品质服务业或高端制造业，高职组涵盖了19个大类中的12个大类。尚未设置赛项的专业大类包括：能源动力与材料、水利、轻工纺织、食品药品与粮食、交通运输、新闻传播、公安与司法7个大类。其一部分原因是出于上海市产业布局的考虑，另一部分是避免与本科类高校形成竞争，不利于学生就业。

（三）赛事主体的多元联动

"星光计划"除了设置集中比赛区作为职业院校师生技能比武和综合实力展现的平台，还制定灵活的活动规则、组织多种形式的活动吸引多元主体参与互动。

①企业参与。从首届大赛起，大赛主办方和职业院校就积极对接行业企业，邀请行业专家作为参赛选手的兼职指导老师。第五届大赛起，命题采用面向参赛学校征集题目和行业企业专家命题相结合的办法。教师的命题旨在提高中职校教师的专业思考和教学能力；行业企业专家命题更加贴紧企业要求、贴实职业岗位，促进学校专业标准建设、教学方法、评价内容的改革。在历届大赛过程中，不少用人单位全程跟踪赛事，从中挑选未

来的优秀员工,许多著名企业当场与获得金牌的选手签下就业协议,其他获奖选手也成为用人单位的争抢对象[①]。

②政府支持。第四届大赛有68%的赛场设在上海市人力资源和社会保障局的相关职业技能鉴定中心,近200人次的命题专家、300人次的裁判和监考参与了相关工作,比赛过程更加公平、公正[②]。大赛与教育行政部门、劳动职业鉴定部门等部门合作,为不同专业的优秀选手颁发近40种职业资格证书和培训证书。学生通过参加比赛,不仅获得了职业能力的提升,而且收获了从事相关行业工作所需的资格证书,提升了就业竞争力。

③民众体验。第五届大赛设置了比赛区、观摩区和展示体验区.让广大观摩者近距离观看选手操作和裁判评分。第六届大赛主赛场设在上海科技馆,比赛期间上海市教委启动了"上海市首届学生职业体验日"活动,以"科技与生活"为主题。来自8所职业院校的28个项目在现场互动展示,共有千余名市民参与体验。同时,在大赛主办方推动下,在全市62所中职校开展了17个专业大类340个项目的职业体验与展示活动,面向中小学生开放。这些举措增强了大赛的开放性、可观看性和吸引力,将"比赛、观摩、展示、体验"融为一体,大赛不再仅仅作为展现职业院校水平的舞台,而且还是开展中小学生职业启蒙教育和社会实践的平台,以及向大众普及职业技能教育的载体,充分发挥了职业技能大赛的辐射推广作用[③④]。

④志愿服务。"星光计划"还通过组建服务团队,让大中小学生参与大赛的组织和实施。2013年,成立了"星光"学生合唱团、组织了"星光之约"学生记者团,助力大赛的成功举办。此外,在历届大赛中有还许多学生"志愿者"承担了引导、后勤保障等工作,成为大赛成功举办的重要

---

① 上海市教育委员会.上海市"星光计划"中职学校技能大赛形成五大效应[EB/OL].http://edu.sh.gov.cn/xwzx_jyjb/20090522/0015-xw_53272.html,2009-05-22.

② 上海市教育委员会.上海市"星光计划"第四届中等职业学校职业技能大赛圆满落幕[EB/OL].http://edu.sh.gov.cn/xwzx_mzxw/20110419/0015-xw_61462.html,2011-04-19.

③ 上海市教育委员会.上海市中等职业学校职业技能大赛影响日益扩大[EB/OL].http://edu.sh.gov.cn/xwzx_jyjb/20130423/0015-xw_68279.html,2013-04-23.

④ 上海市教育委员会.本市举办第六届"星光计划"职业院校技能大赛[EB/OL].http://edu.sh.gov.cn/xwzx_mzxw/20150414/0015-xw_80469.html,2015-04-14.

保障。"星光计划"已经成为集技能比赛、学生文化活动、素质教育为一体的综合性培养平台[①]，大赛对多元主体的凝聚力和带动作用不断放大。

（四）参赛对象的有效覆盖

"星光计划"着眼于面向全体学生的能力素质提高，并通过逐步完善参赛办法确保参赛对象的开放性。

①参赛人数不断增加。从第一届大赛起，职业学校和广大师生就积极响应。前五届大赛主要面向中职校师生，共计超过40万名学生参加比赛；9002名学生分别获得全能和单项一、二、三等奖；8333名选手获得各类职业资格证书和职业技能证书；5500名学生获优秀中学生奖学金[②]。在2020—2021年举办的第九届大赛中，中职学生组设有10个大类66个项目，共有67所中职校66000多名中职学生参加了初赛，2776名学生进入决赛；高职组设12个大类34个项目，共有14000多名高职生参加初赛，1169名学生进入决赛。同时，中职教师组设有9个项目，高职教师组设有6个项目，共有200多名中高职教师参赛。

②选手选拔制度不断完善。从第四届大赛起，采用学校指定和大赛组委会办公室随机抽取相结合的办法确定参赛选手，进一步扩大了参赛学生的范围。各职业院校按各项目竞赛规则提供规定范围的初赛学生名单，大赛办公室随机抽取院校各竞赛项目的2/3参赛学生，另1/3参赛学生由院校指定选送，随机抽取的学生名单在决赛前公布[③]。选拔方法的设定进一步凸显了大赛面向全体学生，公开、公平、公正的宗旨。

③积极推进选手跨区域参赛或观摩。第六届大赛邀请了台湾地区学生与上海学生同台竞技。在第七届大赛上，有5名来自德国代根多夫第一公立职业学校的学生参加了"电气安装与维修"和"电子技术"两个项目的

---

① 上海市教育委员会.上海市中等职业学校职业技能大赛影响日益扩大[EB/OL].http://edu.sh.gov.cn/xwzx_jyjb/20130423/0015-xw_68279.html，2013-04-23.

② 上海市教育发展基金会.星光计划简介[EB/OL].http://www.shedf.org.cn/html/xingguangjihua_jianjie.html，2005-01-01.

③ 上海市教育委员会."星光计划"第四届中职学校职业技能赛决赛举行大[EB/OL].http://edu.sh.gov.cn/xwzx_bsxw/20110320/0015-xw_61035.html，2011-03-20.

比赛①。第八届大赛，在国家倡导建设"一带一路"的大背景下，在提高上海本地中高职学生职业技能、服务上海经济社会发展的同时，其成效逐渐辐射至周边乃至国际院校的职业院校学生②。大赛邀请了长三角地区职业院校的学生与上海学子同台竞技、切磋技艺。同时，大赛依托上海三大职教联盟（沪喀联盟、沪果联盟、沪滇联盟），邀请对口支援地区的职业院校师生来沪观摩③，共同提高职业教育专业建设水平。

④鼓励社会专业人士参赛交流。大赛还组织了"职业擂台赛"，让职业院校学生与企业高手、民间能手同台打擂，角逐"点钞""文字录入""珠算"等"金手指奖"，以及"毛笔书法""艺术插花"等"金技艺奖"④。这些项目既为社会专业人士提供了展示平台，又为职业院校学生树立了榜样。

（五）赛事宣传的多方参与

"星光计划"高度重视赛事的宣传工作。专门建立了"星光计划"网站，各项宣传工作周密到位，营造了良好的媒介舆论氛围。"星光计划"网站自开通以来，发布了大量新闻和宣传。网站的"星光计划"专栏访问 IP 量达几十万，其中外省市、港澳台及海外的 IP 量占据一定比例。同时，各类媒体（广播、电视、报纸等）对赛事进行广泛宣传。《文汇报》、《解放日报》、《新民晚报》等媒体曾对大赛进行连续跟踪和深入报道，其中一些报刊进行了头版报道和整版报道。大赛宣传工作的另一大亮点是赛场上处处可见的、身着"红马甲"的上海市中职学生记者团成员，他们活跃在赛场的各个角落，成为宣传报道赛事工作的生力军。他们通过对参赛选手、本届及历届获奖选手、职业领域取得成就的个人进行采访宣传，让更多的人了解技能、关注技能、崇尚技能。

---

① 上海市教育委员会."星光计划"技能大赛渐成职教学生的"试金石"[EB/OL].http://edu.sh.gov.cn/xwzx_bsxw/20170507/0015-xw_92405.html，2017-05-07.

② 上海市教育委员会.弘扬工匠精神 上海市"星光计划"第八届职业院校技能大赛举行[EB/OL].http://edu.sh.gov.cn/xwzx_bsxw/20190513/0015-xw_100243.html，2019-05-13.

③ 上海市教育委员会.弘扬工匠精神 上海市"星光计划"第八届职业院校技能大赛举行[EB/OL].http://edu.sh.gov.cn/xwzx_bsxw/20190513/0015-xw_100243.html，2019-05-13.

④ 上海市教育委员会."星光计划"技能大赛渐成职教学生的"试金石"[EB/OL].http://edu.sh.gov.cn/xwzx_bsxw/20170507/0015-xw_92405.html，2017-05-07.

（六）赛事标准的国际融合

"星光计划"不断借鉴世界技能大赛的办赛理念，日益与世赛接轨。从竞赛内容到评价方式都更具先进性、国际化。大赛与世界技能大赛的衔接主要体现在三个方面：一是评价内容，从主要关注学生的技能操作，到同时注重他们的职业素养、职业规范和操作精准度。二是评价标准，从主要关注结果评价，到同时关注过程评价。三是评价人员构成，大赛邀请部分世赛参赛学校的指导教师加入裁判队伍，提高裁判结果的专业性和可信度。

"星光计划"的赛项设置逐渐以世界技能大赛为重要参照。第九届大赛参照世界技能大赛，新增了"增材制造、机器人系统集成、网络系统管理、移动应用开发、电子商务、新能源汽车、Python编程、糖艺、货运代理、建筑信息建模、化学实验室技术"等赛项[①]。中职组有29个竞赛项目与世赛接轨，高职组有24个竞赛项目与世赛接轨。在试题命制方面，要求各竞赛项目以世赛命题要求为规范，制订相应的评判方案和试题库，有的项目选取部分与世赛相近的题目充实到决赛试题中。大赛的国际化程度和办赛水平均得到有效提升。

三、"星光计划"技能大赛开放与普及的成效

"星光计划"举办以来积累了丰富的办赛经验，不断提升了大赛的品牌效应，促进了职业教育人才培养质量，增强了职业技能教育的吸引力，显示出很强的辐射带动作用，提升了上海职业院校在国赛乃至世赛的竞争力，同时还积极助力对口支援地区及院校的职业教育发展。

（一）推动职业院校专业布局调整，推进职业教育内涵建设

1. 赛项设置对接上海产业地图，促进职业教育优化专业布局

2019年1月国务院印发《国家职业教育改革实施方案》，指出"职业教育与普通教育是两种不同类型的教育，具有同等重要地位"。上海市依

---

① 上海市教育委员会.新时代、新技能、新精彩！第九届上海市"星光计划"今天开启总决赛 [EB/OL].http://edu.sh.gov.cn/zyjy_zjzc/20210514/ffc1fc3bc9774f218b853d61358b8c5d.html, 2021-05-14.

托职业院校技能大赛，着眼类型教育属性，积极构建与上海市经济社会发展战略和产业发展需求相适应的职业技能竞赛新体系。"星光计划"涉及的比赛项目基本覆盖了本市职业院校主体性专业。历届大赛均紧紧围绕当时的经济社会发展目标，对接上海产业地图和经济社会发展趋势，通过科学调整专业设置和比赛项目，引导学校加强区域有需求、行业有地位、国内有影响的专业（群）建设，促进职业院校优化专业布局。

2. 赛项对接职业教育层次框架，促进职业教育内涵建设

当前职业教育内涵变革有三个基本维度：一是从低技能培训转向专业性、系统性的技能教育；二是重新确定职业教育与其他专门化教育的边界，把它定义为培养直接从事产品生产或服务提供的应用型人才的教育；三是探寻各类职业教育之间的本质逻辑，形成统一的职业教育体系[①]。"星光计划"对此做出了积极回应。

首先，"星光计划"注重赛项设置的专业性和系统性。自第二届起增设了教师组的比赛项目，师生同台竞技；自第六届起，高职院校也加入了"星光计划"大赛的行列，比赛体系逐渐呈现专业性、系统性。其次，"星光计划"注重参赛选手的应用能力。大赛不仅要求选手具有扎实的专业技能，而且要求选手具备良好的心理素质、职业素养和职业规范。再次，大赛注重大、中、小技能竞赛和技能教育一体化。大赛的中高职赛项既有区分度又有衔接性。此外，大赛还设置了中小学生和市民观摩体验区，扩大了职业技能教育的辐射影响范围，为形成统一的职业教育体系营造了社会氛围。

（二）推动职业院校师资队伍建设，提升教师教育教学水平

随着"星光计划"影响力的扩大，职业院校的师资力量也得到了相应发展，特别是促进了"双师型"队伍建设。优秀的指导教师队伍已经成为大赛高水平推进的重要支撑和保障力量。

1. 依托学生竞赛，有效提升教师实践指导能力

参赛选手的水平与教师的指导水平密切关联，大赛客观上要求教师不断提升实践指导能力。教师不仅自身要有过硬的实践能力，还要把这种

---

① 徐国庆.什么是职业教育——智能化时代职业教育内涵的新探索[J].教育发展研究，2022，42（1）：20-27.

能力传授给学生。大赛设置了"优秀指导教师奖""星级星光金牌指导教师"等荣誉,有效激发了教师钻研理论教学和实践教学的热情与积极性,通过教、学、练紧密结合不断提升教学水平,形成了推进"双师型"教师培养的新型激励机制[①]。有的职业院校还专门聘请企事业单位及社会组织的高技能人才、高级专业技术人员担任参赛选手的兼职指导教师。他们不仅带来企业的最新技术技能,而且具有吃苦耐劳、一丝不苟的职业品格。这种在长期的岗位实践中形成的工匠精神对于教师不断提升实践素养、升级教学理念具有潜移默化的影响力。

2. 开展教师比赛,有效提升教师综合职业素养

大赛面向教师开设了两类比赛,旨在促进教师综合素养的提升。一是开展教师教学能力比赛,这对学校办学水平和师资建设水平是一个全面检验。其中,教学设计赛项重点考察教师针对给定教学任务或教学单元完成教学设计的能力;课堂教学赛项重点考察教师针对给定教学任务或知识点(技能点)实施课堂教学,达成教学目标的能力。二是开展教师专业技能竞赛。第九届大赛的中职教师组设有9个项目,高职教师组设有6个项目,共有200多名中高职教师参赛。比赛项目以企业实战要求为导向,聘请行业专家命题和裁判,为提高教师实践能力提供了很好的途径,从而达到"以赛促教、以赛促学,以赛促改、以赛促建"的目标。

(三)搭建技能型人才供需立交桥,提升学生升学和就业竞争力

上海作为国际化大都市需要更多的能工巧匠和大国工匠,这对从业者的职业技能提出了更高要求。"星光计划"通过搭建校企交流平台,有效促进了参赛选手综合能力和就业竞争力的提升。

1. 完善激励制度,为中高职学生的升学助力

上海市各职业院校纷纷出台优惠政策,激励学生参加比赛,提升技能水平和综合素养,提高升学竞争力。多所高职院校的招生简章中把"获得上海市'星光计划'技能比赛个人全能或个人单项奖"作为中职升高职的免试录取条件,不同院校对于奖项等级的要求有所差异。部分本科院校"专升本"招生简章中把"星光计划"获奖作为加分或免试的条件。例

[①] 上海市教育委员会.上海市"星光计划"中职学校技能大赛形成五大效应[EB/OL].http://edu.sh.gov.cn/xwzx_jyjb/20090522/0015-xw_53272.html,2009-05-22.

如，上海商学院对于"获与报考专业对应的上海市教委组织的上海市'星光计划'职业院校技能大赛（高职组）个人一等奖及以上，加 5 分"；上海建桥学院"专升本"招生免笔试面试的录取条件包括"上海市'星光计划'职业院校技能大赛三等奖及以上获奖者"。招生政策的倾斜，增强了职业教育对家长、学生的吸引力，拓宽了职业院校学生的升学渠道。

2. "政企社"多方合作，为选手搭建就业平台

"星光计划"是高技能人才实现高质量就业的平台。学生通过参加比赛，不仅获得了职业能力的提升，而且收获了从事相关行业工作所需的资格证书，提升了就业竞争力。从首届大赛起，大赛主办方和职业院校就积极对接行业企业。不少用人单位全程跟踪赛事，从中挑选未来的优秀员工。每届"星光计划"决赛落下帷幕，"星光能手"都会受到企业青睐，纷纷被各大企业签约。"星光计划"这个职教品牌，十多年来让更多人看到了广大青年学生在职业技能领域也可以施展才华，实现自己的人生梦想。

（四）赛事品牌效应显现，助力改善职业教育外部环境

"星光计划"让更多的人了解技能、关注技能、崇尚技能，认识到职业教育大有可为，从事技术技能职业大有可为，增强了职业教育的吸引力，改善了职业教育外部环境。"星光计划"正在成为集技能比赛、素质教育、文化传承为一体的综合性平台，品牌效应已经显现。

1. 引入多方资源，形成持续改进机制

"星光计划"吸引了来自政府部门、职业院校、企事业单位、媒体、国内外职业教育主体等多方资源，极大提升了办赛水平。大赛还积极对标国际赛事，主动引入世界技能大赛的比赛理念、比赛方式和竞赛标准。在赛项设计上，力求实现世赛、国赛、职业标准、专业教学标准、行业需求的"五结合"[①]。"星光计划"已经形成了良好的持续调整和改进机制。

2. 服务上海发展，营造良好社会氛围

大赛紧随时代发展、服务上海市发展战略，除了开展技能竞赛，还开发了众多线下展示项目。这对前来观摩的学生不啻为一次职业"嘉年华"

---

① 上海市教育委员会. 新时代、新技能、新精彩! 第九届上海市"星光计划"今天开启总决赛 [EB/OL]. http://edu.sh.gov.cn/zyjy_zjzc/20210514/ffc1fc3bc9774f218b853d61358b8c5d.html，2021-05-14.

和奇妙的职业启蒙之旅。大赛的影响和魅力持续向全社会辐射，成为"办好人民满意的职业教育"和展示上海市职业教育知识型、发展型技能人才培养成果的品牌活动，赢得了良好的社会声誉[①]。

3. 提升办赛水平，在高级别赛事上收获颇丰

"星光计划"为全国性和国际性的比赛奠定了基础。大赛不断与国赛、世赛接轨，营造了良好的比赛氛围，也为更高级别的比赛输送了高水平选手。在2021年首届全国技能大赛上，上海代表队派出97名选手参加了全部86个项目比赛，获得了10枚金牌、10枚银牌、7枚铜牌和45个优胜奖的好成绩，位列金牌榜、奖牌榜、团体总分榜前列。在2022年世界技能大赛特别赛上，上海市有6名选手获得奖牌，其中3名选手获得金牌，为国家、为上海市赢得了荣誉。

4. 开展跨区域交流合作，助力职业教育开放型发展

"星光计划"积极推进区域合作，沿着"长三角—全国—全球"的轨迹拓展，助力职业教育开放型发展。包括邀请长三角地区职业院校师生共同参赛或切磋交流，邀请沪喀、沪果、沪滇等职业教育联盟对口支援地区、台湾地区的职业院校师生开展线上、线下交流，邀请德国职业学校的师生来沪参赛交流等。总之，在国家倡导区域发展战略和建设"一带一路"的大背景下，大赛通过跨区域互动和资源共享，在服务上海职业教育发展和经济社会发展的同时，其成效逐渐辐射至更广泛的区域，同时也为赛事注入了新鲜元素。

第三节　山东省职业院校技能大赛的开放与普及

山东省职业院校技能大赛由省教育厅、财政厅、劳动和社会保障厅、经贸委联合举办。自2009年起，每年举办一次全省职业院校技能大赛。山东省是国家职业教育创新发展高地之一，在全国职业院校技能大赛中的获奖数量连续多年名列前茅，并多次获"突出贡献奖"。2020年1月发布的《教育部 山东省人民政府关于整省推进提质培优建设职业教育创新发展

---

① 上海市教育委员会. 上海市中等职业学校职业技能大赛影响日益扩大[EB/OL]. http://edu.sh.gov.cn/xwzx_jyjb/20130423/0015-xw_68279.html，2013-04-23.

高地的意见》（鲁政发〔2020〕3号）提出，国家支持山东承办全国职业院校技能大赛，实施开放式、普及性大赛新机制。山东省相关部门对此非常重视，设立了专门的公开招标课题，加强理论和机制研究，以期进一步推进大赛的开放与普及。

一、大赛开放与普及的发展历程

2020年山东省共有82所高职高专院校，其中15所院校入选中国特色高水平高职学校和专业建设计划（以下简称"双高计划"）。2009年，首届山东省职业院校技能大赛就设置了高职组赛项。此后，大赛在高职院校的普及程度不断提高。由2009年的3个专业大类、3个赛项、117支参赛队伍，增加到2020年的14个专业大类、43个赛项、1220支参赛队伍。与此同时，大赛的学生参赛率也大幅提升。2009年山东省高职院校在校生为57.9万人，当年351名学生参赛；2020年在校生87.5万人，当年2826名学生参赛，学生参赛率从0.06%大幅升至0.32%（见图4-1）。

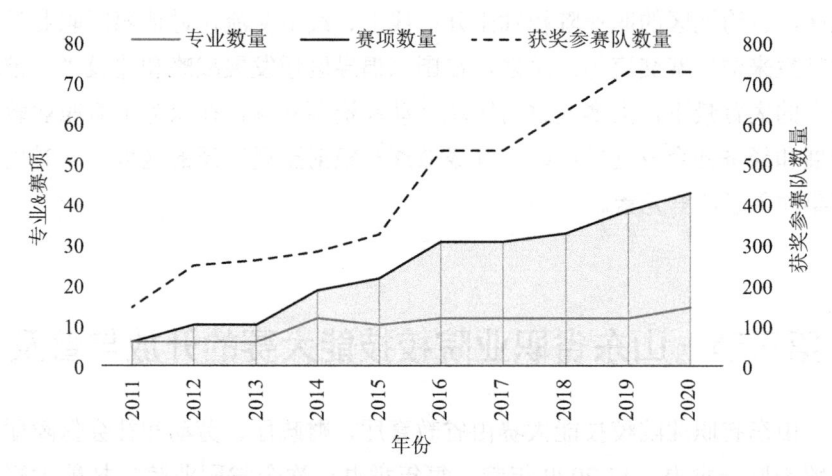

图4-1 山东省职业院校技能大赛普及性变化（2011—2020年[①]）

资料来源：根据山东省职业院校技能大赛网站（http://sdskills.sdei.edu.cn）发布的信息整理。

---

① 山东省职业院校技能大赛规定"各赛项学生组比赛按实际参赛人（队）数的10%、20%、30%（小数点后四舍五入）分设一、二、三等奖"，故获奖赛队数量可以较为准确反映参赛队伍数量的变化趋势。

山东省职业院校技能大赛普及程度的提高，得益于山东省良好的职业教育发展环境。山东省经贸委积极引导有关企业现场观摩、与获奖选手签订双向就业协议。获奖选手及指导教师还将由省教育厅、财政厅、劳动和社会保障厅、经贸委颁发获奖证书。对大赛取得优异成绩的选手由省劳动和社会保障厅授予"山东省技术能手"荣誉称号，对已颁布国家职业标准的竞赛项目，晋升相应的职业资格。当然，山东省职业院校技能大赛的开放与普及还有很大发展空间。下面通过实证分析探析存在的问题，并给出发展建议。

二、大赛开放与普及的实证研究

（一）研究设计

实证分析资料来源为：山东省高职院校数量、在校学生人数、城市人均 GDP 等数据来自相应年份的《山东统计年鉴》；具体院校的在校学生人数来自"高职人才培养工作状态数据"；高职院校的性质（公办/民办、院校类别、是否"双高计划"等）相关信息来自山东省教育厅网站；2009—2020 年山东省职业院校技能大赛赛项设置、承办院校、参赛院校、参赛队伍、参赛人数、获奖详情等数据来自山东省职业院校技能大赛网站。由于数据来源途径广泛，且许多数据零散分布在网站不同网页文件中，为确保数据真实可靠，我们在数据收集、清洗、整理、统计分析阶段进行了仔细校对。

（二）回归分析

1. 模型构建

回归模型用于检验赛队竞争优势的影响因素。一般认为，赛队竞争优势的主要影响因素是选手技能水平，但外部因素也不容忽视。例如，城市经济发展水平、城市职业教育资源、学校是否为承办单位、是否为重点建设院校、学校规模等因素都可能直接或间接影响选手的整体水平，甚至会影响裁判的评判结果，最终体现为获奖数量和名次。因此，获奖情况反映了多因素影响下的赛队竞争优势，也在很大程度上反映了赛事普及化深度中的公平性和公共性，以及侧面反映了竞赛资源向教学资源转化对各院校教育教学的推动程度。研究获奖情况的影响因素，可用于诊断普及化过程中的极化现象是否合理、涓滴效应是否显著等问题。

回归模型重点考察学校层面和城市层面的影响因素。首先，建立多层次线性回归空模型（Empty MLM），把学校、城市作为层次因素进行考察，旨在把赛项竞争优势的变异分解到学校层面和城市层面，概要了解赛队所在学校和城市对其竞争优势的影响。其次，建立3个有递进关系的OLS回归模型，详细分析学校层面和城市层面不同因素对赛队竞争优势的影响。变量选择如下：

因变量：高职组赛队的竞争优势。选取的指标为获奖等级，一等奖赋值为3，二等奖赋值为2，三等奖赋值为1。数据为2020年山东省职业院校技能大赛高职组获奖情况，大赛共有66所高职院校的724支队伍获奖（不包含技师学院和职业本科的获奖信息）。

自变量：第一类是院校层面的因素，选取的指标为是否"双高计划"院校（是=1，否=0）、是否赛项承办单位（是=1，否=0）以及学校规模（在校生人数）；学校是否公办也是影响赛队竞争优势的重要因素，但在724个样本中仅有6条记录，缺乏代表性，因而未纳入回归模型。第二类是城市层面的因素，选取的指标为经济发展水平（人均GDP）和高职教育资源（城市每万人高职院校在校人数）。

回归模型的变量描述统计见表4-3。

表4-3 回归模型的变量描述统计

变量		取值	频数	%
获奖情况		3（一等奖）	127	17.54
		2（二等奖）	241	33.29
		1（三等奖）	356	49.17
院校特征	是否"双高计划"	是	316	43.65
		否	408	56.35
	是否承办该赛项	是	42	5.80
		否	682	94.20
	在校生人数（万人）	范围：0—2.55 平均值：1.35 标准差：0.39	724	100

续表

变量		取值	频数	%
城市特征	人均GDP（万元/人）	范围：3.89—13.63 平均值：8.67 标准差：2.86	724	100
	高职教育资源（人/万人）	范围：26.89—149.86 平均值：101.26 标准差：40.68	724	100

2. 回归结果

多层次线性空模型的回归结果见表4-4。利用随机效果部分的截距误差项和残差进行计算可得，因变量（获奖等级）大约有8.76%和14.18%的变异分别可以分解到城市层面和学校层面，竞争优势的校际不平衡程度大于城际不平衡程度。

表4-4 山东省职业院校技能大赛竞争优势多层次线性空模型回归结果

随机效果参数	因变量：获奖等级	
	估计值	标准误
城市层面 sd（_cons）	0.084	0.067
学校层面 sd（_cons）	0.136	0.050
sd（_Residual）	0.737	0.020
似然比检验（LR）与显著性	chi2（2）= 7.64	Prob > chi2 = 0.022

注：sd（_cons）为随机截距的误差项，城市层面和学校层面分别用 τ_1^2 和 τ_2^2 表示；sd（_Residual）为残差，用 σ^2 表示。城市层面分解变异的公式为：$\tau_1^2/(\tau_1^2+\tau_2^2+\sigma^2)$，学校层面分解变异的公式为：$\tau_2^2/(\tau_1^2+\tau_2^2+\sigma^2)$。

OLS回归结果见表4-5。模型1用于考察学校层面因素的影响，结果显示"双高计划"院校和承办赛项院校的赛队在竞争奖项方面具有显著优势，学校学生规模的影响不显著。模型2在模型1基础上引入了是否"双高计划"院校和是否承办院校的交互项，用于检验如果由"双高计划"院校承办赛项是否会增加获高级别奖项的概率，回归结果显示交互效应不显著，承办方优势具有主导性。模型3在模型1基础上引入了城市层面的变量，结果显示城市人均GDP较高的城市在大赛上获得较高等级奖项的概率显著较低。

表 4-5　山东省职业院校技能大赛竞争优势 OLS 模型回归结果

自变量	因变量：获奖等级		
	模型 1	模型 2	模型 3
是否"双高计划"院校	0.161**	0.169**	0.209***
	(0.066)	(0.066)	(0.067)
是否赛项承办院校	1.343***	1.294***	1.341***
	(0.109)	(0.128)	(0.108)
学校在校生人数	0.005	0.006	−0.009
	(0.032)	(0.032)	(0.032)
是否"双高"#是否承办（参照类：非"双高"#非承办）			
非"双高"#承办		0.177	
		(0.243)	
"双高"#非承办		—	
		—	
"双高"#承办		—	
		—	
城市人均 GDP			−0.073***
			(0.026)
城市高职教育资源密度			−0.022
			(0.027)
常数项	1.535***	1.532***	1.515***
	(0.038)	(0.038)	(0.039)
样本量	724	724	724
校正 R^2	0.197	0.196	0.206

注：***、**、* 分别表示在 1%、5%、10% 水平上显著，括号内为标准误。

三、大赛开放与普及的特征分析

山东省职业院校技能大赛要实现普及化发展,在赛项设置上应与产业布局对接,在吸引参赛对象方面要兼顾区域、院校、学生的均衡分布。目前大赛在普及过程中主要存在三类发展不均衡的现象。

(一)山东省职业院校技能大赛不同专业的赛项数量分布不均衡,与本省产业布局规划和特色产业集群发展导向存在一定程度的脱节

2020年山东省职业院校技能大赛赛项涵盖了电子信息、财经商贸、装备制造、教育与体育、资源环境与安全、农林牧渔、旅游、土木建筑、生物与化工、交通运输、医药卫生、公共管理与服务、轻工纺织、水利14个专业大类。对照《职业教育专业目录(2021年)》,尚有5个专业大类尚未设置赛项,分别是能源动力与材料、食品药品与粮食、文化艺术、新闻传播以及公安与司法。对于已有的14个专业大类,其赛项设置存在很大差异。电子信息、财经商贸、装备制造这三个专业的赛项数分别为12项、10项和5项,合计约占全部43个赛项的2/3。参赛选手同样主要集中在这三个专业,电子信息专业占31.2%、财经商贸专业占27.6%、装备制造专业占18.6%,参加其余11个专业类别比赛的学生合计仅占22.6%(见图4-2)。

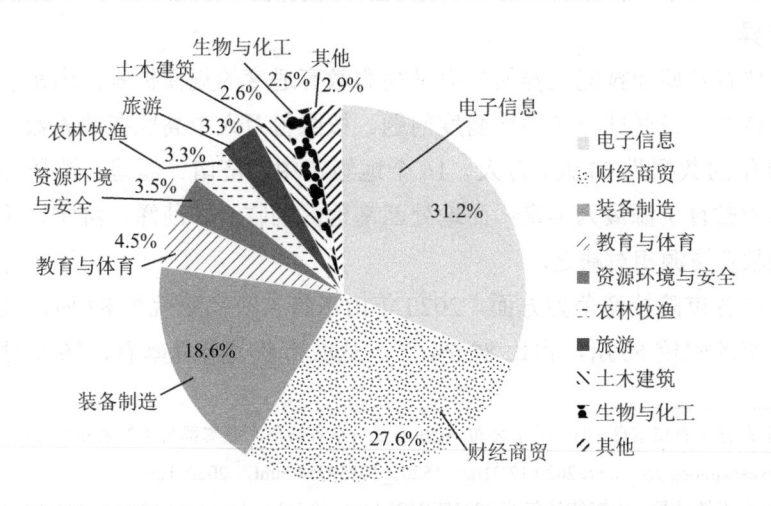

图4-2 2020年山东省职业院校技能大赛(高职组)参赛选手专业类别分布

资料来源:根据山东省职业院校技能大赛网站(http://sdskills.sdei.edu.cn)发布的信息整理。

大赛专业设置和各专业参赛热度是否契合山东省经济社会发展特点与趋势呢？首先分析尚未设置赛项的 5 个专业：能源动力与材料、食品药品与粮食、文化艺术、新闻传播以及公安与司法。这些专业对山东省经济社会发展同样非常重要。例如，山东省近半数的城市都是沿海城市，海产品开发是重要的支柱产业，海上风电也是山东省"十四五"期间的重点项目，这些产业大致对应食品药品与粮食、能源动力与材料专业；另外，文化艺术、新闻传播、公安与司法等专业是实践性很强的专业，对于精神文明建设、法治建设具有重要意义，也是能够彰显新时代高职学生风采的专业。因此未来有必要为相关专业设置比赛项目。其次分析赛项设置与产业集群的匹配度。根据山东省工业和信息化厅公布的 2020 年度山东省特色产业集群名单，山东省近期拟重点发展的十大类产业集群包括：数字经济、轨道交通、新能源汽车零部件、橡胶轮胎、轴承、化工新材料、绿色食品加工、岩盐医养健康、海洋生物食品、商用智能厨房设备等[①]。结合图 4-2 可知，职业院校技能大赛参赛热度处于前三位的专业反映了山东省对数字经济、汽车机械类行业的发展需求；但在赛项设置和参与热度方面，化工新材料、特色食品、养老健康等方面的发展需求未能受到充分关注。

（二）高职教育资源分布和职业院校技能大赛竞争力均存在较大区域差异

要普及职业技能大赛的前提是高职教育适度的规模扩张。山东省高职教育资源存在区域分布不均衡度问题。按照每万人中高职在校人数统计，2020 年的数据为 74 人 / 万人。16 个地级市中，济南、淄博、潍坊连片区的高职教育资源最为丰富；而地处西南地区的临沂、菏泽、济宁、聊城的高职教育资源相对缺乏。

在各市院校竞争力方面，2020 年山东省共有高职院校 82 所，其中参赛获奖的院校 66 所，占比 80.5%[②③]。从城市获奖覆盖率看，16 个地级市

---

① 山东省工业和信息化厅. 关于公布 2020 年度山东省特色产业集群名单的通知 [EB/OL].http://gxt.shandong.gov.cn/art/2020/12/31/art_15201_10259954.html，2020-12-30.

② 山东省统计局. 山东统计年鉴 2021[EB/OL].http://tjj.shandong.gov.cn/tjnj/nj2021/zk/indexce.htm，2021-12-15.

③ 本文提到的参赛获奖均指一、二、三等奖，不包括优秀奖等其他奖项。

中，有8个城市的全部高职院校都获得了不同级别的奖项；有7个城市的院校获奖率达到或超过2/3；仅有青岛的院校获奖率为50%。总体上看，西部地区的获奖率更高，东部地区的青岛和烟台获奖率较低，这两个城市均属于省内沿海发达城市。表4-5的回归结果同样表明，城市人均GDP与获奖情况显著负相关，难道是这些地区的高职教育质量不理想吗？66所获奖院校平均收获1.92项一等奖，而烟台、青岛平均每所参赛院校斩获3.2、2.6项一等奖，这两所城市的高职院校体现出竞赛质量方面的优势。以上数据对比表明，山东省职业院校技能大赛在一定程度上对经济发达地市的院校吸引力不足，其本质是市场对政府导向的屏蔽，应调整参赛激励机制。

相反，经济发展中等水平的一些城市在职业技能大赛中收获了更多奖项。日照、滨州、威海、德州、聊城平均每所参赛院校斩获24.0、20.0、16.3、16.0、16.0个奖项，居全省前列。这些城市的共同点是高职院校数量较少，仅为1—3所。教育属于公共事业，公共资源供给是有限的，当某地市的高职院校较少时，学校就能从教育行政部门获取更多的资源和支持，并且在吸引行业企业合作共建方面较少存在竞争。相应地，高职院校数量较多的城市在与技能大赛相关的教育资源分配方面就会面临更多挑战。

（三）职业院校技能大赛竞争力的校际不平衡程度大于城际不平衡程度

表4-5的回归结果显示，山东省职业院校技能大赛竞争力的校际不平衡程度要大于城际不平衡程度。为了对不平衡程度进行量化，引入泰尔指数（Theil Index）。泰尔指数是衡量不平等的典型指标，可分解为组间差异和组内差异，数值越大不平衡程度越高，数值越小平衡程度越高。对模型涉及的724个样本获得一、二、三等奖的情况进行统计，泰尔指数为0.058，其中城市间不均衡贡献了0.002，城市内不均衡贡献了0.056，由此，同城内部的院校竞争更为激烈。另一个证据就是，在表4-5中，模型3相对于模型1，"双高计划"院校的回归系数显著增大，说明在控制城市变量后，双高计划在同城院校中的优势就凸显出来了，未来应该通过双高计划院校的辐射作用，强化合作、弱化竞争，整体提升城市高职院校的大赛竞争力。各城市内部的不平衡程度见图4-3。

开放普及：
职业院校技能大赛机制研究

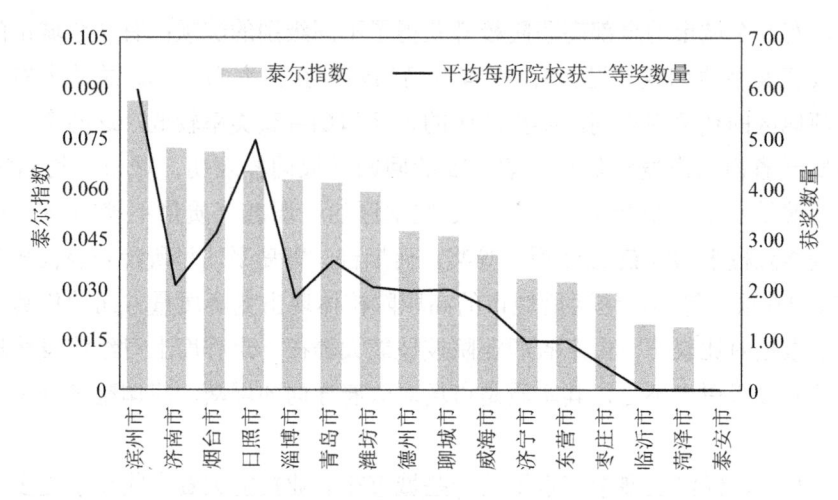

图 4-3 职业技能大赛竞争力各市内部差异

先来看三个比较特殊的城市：滨州只有一所高职院校，整体实力较强但专业间的不均衡性很高；聊城同样只有一所高职院校，但整体实力和专业间不均衡性均处于中等水平；日照参赛的两所院校实力悬殊，其中作为双高计划的日照职业技术学院表现强劲。济南、烟台、淄博、青岛、潍坊5市参赛院校及专业竞争力悬殊，但总体水平较高；德州、威海、济宁、东营4市参赛院校的实力较为接近，总体水平居中；枣庄、临沂、菏泽、泰安4市参赛院校实力基本持平，但属于低水平均衡。

（四）职业院校技能大赛中，公办院校、综合类院校、"双高计划"院校、承办赛事院校的竞争力普遍较强，其中承办方院校的竞争优势大于双高计划院校

民办高职院校的大赛竞争力显著低于公办高职院校。2020年山东省高职院校中共有公办院校69所、民办院校13所。两类院校中分别有62所和4所获奖，比例分别为89.9%和30.8%，民办院校的获奖率远低于公办院校。具体地，这4所参赛民办院校仅获得二等奖2项、三等奖4项，在竞赛水平方面同样低于公办院校。

获奖院校中，综合类、财经类和农林类院校的竞争力普遍较强，获得一等奖的概率高于平均水平；理工类院校获得一等奖的概率低于平均水平；医药类、师范类、政法类、艺术类院校则未能收获一等奖，详见表

4-6。这表明综合类院校因其规模而具有资源集聚优势，而大部分专业类院校的优势专业竞争力未能得以体现。

表4-6 不同专业类院校获奖情况对比

学校分类	学校数量（所）	平均每所院校获奖（项）	平均每所院校获一等奖（项）
综合类	25	13.8	2.7
理工类	20	13.7	1.9
财经类	4	12.0	3.3
农林类	2	11.0	2.5
医药类	7	2.3	0
师范类	2	2.5	0
艺术类	1	1.0	0
政法类	1	1.0	0
其他	4	3.0	1.0
汇总	66	11.0	1.9

非"双高计划"院校的大赛竞争力显著低于"双高计划"院校。根据2019年12月发布的《教育部财政部关于公布中国特色高水平高职学校和专业建设计划建设单位名单的通知》，山东省共有15所"双高计划"院校，占全部82所院校的18.3%。2020年省赛中，这15所院校共获得316个奖项，占总奖项的43.6%；所获奖项中有76项是一等奖，占一等奖总数的59.8%。详见表4-7。

表4-7 "双高计划"院校与非"双高计划"院校获奖情况对比

奖项	奖项数量（项） 双高计划	奖项数量（项） 非双高计划	获奖占比（%） 双高计划	获奖占比（%） 非双高计划
一等奖	76	51	59.8	40.2
二等奖	111	130	46.1	53.9
三等奖	129	227	36.0	63.8
合计	316	408	43.6	56.4

非承办赛事院校的大赛竞争力显著低于承办赛事院校。2020年山东省职业院校技能大赛共有19所院校承办了赛事。承办赛事的院校平均获奖24.3项，而非承办赛事院校平均获奖仅5.5项。从学生获奖率看，前者为0.32%，后者仅为0.17%。在19所承办院校中有18所在自己承办的42个赛项上收获一等奖。同时，在非自己承办的赛项上也获得了良好成绩，共计获得99项一等奖，占全部一等奖的78%；而其他院校仅获得28项一等奖，占22%。详见表4-8。

表4-8 承办赛项院校与非承办赛项院校获奖情况对比

奖项	奖项数量（项）			获奖占比（%）	
	合计	承办院校	非承办院校	承办院校	非承办院校
一等奖	127	99	28	78.0	22.0
二等奖	241	153	88	63.5	36.5
三等奖	356	209	147	58.7	41.3
合计	724	461	263	63.7	36.3

在表4-5的三个回归模型中，承办赛项的回归系数均远高于双高计划的回归系数，表明承办方院校的大赛竞争优势大于双高计划院校。然而，如果双高计划院校作为承办方其竞争优势是否会扩大呢？模型2显示二者的交互效应不显著，因此是否属于双高计划院校并不会影响承办方的竞争优势。故需要健全赛事承办方选择机制，引导赛事资源合理流动配置。

第四节 省级职业院校技能大赛开放与普及的发展建议

关于上海市和山东省的分析表明，省级职业院校技能大赛在开放性与普及性方面取得了显著成就，对职业教育的发展起到了举足轻重的作用。但是大赛在普及深度或普及质量方面还存在诸多问题，表现为赛项设置有待进一步优化，多元主体的责权利不对等，赛事资源的行业、专业、区域、院校分布不平衡等问题。针对上述问题提出如下发展建议。

一、兼顾院校发展与产业布局科学设置赛项

赛项设置是省级职业院校技能大赛普及化的重要发展极。科学合理的赛项设置和专业分布有助于指导省内高职院校形成合理的专业结构,有助于高职院校以竞赛要求为参照提升专业技能教育教学水平,有助于培养符合经济社会发展亟须的人才。省级职业院校技能大赛亟须形成具有引领力、辐射力的赛项设置发展极,助力实现院校发展、行业发展、学生发展多方共赢。

目前存在赛项设置与地区产业布局匹配度不理想的情况。主要原因之一是省赛赛项设置往往对标国赛。我国幅员辽阔,各省的自然地理环境和经济社会发展状况不尽相同,国赛很难全面关照,这就要求省赛主办方充分发挥自主性和主动性,根据区域特点调整赛项设置和专业分布。作为大赛主办方的政府相关部门在赛项设置方面应该起主导作用而非决定作用[1],要深入研究产业发展规划,充分把握企业行业发展趋势,畅通行业企业申报赛项的渠道,在兼顾专业均衡发展的基础上,通过智慧决策筛选新专业、新赛项,确保大赛对接经济社会发展。此项工作极其重要,在具体实施上,亦可由专注于政策分析和市场分析的第三方机构协助政府部门完成。

二、合理配置赛事资源保障赛事的公共性

实现赛事资源的科学合理配置是推动大赛普及化的客观条件。职业院校技能大赛具有公共属性,赛事资源属于公共资源。各级政府在资源配置过程中要兼顾效率和公平,自上而下推进各类院校积极办赛、备赛、参赛,彰显赛事的公共性,实现不同类型院校之间的动态均衡发展。

首先,要处理好"双高计划"院校与非"双高计划"院校之间的显性资源配置。中央和地方政府在财政上都对"双高计划"院校给予了重点支持。依托强大的资金支持,这些院校在影响力、教学改革、教研资源积

---

[1] 王江涛,俞启定. 我国职业学校技能竞赛制度变迁的动因及其影响因素分析 [J]. 江苏高教,2019(10):117-124.

累、硬件设施等方面都拥有了更优越的条件，它们在职业院校技能大赛中的表现也更为突出。然而，其他处于竞争弱势地位的院校同样面临改革发展和人才培养问题，也需要得到政府扶持和财政支持[1]。因此，地市级政府应该会同省级政府共同关注本市院校的均衡性发展，合理配置资源，帮助非"双高计划"院校提升短板，拔高优势，提高本市院校参赛办赛的整体水平。

其次，要处理好承办院校与非承办院校之间的隐性资源配置。省赛赛项承办院校的绝对竞争优势与两类外部原因密切相关：一是企业赞助办赛使得赛事无形之中承载了为企业设备或企业形象推广的衍生功能，因此承办方获头奖就变得"理所当然"；二是承办院校对赛项试题的优先知情和对场地设备的优先接触，使其竞赛成绩普遍较好[2]。这些因素都对赛事的公平公正造成冲击。为了限制不合理的承办方主场优势，可以建立地区轮流机制，并通过财政补贴等资金筹措方式降低学校办赛经费的投入，为更多院校提供承办机会；同时还要加强对合作企业和承办院校的监督管理，形成廉洁的办赛机制[3]。

三、完善创新激励机制促进普及的公平性

创新赛事激励机制鼓励职业院校和师生的主动参与是省级职业院校技能大赛普及化的主观条件。该项比赛具有一切竞赛的基本属性——选拔性，然而它同时承担着促进职业教育发展的重任。因此，需要认真审视大赛的应然功能和激励机制，要在尊重院校客观差距的基础上，让所有院校在大赛中都有价值感和获得感，自下而上发挥涓滴效应，适应不同类型参赛主体的动态均衡发展。

首先，激励制度要兼顾大赛的选拔功能和检验功能[4]，并适度向后者

---

[1] 刘东菊，汤国明，陈晓曦，袁名伟，张瑞．全国职业院校技能大赛对教学改革与发展的影响力研究[J]．职业技术教育，2015（10）：30-34．
[2] 周传运．全国职业院校技能大赛普惠性机制构建研究[J]．中国成人教育，2019（13）：34-36．
[3] 路瑾，徐大真．职业院校技能大赛中的马太效应——基于2010—2014年间的5届赛事数据分析[J]．职业技术教育，2015（24）：36-40．
[4] 任邢晖．充分认识职业技能大赛的功能价值[N]．中国教育报，2008-06-25（009）．

倾斜。一是从重选拔推优向重检验展示转变，重在检查高职院校（尤其是非重点院校）的教学过程是否体现了职教特色，是否重视综合能力特别是实践能力的培养；二是从重筛选推优向重鼓励进步转变，重在考察高职院校是否结合行业企业需求，在新技艺、新知识、新方法等方面有所改进；三是从重综合实力向重专业特色转变，重在深入了解专业类院校的发展诉求，鼓励推送特色赛项和优势赛项，吸引行业企业关注，助力院校的学生培养和就业工作。

其次，激励制度要平衡参赛者的现实需求与精神需求。部分发达城市高职院校参与大赛的积极性不高，反映出赛事对其缺乏吸引力。高职院校的人才培养与就业市场密切关联，经济发达地区有丰富的就业机会，赛事获奖对于促进学生就业的作用相对减弱，既难以激发院校和师生参赛的现实需求和功利性动机，也难以彰显赛事的普适性。这就要求省级职业院校技能大赛注重内涵建设，例如，鼓励创新创造、增加演示项目和展览项目，使大赛成为学生自我实现的舞台，满足其精神层面的需求。

四、推进竞赛资源转化促进赛事的普惠性

竞赛资源转化为教学资源是促进省级职业院校技能大赛普及化的决定性环节。民办院校、非承办方院校、非"双高计划"院校在大赛中缺乏竞争优势，即便获奖对于学校、专业、学生的发展也难有显著推动作用，这就需要大力推进竞赛资源转化与成果共享。

首先，要健全赛事制度把竞赛资源转化作为一项常规工作。现有大赛规程中，一般都倡议赛项承办院校落实竞赛资源转化。多数赛项都制订了转化工作计划，但结果往往是比赛结束后队伍松散甚至解散，成果转化的任务无法落实；或者有的竞赛资源转化后与教育教学改革脱节，难以实践应用[1]。因此，需要进一步明确竞赛资源转化的主体和责任，确定转化内容、时限和质量标准。竞赛资源转化成果应作为公益性资源分级分类开放，并设置资源使用指导委员会，帮助院校和教师把转化成果应用于教育教学。

---

① 徐桂庭，陈晓梅，滕秋月，等."精彩十年"——全国职业院校技能大赛——访教育部职成司副司长王扬南 [J]. 中国职业技术教育，2017（16）：114-119.

其次，要多方合作建设科研团队实现竞赛资源的高质量转化。竞赛资源转化是一项复杂的系统性工程，对参加人员的政策视野、行业敏感度、专业能力、教育学素养都有很高要求，需要跨学科跨领域的科研团队。现实情况是许多高职院校科研环境不理想，能够胜任或有时间有精力参与该项工作的教师较少，因而竞赛资源转化情况一直不理想。为应对这一挑战，除了提升高职教师科研水平，还应积极采取政府购买科研服务的方式，依托具备更强科研力量的中介机构，推动赛事资源向教学资源的高质量转化，并及时把转化成果推广到高职院校，充分发挥涓滴效应，推进赛事的深度普及。让省级职业院校技能大赛真正成为引导职业教育改革、对接行业产业发展、助推技能型社会建设的有力载体。

第五章
世界技能大赛开放性与普及性举措及借鉴

世界技能大赛在探索如何实现开放性与普及性的目标追求上,有很多创新的做法和有效实践,本章通过对世界技能大赛主要特征,以及中国参加世赛的历程展开分析,揭示世赛内蕴的开放性与普及性特质。重点分析了第43届、第44届、第45届世界技能大赛在赛事理念、赛事程序、赛事活动,以及赛事宣传上采取的开放性与普及性举措。借鉴世赛的有效经验,最后对我国职业院校技能大赛如何推进开放与普及提出了建议。

第一节 世界技能大赛主要特征及中国参赛情况

两年一届的世界技能大赛,其确立的办赛宗旨体现了开放与普及的理念,世界技能组织成员的日益扩大,以及世界技能大赛举办地点的选择,实践了开放与普及的理念追求。中国通过参加及筹办世界技能大赛,打造了推动世赛开放与普及理念实践的生动案例,对于推动我国后续职业院校技能大赛如何走向开放与普及提供了示范引领。

一、世界技能大赛的基本概况

世界技能大赛(WorldSkills Competition,WSC)是迄今为止全球技能竞赛中历史最悠久、规模最庞大、影响力最广泛的世界性职业技能竞赛,体现着职业技能发展的世界最先进水平，被誉为"技能奥林匹克"。世界技能大赛由世界技能组织（WorldSkills International，WSI）举办，每两年一届，截至2022年已举办46届，为世界技能组织成员展示和交流职业技能提供了开放的平台。

（一）世界技能大赛的产生与发展

世界技能大赛为适应时代用工需求而产生，首先在欧洲得到普及。世界技能大赛诞生于第二次世界大战后的废墟中。欧洲整体经济环境恶化，巨大的技能人才短缺可能导致新一轮的经济萧条。1946年，为应对这一困境，时任西班牙青年组织总干事的何塞·安东尼奥·埃尔拉·奥拉索（José Antonio Elola Olaso）萌生了以职业技能竞赛吸引年轻人接受职业教育的想法。在他的倡议下，时任西班牙最大技能培训中心负责人的弗朗西斯科·阿尔伯特·维达（Francisco Albert-Vidal）和其他几位同事一起，将这一想法变为了现实。西班牙于1947年在国内成功举办第一届全国职业技能大赛，共有约4000名学徒参与其中。随后，经过一系列努力，1950年，西班牙与历史、文化、语言都相似的葡萄牙携手，在西班牙马德里举办第一届世界技能大赛。按照今天的标准，当时赛事规模微不足道，仅有24名来自这两个国家的青年技工参加，但一场国际竞赛由此诞生。世界技能大赛1950—1951年每年举办一届，1953—1955年两年举办一届，1955—1971年每年举办一届，自1971年起基本稳定为每两年举办一届。

1950年在举办第一届世界技能大赛的同时，西班牙和葡萄牙两国创立了世界技能组织的前身——国际职业技能训练组织（International Vocational Training Organization，IVTO）。1953年，德国、英国、法国、摩洛哥和瑞士加入国际职业技能训练组织。此后，越来越多的国家先后加入该组织。2000年，在成立50周年成员大会上，原来的"国际职业技能训练组织"更名为"世界技能组织"，现注册地为荷兰的阿姆斯特丹。世界技能组织每年召开一次全体大会，每两年举办一次世界技能大赛。

21世纪以来，世界技能组织成员覆盖面有了大幅增长。截至2022年，世界技能组织成员已发展到85个国家和地区，覆盖世界2/3的人口[1]。中国台湾、中国香港和中国澳门分别以地区名义于1970年、1983年和1997年加入。中国于2010年10月正式加入世界技能组织，成为第53个成员国。作为当今世界首屈一指的技能赛事，世界技能大赛对全球的技能运动产生了积极而深远的影响。世界技能大赛的理念、技术标准、比赛规则、工作流程和组织方式代表了当今世界职业技能领域的最高水平[2]。

（二）世界技能大赛目的与宗旨

世界技能组织始终坚持以非政治性、非宗派性和非营利国际性组织为建设方向，以促进技能在世界范围内的发展为己任。世界技能大赛的产生与发展均不断顺应全球经济社会的前进潮流。世界技能大赛的主要目的包括以下三方面：激发（inspire），通过技能比赛激发青年对技能的激情，不断追求技能的卓越；发展（develop），通过全球的培训标准和相互对标，提升技能、促进产业融合；影响（influence），影响政府部门、产业机构和培训教育机构，促进共同合作和研究，为全球技能交流搭建平台。如今，世界技能大赛正在践行当初制定的"激励年轻人参与竞争、激发年轻人对职业训练的热情、对比并发展各个国家人们的技能水平"的目标[3]。来自各个国家和地区的青年通过技能竞赛，提升了自信心和社会认可度，拥有了良好的职业生涯发展。

世界技能大赛有三大宗旨。其一，通过各成员国技能青年交流，促进技能水平提升。世界技能大赛可以提高技能人才形象和社会认可度，彰显技能与技能的高标准在推动经济发展和取得个人成就中起到的关键作用。其二，通过技能交流促使各国相互增进理解。通过世界技能大赛，无论是年轻技能者，还是老师和教练员，甚至企业，都能够获悉各个技能领域最新的世界级水平的标准要求。其三，促进职业技能培训制度及方法的相关信息交流。伴随技能竞赛同时举行的各类研讨会和讲座，极大地促进了职

---

[1] International WorldSkills. Worldskills: Our Member Countries and Regions[EB/OL].https://worldskills.org/, 2021-02-01.
[2] 张俊勇，张玉梅. 世界技能大赛与我国职业教育发展 [J]. 职业技术教育，2018（27）：47-54.
[3] 黄旭升，董桂玲. 世界技能大赛与我国全国职业院校技能大赛之比较 [J]. 职业教育研究，2012（2）：19-20.

业技能领域中最先进想法和经验的交流，鼓舞技能青年接受职业相关的继续教育，提升整体技能水平。

（三）世界技能大赛的竞赛项目与选手

世界技能大赛的竞赛项目分为运输与物流、结构与建筑技术、制造与工程技术、信息与通信技术、创意艺术与时尚、社会与个人服务六大领域，每个领域下设多个常规竞赛项目，详见表5-1，这些竞赛项目几乎涵盖了人类衣、食、住、行的各个方面。

表5-1 世界技能大赛的常规比赛项目一览

领域	赛项
运输与物流	飞机维修、车身维修、汽车技术、汽车喷漆、重型车辆维修、货运代理
结构与建筑技术	建筑石雕、砌筑、家具制作、木工、混凝土建筑、电气装置、精细木工、园艺、油漆与装饰、抹灰与隔墙系统、管道与制暖、制冷与空调、瓷砖贴面
制造与工程技术	数控铣、数控车、建筑金属构造、电子技术、工业控制、工业机械装调、制造团队挑战赛、CAD机械设计、机电一体化、移动机器人、塑料模具工程、综合机械与自动化、原型制作、焊接
信息与通信技术	信息网络布线、网络系统管理、商务软件解决方案、印刷媒体技术、网站设计与开发
创意艺术与时尚	时装技术、花卉设计、平面设计技术、珠宝加工、商品展示技术
社会与个人服务	烘焙、美容、烹饪、美发、健康与社会照护、糖艺西点、餐厅服务

赛项设置的主要原则包括：（1）流动性（mobility）。项目应包含可以应用在多场景中的技能，使得比赛中的技能在工作和生活中也可以持续地、变化地进行使用和提高。（2）联通性（connectivity）。项目应支持职业教育和培训，适应劳动力市场、经济和社会的发展。（3）优化（optimization）。项目应基于传统或现今的技能和岗位，符合全球职业和社会发展趋势[①]。此外，世界技能组织规定，世赛赛项的增添与取消要与全球经济发展协调，回应行业发展对技能的要求；技能竞赛项目设定比例

---

① 世界技能大赛知识普及（1）[J]. 中国就业教育，2022（4）：11-12.

应得当，要体现第一产业、第二产业、第三产业在当前社会发展的配比，符合社会发展趋势；赛项考核的技能还应具有流动性，发挥技能的辐射作用，使得比赛中的技能在工作和生活中随处可见。

青年是世界技能大赛舞台的主角。世界技能组织对参赛选手身份是学生还是职员没有限制，而对参赛选手年龄有着严格规定，一般参赛当年不得超过22周岁，特殊世赛项目如需放宽年龄限制，须由专家提议、竞赛委员会同意，并在世赛举办前一年召开的全体大会上获得核准后方能生效。例如，信息网络布线、机电一体化、制造团队挑战赛和飞机维修4个项目参赛选手的年龄可放宽至25周岁。世赛项目包括个人参赛项目和团队参赛项目。任一技能竞赛项目的成员国仅可选派1名或1组选手参赛。同时世界技能组织规定，一名选手只能参赛一个技能项目，且选手一生只能参加一届世界技能大赛的比赛。世界技能组织对参赛年龄和参赛次数的限定，是为了让成员国有更多的青年技术人员有机会在国际技能竞技舞台上进行技术切磋与交流。

二、世界技能大赛的主要特点

（一）办赛理念的先进性

世界技能大赛在70多年的发展历程中，坚持贯彻世界技能组织的宗旨，并不断发展创新、与时俱进，凝练出了先进的大赛理念，不仅反映了世赛在不同领域的价值追求，还体现了开放办赛、普及化发展的办赛目标。

世赛理念主要体现世赛在技术领域、人文领域和环境领域的高尚追求，即追求精益求精、安全健康和节能环保。体现了世界技能组织对于技能人才发展的期望和对于社会经济效益的理性追求，为各成员政府、学校、企业及全体从业者提供了可供借鉴的价值导向[1]。其中，在技术领域，"精益求精"代表了世界技能大赛对于参赛者技能水平和产品质量的价值追求；在人文领域，"安全健康"体现了世界技能大赛对参赛者人身安全和职业发展的人文关怀；在环境领域，"节能环保"表达了世界技能

---

[1] 孟凡华.大赛十年带给我们更多期盼[J].职业技术教育，2017（18）：1.

大赛对能源的合理利用，对自然环境可持续发展的特殊关照①。先进的办赛理念是世赛受到职业技能领域认可的成功诀窍，也是世赛足迹遍布世界、规模日益壮大的不二法门。

世界技能组织旨在用技能的力量改变社会。通过举办世赛，促进提升青年的技能水平，鼓励带动更多有志青年投身技能事业。在这一开放理念的指引下，为确保更多年轻的技能人才有机会参加世赛，世界技能组织规定每名选手只能参加一个项目的比赛，且只能参加一届大赛。这样严苛的规定有利于吸纳更多选手参赛，实现更广泛的青年技能人才参与世赛，这符合世界技能组织的办赛理念。从世赛选拔到参赛，整个过程有众多技能青年参与和关注，广泛的群众基础能够更充分发挥世赛的影响和作用，即便有的备赛选手最终没能代表国家出征世界技能大赛，但通过层层严格的选拔与培训，他们的技能水平得到了极大提升。未参加过世赛的青年只要符合年龄和技能要求，都可以通过继续努力提高技能水平争取参赛机会为国争光。这能够实现世界技能大赛提高各成员国技能人才水平的办赛目标，也极大地推动了技能和世赛在青年中的普及程度。

（二）赛事设置的开放性

世界技能大赛是一个开放的舞台。世界技能大赛的开放性集中体现在参加者的开放性、竞赛场地的开放性以及每届竞赛项目的更迭性等方面。

首先，世赛赛事的开放性集中体现在参加对象、办赛主体的开放性上。世界技能大赛不仅为众多技能人才提供了一个面向世界展示的开放平台，而且动员全世界的技能青年、家长、教师、产业界、各成员国家和地区政府参与，让人们对"技能成就未来"有了更加清晰的认知，即通过良好的技能训练，年轻人同样可以拥有光明的未来。

其次，竞赛场地面向观众公开彰显了世赛独具特色的开放性。世赛技能比赛在场地开阔的展览厅进行，在不影响参赛选手比赛的情况下，观众可以在旁观赛。为扩大世赛的影响范围，在各项目选手的竞赛现场旁，专门设置同类技能表演和互动体验区，使参观者能够近距离观察技能表演者的操作，甚至亲自动手尝试，现场还能得到技能专家的指导。世界技能大

---

① 张瑞，陈晓曦，高士晶.世界技能大赛技能文化及其对我国技能文化建设与传播的启示[J].职业，2021（22）：14-17.

赛的主要形式是技能竞赛，但开放有趣的技能体验形式，吸引了大量的观众尤其是青少年群体前往世赛竞赛现场观摩，激发他们了解、热爱、学习技能，进一步扩大了世赛的影响和普及性。

再次，世赛赛事的开放性在赛项设置中得到了充分体现。世界技能大赛启动70多年来，社会经济、劳动力供给与需求已从稳定可预测趋向于灵活多变。经济社会发展对技能人才的各方面能力提出了更高要求。因此，世界技能大赛需要顺应全球经济的发展甚至引领行业最新技术，以开放的姿态灵活选择最具时代代表性的竞赛项目。其一，竞赛项目逐届更迭。世界技能组织希望所挑选的竞赛项目包含支持多个工作场景和岗位的技能，符合经济和社会发展所需的新工种要求，符合全球职业发展趋势。每届比赛会根据技术和行业发展趋势进行调整。例如，原计划召开的上海第46届世界技能大赛，创设性地增加了工业4.0、轨道车辆技术、移动应用开发、光电技术等9个竞赛项目。其二，每届赛项设计中还有反映不同承办国家和地区的文化传统或技术优势的特色项目，增加大赛观赏性，吸引更多公众关注。其三，近十年大赛的赛项数量呈波动上升趋势（见图5-1）。比赛不断对接多样化的产业领域，以期激发该领域行业企业关注和参与大赛的积极性和主动性，也有利于推动相关专业领域的技术创新和人才培养，推动行业企业高质量发展。

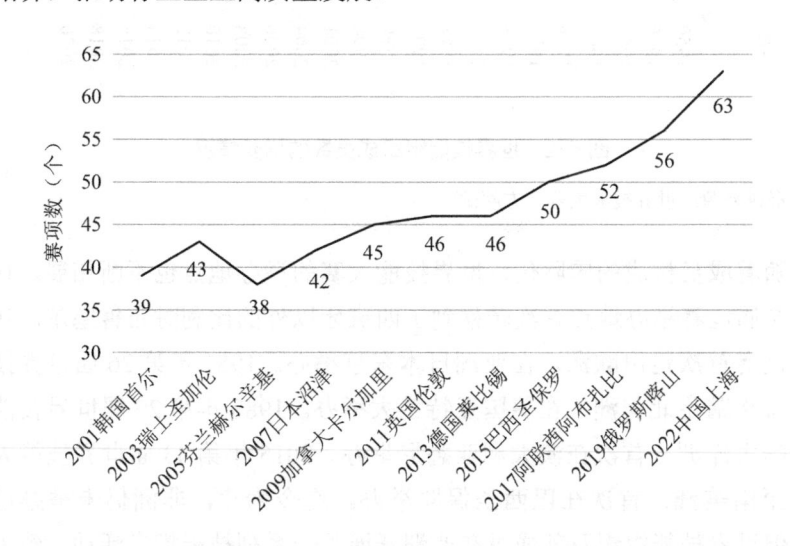

图 5-1　第 36—46 届世界技能大赛赛项数的变化情况

资料来源：世界技能大赛官方网站。

（三）参赛成员构成的国际性

世界技能大赛的开放性还体现在遍布全球的世界技能组织成员，以及延伸到各大洲的办赛足迹。由此带来的结果是，来自全球不同国家和地区的不同肤色的选手纷纷登上世界技能大赛的舞台，赛事规模日益壮大。

世界技能组织广泛吸纳来自世界各地的国家和地区加入，成员构成越来越国际化。日本于1961年成为第一个加入的亚洲国家。美国于1973年成为第一个加入的北美洲国家。1981年，随着澳大利亚和巴西的加入，世界技能组织同时覆盖了大洋洲和南美洲。随着南非在1990年的加入，世界技能组织覆盖了来自世界五大洲的所有成员。21世纪以来，世界技能组织的覆盖面继续大幅增长，成员数量进一步扩大，具体见图5-2。

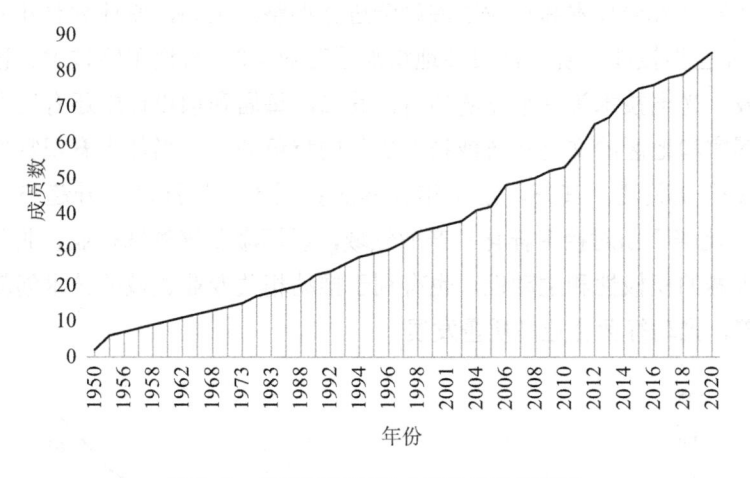

图 5-2 世界技能组织成员数的增长情况

资料来源：世界技能大赛官方网站。

随着成员构成的国际化，世界技能大赛的举办地点也不断拓展。1958年第7届世赛举办地点首次转移到了西班牙以外的比利时布鲁塞尔。1970年，世赛首次走出欧洲，在亚洲日本东京举办。1981年第26届世界技能大赛首次踏足北美洲，在美国亚特兰大举办。1988年第29届世界技能大赛登陆大洋洲，首次在澳大利亚悉尼举办。2015年第43届世界技能大赛拓展至南美洲，首次在巴西圣保罗举办。迄今为止，非洲仍未举办过世赛，但世界技能组织及其成员在非洲开展了一系列技能推广活动，致力于推动当地的技能发展。

各国各地区加入世界技能组织后，只要愿意参加世界技能大赛，均可派代表参赛。随着世界技能组织成员的日益国际化，参赛者数量、参赛国家和地区数量逐届增加，世界技能大赛的规模不断扩大。从1950年第1届2个参赛队24名参赛选手，发展到2019年第45届63个参赛国家和地区的1355名参赛选手（见图5-3）。在这个国际舞台上，相关主体通过技能竞技、高峰论坛、研讨会议和"一校一队"等国际技能交流活动，促进了相互理解，看到技能和技能人才发展的光明前景，找到自身与他国技术的差距，得到全球最先进职业技术和教育理念的熏陶，从而不断提高本国的职业技能水平和人才培养水平。

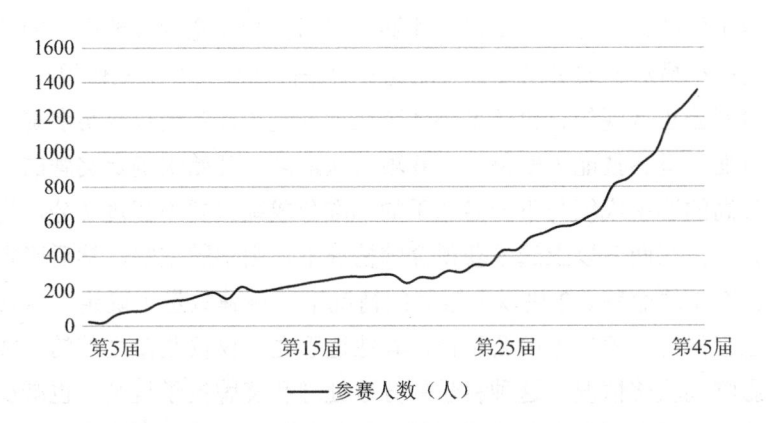

图 5-3 历届世界技能大赛参赛人数的变化情况

资料来源：根据世界技能大赛官网的相关资料进行整理。

（四）评价标准的客观性

世赛评价标准能够客观全面地反映参赛选手的专业技术水准和职业素养。首先，世界技能大赛在评价方面使用CIS（Competition Information System）系统，采取主观评分和客观评分结合的评分方式，并无一例外地强调了评分客观性的重要性，能够全方位评判选手的技术能力和职业素质。世界技能大赛在尺寸精度、表面质量、形位误差等方面都有专门的高精度检测仪器进行客观检测；对主观性计分的部分，采取降低单位权重、二次复议的方式以保证评分公信度。其次，世赛为避免信息不对等影响赛事公正性，大赛组委会在赛前3个月统一公布部分世赛竞赛项目的竞赛样题（包括赛题、材料、评分细则），以确保赛事公平。赛前裁判长可结合赛场设备、材料状况，组织裁判人员对已公布的试题进行不超过30%的修改和调整。这样的赛事机制在保证公正性的同时，还能够考查参赛选手更为全面的能力，包括对临场变化的灵活应对和创新能力。最后，世赛注重全面考查选手各项能力，职业素养和综合素质也属于竞赛考量的内容。针对选手操作是否安全规范、环境保护意识、场地清洁程度等内容都会进行评分；且比赛时间较长、试题使用英文表述、竞赛所用设备材料与备赛时不同，以及观众现场观摩所带来的干扰等都是对选手综合素质的考验，需要参赛选手在竞赛相关方面都过硬才能斩获世赛奖牌。正是世赛客观严苛且细致全面的评价标准，塑造了能够良好回应行业企业技能需求的技能人才。这些举措对各成员国设置技能竞赛的评价标准具有示范作用。

　　世赛公正客观的评价体系还体现在世赛奖项评定的包容与参赛荣誉的普及方面。世界技能大赛每个竞赛项目从最高分开始来确定奖牌的发放顺序，最高的选手成绩与下一名选手的标准分成绩只要不超过2分，均应被授予金牌；在两名以上选手获得金牌情况下，则银牌空缺，然后确定铜牌数量；在1块金牌、2块以上银牌的情况下，铜牌数量不确定。这在很大程度上也保持了评价上的公平性，有些选手之间仅仅些微之差的分数基本不会影响到获奖情况，这种科学的分数处理和奖牌授予规则，也减少了选手在比赛结果上可能存在的遗憾性，更能体现出选手真正的水平。没有获得世赛奖牌但所得分数在标准分以上的均被授予优胜奖，所有未获得奖牌或奖项的参赛选手可以获得参赛证书，这同样是一种荣誉。有学者通过统计发现，十个国家近七届世赛获奖率整体处于较高水平，世赛通过较高的获奖率来体现其开放、包容的特性[①]。世赛成绩能够在一定程度上代表一个国家或地区的技能水平，反映其经济技术实力。制造业强国均高度重视世赛，得到国家的大力支持和国民的热切关注。世赛以较高的获奖率吸引技术欠发达国家加入世界技能组织，增进技术欠发达地区与制造业强国之间的互相交流与合作。世赛通过输出公正客观的评价标准，提升组织成员的综合竞争力，整体推动技能运动的蓬勃发展。

---

① 郭达，杨婷. 第39—45届世界技能大赛中十国奖牌分布变化与特征研究——兼析上海现代职业教育对接世赛发展的措施 [J]. 职业技术教育，2021，42（21）：37-44.

（五）大赛成果的普及性

世界技能组织呈现的已经不仅仅是一场国际性的技能竞赛，而且依托大赛，通过标准规范的技能竞赛机制，推动技能人才教育以及改变社会观念，帮助世界各地的年轻人用技能改变命运。

世界技能组织开放世赛标准对成员国进行指导。世赛蕴含着海量的信息和标准，包括4项官方管理文件、6项竞赛技术文件以及作为世赛核心文件的63项世界技能职业标准（WorldSkills Occupational Standards，WSOS）皆为世赛的重要成果。这些世赛标准起源于欧洲，是全球各成员组织顶级专家的智慧结晶，同时也会根据业态和专业的发展在历届大赛中进行持续检验和更新。对于世界各技能组织成员开展技能竞赛、职业技术培训和教学，甚至企业用人标准的设立都可以起到参考作用。世界技能组织成员从世赛成果中汲取成熟的技能竞赛管理制度，上到国际性技能比赛下到院校级技能比赛，都能看到世赛标准的体现。根据世界技能组织年度报告，截至2013年年底，89%的成员国家和地区在国家级技能竞赛中采用了与世界技能大赛相同的竞赛项目，84%的成员国家和地区在其职业培训与职业教育中采用了世界技能大赛的技术规范、赛题及评分标准[1]。我国2020年全国职业院校技能大赛改革试点赛按照国际技能标准，其中有15个赛项内容基本对接世赛，将新工艺、新规范、新技术、新业态纳入赛项内容[2]。

世赛标准还被转化成为各技能组织成员在青年职业道路选择、技能人才培养的标准和指南。各技能组织成员均构建了三个或四个层级的科学的竞赛体系、围绕世赛建设大量的实践基地、以技能竞赛促进技能青年勤加练习、将世赛的标准转化为课程和教材，推动各组织成员深化改革技能人才培养模式，进一步提高技能人才培养质量，增加其职业技能教育在世界的核心竞争力。除此之外，世赛的强大影响力改变世界对技能人才的看法。通过世赛舞台，技能精英展现出的精湛高超的技能赢得了世界瞩目。赛场之外，大赛的影响同样宽广而深远。榜样的力量吸引着更多全世界有志投身技能的青年勤练技能。通过世赛的影响力，唤起政府、行业、企业

---

[1] 李向光. 技能成就未来——世界技能大赛发展现状一览 [J]. 中国人才，2022（6）：36-39.
[2] 曾天山，陈斌. 对标世界水平赛事引领职业教育高质量发展 [J]. 中国职业技术教育，2021（12）：98-104.

对技能人才的关注：改善技能人才的工作环境、加大相关宣传和表彰奖励、提升其社会地位和社会认可度等。

三、中国参加世界技能大赛情况

（一）中国第41—45届世界技能大赛获奖情况与主要特征

2010年10月7日，我国被世界技能组织批准加入成为第53位世界技能大赛成员国。截至2022年，我国已参加5届世界技能大赛，在赛项上的成绩表现也越来越亮眼。回顾我国参赛以来获得的奖牌数量和获奖涉及领域，可以清晰地看到我国强势项目的成长轨迹，以及国家对世赛以及技能人才的大力支持。

中国抱着积极学习提升的态度，参加了前两届的世界技能大赛。在2011年英国伦敦的第41届世界技能大赛上，中国首次参赛没有获得金牌，却实现了奖牌零的突破，勇夺焊接项目银牌。2013年在德国莱比锡举行的第42届世界技能大赛，中国队取得了1银、3铜及13个项目优胜奖的优秀成绩。在世界技能大赛中国组委会的有效组织和协调下，中国代表团第三次征战实现金牌零的突破，从此中国代表团每次参赛都实现大的突破。在2015年巴西圣保罗第43届世界技能大赛上，中国在汽车喷漆、焊接、美发、制造团队挑战赛4个项目上获得金牌。2017年在阿联酋阿布扎比举办的第44届世界技能大赛，我国以15枚金牌列金牌榜首位，并首次获得"阿尔伯特·维达大奖"。2019年俄罗斯喀山第45届世界技能大赛，我国再次荣登金牌榜、奖牌榜、团体总分第一。虽然中国参加世界技能大赛起步较晚，但参赛人数和参赛项目不断增加。第41届世赛上中国仅有6名选手参加了6个项目的比赛，而在第45届世赛上，已有63名选手参加了全部56个比赛项目。同时获奖数量不断增加，由第41、第42届的金牌数目为零，到第43届金牌零的突破，再到第44届和第45届所获金牌数第一，在不断实现突破中前进。截至2019年，已累计获得36枚金牌、29枚银牌、19枚铜牌和59个优胜奖，向世界展示了"中国技能"潜在的力量。详细数据见表5-2。

表 5-2　中国参加第 41—45 届世界技能大赛人数及获奖情况

届数	参赛人数	参赛项目	金牌	银牌	铜牌	优胜奖
第 41 届	6	6	—	1	—	5
第 42 届	26	22	—	1	3	13
第 43 届	32	29	5	6	3	12
第 44 届	52	47	15	7	8	12
第 45 届	63	56	16	14	5	17
总计	179	160	36	29	19	59

资料来源：世界技能大赛中国组委会官网。

从获奖项目涉及领域看，我国代表队的获奖项目多集中于制造和工程技术领域。我国共在 45 个项目中获得过奖牌，其中 25 个项目获得金牌，24 个项目获得银牌，18 个项目获得铜牌，获奖项目占世赛设置项目总数的 80%。详见表 5-3。有 26 个项目多次获得奖牌，其中，数控铣和焊接项目蝉联第 43 届、第 44 届、第 45 届冠军。这表明我国在部分项目的竞技能力已处于国际领先水平[1]。

我国在世赛上取得的成绩在很大程度上反映了我国技能发展水平和经济技术的实力，同时展现了技能精英精湛的技艺、高超的技能、精益求精的工匠精神、敢于争先的风貌、顽强拼搏的品格和技能报国的理想信念。当代中国技能青年的风采赢得全世界的瞩目，正在逐步扭转社会对技能和技能人才的观念，让尊重劳动、崇尚技能在全社会蔚然成风。世赛效应正为我国优化竞赛机制、引领中国技能竞赛蓬勃发展、提高技能人才培养水平，推动职业教育高质量发展带来契机，甚至成为中国制造、技能型社会建设和经济转型的重要推动力量。

表 5-3　第 41—45 届世界技能大赛中国获奖涉及领域情况

所属领域	获奖项目	金牌数（届次）	银牌数（届次）	铜牌数（届次）
制造和工程技术	数控铣	3（43+44+45）	—	1（42）
制造和工程技术	焊接	3（43+44+45）	1（41）	—

[1] 孟凡华. 世界技能大赛的中国历程与期待[J]. 职业技术教育，2019，40（27）：7-11.

续表

所属领域	获奖项目	金牌数（届次）	银牌数（届次）	铜牌数（届次）
制造和工程技术	制造团队挑战赛	2（43+45）	—	1（44）
制造和工程技术	移动机器人	1（45）	—	1（44）
制造和工程技术	数控车	1（45）	1（44）	—
制造和工程技术	综合机械与自动化	1（45）	1（44）	1（43）
制造和工程技术	机电一体化	1（44）	2（43+45）	—
制造和工程技术	塑料模具工程	1（44）	—	2（43+45）
制造和工程技术	工业机械装调	1（44）	—	1（45）
制造和工程技术	工业控制	1（44）	—	1（45）
制造和工程技术	CAD机械设计	—	2（43+44）	—
制造和工程技术	电子技术	1（45）	—	—
制造和工程技术	建筑金属构造	—	1（45）	—
制造和工程技术	水处理技术	1（45）	—	—
制造和工程技术	原型制作	1（44）	—	—
艺术创作与时装	时装技术	2（44+45）	—	1（43）
艺术创作与时装	平面设计技术	—	1（44）	—
艺术创作与时装	花艺	2（44+45）	—	—
艺术创作与时装	珠宝加工	—	1（45）	1（44）
艺术创作与时装	3D数字游戏艺术	—	1（45）	1（44）

续表

所属领域	获奖项目	金牌数（届次）	银牌数（届次）	铜牌数（届次）
艺术创作与时装	商品展示技术	—	1（45）	—
社会与个人服务	美发	2（43+45）	1（42）	—
社会与个人服务	烘焙	1（44）	—	1（45）
社会与个人服务	美容	—	2（44+45）	—
社会与个人服务	糖艺/西点制作	—	1（45）	—
社会与个人服务	烹饪（西餐）	—	—	1（45）
运输与物流	车身修理	2（44+45）	1（43）	—
运输与物流	汽车喷漆	2（43+44）	—	—
运输与物流	汽车技术	—	2（44+45）	—
运输与物流	飞机维修	—	1（45）	—
信息与通信技术	信息网络布线	1（44）	1（45）	1（43）
信息与通信技术	印刷媒体技术	—	1（43）	1（42）
信息与通信技术	商务软件解决方案	—	—	1（44）
信息与通信技术	网络安全	—	1（45）	—
信息与通信技术	网络系统管理	—	—	1（44）
建筑与工艺技术	电气装置	1（45）	2（43+44）	—
建筑与工艺技术	制冷与空调	—	1（43）	2（42+44）
建筑与工艺技术	砌筑	2（44+45）	—	—
建筑与工艺技术	瓷砖贴面	1（44）	—	—
建筑与工艺技术	家具制作	—	1（45）	—

续表

所属领域	获奖项目	金牌数（届次）	银牌数（届次）	铜牌数（届次）
建筑与工艺技术	抹灰与隔墙系统	—	1（45）	—
建筑与工艺技术	园艺	—	—	1（44）
建筑与工艺技术	建筑石雕	1（45）	—	—
建筑与工艺技术	管道与制暖	—	1（45）	—
建筑与工艺技术	混凝土建筑	1（45）	—	—

资料来源：根据世界技能大赛中国组委会官网数据整理。

（二）中国筹办世界技能大赛的相关情况

①申办第46届世界技能大赛。2016年10月7日，我国正式宣布申办2021年第46届世界技能大赛，并推出上海作为承办城市。2017年10月13日，在阿联酋阿布扎比召开的世界技能组织全体成员大会上，我国申办代表团进行了申办陈述，经全体成员一致决定，中国上海成功获得第46届世界技能大赛举办权。习近平主席指出，世界技能大赛在中国举办，将有利推动中国同各国在技能领域的交流互鉴，带动中国全国民众尤其是近2亿青少年关注、热爱、投身技能活动，让中国人民有机会为世界技能运动发展做出贡献。

②世界技能大赛的宣传推广。中国上海第46届世界技能大赛的宣传活动，充分结合了世界技能组织关于"宣传、展示、推广之年"的定位。从国际到国内，从"硬件"到"软件"，如火如荼的世赛宣传让更多的人了解和热爱技能，对于提升技能人才地位、鼓励年轻人学习技能、技能报国具有重要意义。第一，在丰富多彩的宣传活动中，"登峰造极"的巡旗创举不仅弘扬了"不畏艰险、追求极致"的工匠精神，更提升了世赛海内外关注度。第二，建立世界技能博物馆，为展示我国技能发展历史，激发公众参与技能文化实践的积极性，博物馆面向公众征集展品。通过世界技能博物馆这座传递技能的桥，有利于提升参观者对技能的体验，有助于技

能的传承和创新。第三，大赛口号（"一技之长，能动天下"）、吉祥物设计（"能能""巧巧"）也广泛吸取了公众的建议。在对吉祥物进行二次创作的评选活动中，不少优秀创作作品都使用到了世赛竞赛技能，通过评选活动公众亲身经历了技能文化的建设，促进了技能和世赛的推广传播。

③世界技能大赛特别赛相关情况。2022年5月31日，世界技能组织与各成员及世界技能大赛中国组委会、上海第46届世界技能大赛事务执行局达成一致意见，宣布因新冠肺炎疫情影响，不再举办2022年上海世界技能大赛。为传承70多年来举办世界技能大赛的传统，世界技能大赛各竞赛项目的比赛在世界技能组织多个成员国家和地区举行，统称为"2022年世界技能大赛特别赛"，是2022年上海世界技能大赛的官方替代品。2022年世界技能大赛特别赛的61项技能比赛从2022年9月7日开始的12周内在15个国家和地区举行，办赛规模基本不受影响，有来自58个国家和地区的1000多名选手参加[①]。特别赛的举办促进世赛参赛者参赛机会公平，确保了选手在2022年能拥有世界技能比赛体验。特别赛办赛地点遍布15个国家和地区，拓宽了大赛的发展空间，保护和激发了各成员国和地区参与与举办大赛的积极性，也能够充分发挥承办赛事国家和地区的条件优势。特别赛分散办赛形式将进一步带动承办比赛项目的组织成员当地技能的交流和发展，同时将世赛的开放性与普及性推向了更高的台阶。

④积极推进世界技能博物馆的建设。高质量建设世界技能博物馆（WorldSkills Museum，WSM），是上海在申办第46届世界技能大赛作出的承诺。世界技能博物馆是全球第一个致力于展示职业技能的博物馆，将全面践行世界技能组织2025发展战略，成为世界技能展示中心、世界技能合作交流平台、国际青少年技能教育基地以及官方文献中心。世界技能博物馆肩负着面向世界、面向未来、面向青少年的使命，致力于向全球青少年传递"技能成就梦想，技能改变人生"的理念，激发更多的人对未来技能的兴趣，引导当代青年投身现代技能工作。具有展示陈列、教育传播、国际交流、收藏保管、科学研究五大核心功能。第46届世界技能大

---

① International WorldSkills. Host countries and regions prepare for WorldSkills Competition 2022 Special Edition[EB/OL].https://https://worldskills.org/media/news/host-countries-and-regions-prepare-worldskills-competition-2022-special-edition/, 2022-07-14.

赛虽然因疫情影响未能举办，但世界技能博物馆建设的目标不变，上海正按照既定的计划全力推进博物馆的建设工作。

⑤申办成功第48届世界技能大赛。2022年9月26日晚，世界技能组织召开全体成员大会，经投票表决，世界技能组织决定，2026年世界技能大赛在中国上海举办。9月27日，"技能新时代 启航新征程"主题活动在上海举办，庆祝中国上海获得第48届世界技能大赛主办权。按照惯例，上海将在第47届世界技能大赛举办前后，与主办方法国里昂开展关于大赛筹办方面的经验交流和工作对接；将与世界技能组织密集开展工作交流，研究第48届世界技能大赛筹备和举办时间，以及将根据人社部工作部署组团参加各类国际性和区域性技能挑战交流赛以及国赛选手选拔培训工作。

第二节　世界技能大赛开放与普及的举措分析

世界技能大赛的产生及发展过程，就是一个体现世界技能大赛开放性与普及性的历程，其在过程中彰显的先进的办赛理念、开放的赛项设置、国际性的成员构成，客观的评价标准，以及注重对大赛成果的普及，无不彰显世界技能大赛的开放性与普及性特征。本节将以第43—45届世界技能大赛为分析对象，通过对其办赛报告及相关文献的分析，主要从办赛理念、赛事程序、活动设计、宣传推广四个方面，对世界技能大赛的开放性与普及性相关举措进行论述。

一、赛事理念融入开放性与普及性的要求

（一）办赛口号和视觉形象展现了赛事开放与普及的愿景

巴西圣保罗第43届世赛奖牌的设计工作由三位平面设计师和往届世赛奖牌获得者负责。主办方邀请往届获奖者参与奖牌设计这一举措，旨在鼓励技能卓越人才，肯定其专业价值，从而营造崇尚技能的社会氛围，提升各界对职业教育、技能培训的重视，吸引多类人才。设计者在奖牌设计过程中，充分考虑到第43届世赛的赛项数上升为50项，赛事项目数的递

增表明大赛专业覆盖面越来越广，这体现了世界技能大赛由外向内的吸纳性，因此设计者将赛项数表现为奖牌上的 50 个齿轮碎片。最终设计的奖牌将此届大赛中所涉及的几个要素聚集在了一起：齿轮的碎片，与"比赛"相联系；秒表，代表"时间"；竞技场，即"颁奖地点"；烟花，象征着"庆典"；以及圣保罗的城市天际线，代表这座巴西最繁忙的城市[1]。奖牌的设计既考虑到大赛本身，又结合了举办城市的特色。除设计奖牌以外，为了推广世界技能大赛，吸引更多人关注职业教育和技能领域，巴西国家邮政局和交通部共同筹划特别设计生产了一款邮票。如图 5-4 所示，邮票上的左侧是第 43 届世界技能大赛的标志，右侧为斜拉桥图案。这座桥是比赛主办城市圣保罗的著名建筑之一，象征着教育和就业市场之间的联系，给主办方所需的力量和决心，以克服赛事相关阻碍[2]。该邮票售价为 3.15 巴西币（约合人民币 4.19 元），价格实惠，便于传播。纪念邮票在竞赛准备周发行，比赛期间有 1500 多枚纪念邮票在"赛博"场馆里供游客购买使用。邮票从设计到发行实现了世赛传播学意义上的推广普及，传达了世界技能大赛普及性的办赛理念。

图 5-4　第 43 届世界技能大赛纪念邮票

2017 年阿联酋第 44 届世界技能大赛，亦在不同层面体现了开放与普及的理念。在国家层面，第 44 届世界技能大赛的核心理念是落实阿布扎比政府颁布的相关政策，特别是《2021 年愿景》和《2030 年阿布扎比经济愿景》这两个政策，促进阿联酋的经济多元化和创新，推进人类社会的

---

[1] WorldSkills São Paulo 2015: Final Report[R]. Brasília, 2016: 60.
[2] Colnect-Brazil Stamps Catalog[EB/OL].https://colnect.com/en/stamps/list/country/30-Brazil/year/2015, 2015-02-03.

变革，用技能竞赛衡量卓越并吸纳成千上万的年轻人将他们的视野投向职业技术领域，以日益形成职业技能与经济融通的开放性发展格局。他们将"激励""发展""影响"视为世赛的基石构成，很好地落实了世赛的开放性与普及性理念。在赛事方面，办赛标识的设计沿用了世界技能大赛官方主标识，寓意为技能改变全球年轻人的生活。参赛者在大赛中建立自信，释放潜能；身为高技能人才，他们在经济进步中发挥了重要作用，而技能大赛为来自不同社会阶层的他们搭建起了沟通的桥梁，给那些希望改变自己生活和命运的年轻人提供了机会[①]。在具体实践上，早在 2017 年 3 月，阿布扎比技术与职业教育培训中心（ACTVET）就发起了一项竞赛，为阿布扎比世界技能大赛的获胜者制作奖牌。最终获胜的设计是三维形式的奖牌，包含两种颜色，奖牌的设计既承载了阿布扎比的历史文化，折射出本国人民的精神特质，又蕴含丰富的创新文化，是职业精神的生动缩影（见图 5-5）。通过做好传承与创新工作，以开放的新姿态促进本国职业技能领域的发展。

图 5-5　2017 阿布扎比世界技能大赛奖牌

2019 年俄罗斯喀山第 45 届世界技能大赛的主题口号、吉祥物、奖牌是视觉形象和价值理念最直观的表现。喀山世赛的主题口号为"面向未来的技能"，这一口号充分展现了此次大赛主办方旨在促进职业技能发展、

---

① WorldSkills Abu Dhabi 2017: Final Report[R]. Abu Dhabi，2017：6.

提高青年技能劳动者职业能力的办赛意图。与主题口号相呼应，大赛吉祥物的主要特点是好奇、勤奋和智慧。奖牌的设计体现了鞑靼民族丰富而古老的文化，代表着世界技能运动的核心——专业卓越。作为最高层级的世界性职业技能赛事，喀山世赛以独特的主题口号、吉祥物和奖牌设计向世界人民展示他们对于职业技能发展的美好愿景，希望每个人，不论年龄、不论健康状况，都能够发挥自我潜力，选择自己的培训和发展之路，掌握相关的技能。

（二）赛事规则作为赛事开放与普及理念的重要载体

公开透明的赛事规则是办赛理念最为重要的组成部分，是世界技能大赛参与人数广泛性的重要保障。世界技能大赛的宗旨和原则表明，其不是"贵族赛"，亦不是"关系赛"，而是面向全部社会公众，人人公平参与，人人公平享受的赛事。以第45届喀山世界技能大赛为例，赛事的规则规章及其制度方面，全面按照国际世界技能大赛标准，以国际世界技能的核心价值观为基础，围绕公平、公正、透明的工作原则，形成了相对成熟、完善的竞赛规则。与此同时，随着竞赛项目的增加和项目要求的变化，第45届世界技能大赛的竞赛规则在原有基础上进行了一定程度的修订，以确保大赛组织、赛题开发、赛场准备、竞赛实施、竞赛评分、成绩公布和表彰整个过程能够公平、有序、科学、规范地进行。

（三）赛事保障工作丰富了赛事开放与普及理念的蕴含

世界技能大赛各承办国通过配套政策法规和提供完备的后勤服务为大赛的成功举办提供保障，同样彰显了开放包容的理念。以第45届喀山世界技能大赛为例，主办方通过出台相关政策与多样化举措充分展现世赛的国际化理念。为进一步提升世赛的影响力和关注度，喀山世赛主办方提供了成员联络、签证、住宿（世界技能村）、饮食、语言、礼仪接待等十余项服务。其中会员联络服务由12名精通多国语言的管理人员组成；在签证服务方面，参赛者和嘉宾均可凭参赛资格证书和有效护照面签出入境；在语言服务方面，除了官方语言外，主办方增加了中文口译服务；以及在饮食方面提供了欧洲菜系、亚洲菜系以及清真菜系等，以满足来自世界各地参与者的个性需求。这一系列的服务深刻体现了喀山世赛对世界人民的欢迎,对不同国家、不同民族文化的尊重与包容,丰富了世界技能大赛开放包容的内涵与外延。

二、赛事程序体现开放性与普及性的内涵

世界技能大赛开放性与普及性的办赛理念得以确定后,赛事程序的安排就成为确保赛事开放性与普及性的重要保障。第43—45届世界技能大赛在实现开放性与普及性的赛事程序安排上,既有统一的做法,又有个性化的探索。

(一)巴西圣保罗第43届世赛的赛事程序

巴西圣保罗举办了第43届世界技能大赛,其办赛程序彰显的开放性与普及性主要体现在如下方面。

第一,大赛准备周作为常规赛事程序践行了世赛的开放与普及理念。2015年1月在圣保罗举办的竞赛准备周,聚集了参与并负责组织第43届世界技能大赛的各方,就大赛准备事宜进行讨论。有来自53个成员国和地区的463名参与者讨论了大赛的各项细节,如每项技能竞赛的评估标准、竞赛中使用的测试项目的类型,以及必要的材料和设备等。会议讨论旨在共同研究制定全球技能标准,这有利于更新国际职业教育先进理念。技术会议期间还开展了一些附带活动,包括"一校一国"方案的启动仪式,为纪念邮票的发行揭幕安排宣传工作,举办赞助商论坛,以及与技能管理团队的研讨会。竞赛准备周这一行程有助于将大赛相关人员团结起来,同时有效保证各参赛成员国、地区代表团以及各位选手公平公正地获取比赛等次的权利,进而通过保障竞赛各项机制的合理性,提升多方对世界技能大赛的认同度,引导各国根据世赛的最新技术文件,对接世界先进技术,及时更新其技能标准。

第二,主办方在客运服务上最大限度地保障了参与人员的广泛性与便捷性。世赛的成功组织需要多维度的服务保障,在客运服务方面,主办方成立了交通委员会。委员会进行规划时充分考虑了载客人数、上下车地点、往返路线等因素,使用优质车辆接送相关人员,主办方还配备了双语(葡萄牙语和英语)驾驶员以及适合残疾人乘坐的出租车。同时,委员会

安排专门地点，为游客与公共汽车在开幕式和闭幕式期间设置停车区域；员工和公众游客可以在赛事周围地铁站之间免费换乘；公共汽车负责接送来自公立学校的五万多名学生，以此为他们提供参观与体验技能大赛的机会；公众和参赛者也可以乘坐全天往返的巴士。加上所有参与大赛的人员和游客，大赛交通运输方面共接送了 11.4 万人，行程超过 34.1 万公里。接待团队与客运团队也进行密切合作，将大赛相关参与人员从三个机场接送到酒店。通过大赛期间各组织之间的协调与合作，为前来参加、观看与体验比赛的多方人员提供了周到、全面的客运服务，保障了大赛交通方面的便利，有利于推动世界技能大赛的传播，扩大第 43 届世界技能大赛的影响范围并增强其吸引力。

第三，充分发挥了开幕式和闭幕式对于世赛开放与普及的宣传作用。开幕式与闭幕式是每一届世界技能大赛的传统组成部分，为了营造激励参赛者和所有技能人才拼搏努力的精神氛围，向世界推广这一代表着职业技能领域先进水平的国际赛事，赛事组织者精心策划了开幕式与闭幕式的各项事宜。在场馆的选择上，开幕式和闭幕式在伊比拉普埃拉体育馆举办，它是圣保罗州最大的文化、体育和休闲活动中心。闭幕式展示了大赛精彩时刻回顾影像，并播放了 2017 年下一届大赛主办城市阿布扎比的视频进行宣传。同往常一样，闭幕式上举行了颁奖典礼，并全程在世界技能组织官网和本届世赛网站上进行了全球现场直播，观众分别达到了 10462 人和 20231 人[①]。这充分发挥了数字媒体的作用，使全球范围内关注职业教育领域和世界技能大赛的公众能实时观看现场节目，也给那些对世界技能大赛感兴趣但知之甚少的观众提供了增进了解的机会。

（二）阿联酋阿布扎比第 44 届世赛的赛事程序

阿联酋阿布扎比举办的第 44 届世界技能大赛，在办赛初期就率先确立了本届世赛的目标，并根据目标制定了关键绩效指标，从而确保预定计划目标的进一步落实以及对项目实施进行有效的监管。

第一，制定体现开放性与普及性要求的绩效目标标准。世赛目标的设计从宏观经济到技能竞赛本身每一个层面都强调了参与度、规模、范围

---

① WorldSkills São Paulo 2015： Final Report [R]. Brasília， 2016： 58.

的广度，涉及教育、经济、办赛水平和国际地位等多个方面。如从教育领域出发，设立的目标是：提高阿联酋民众对技术和职业教育与培训的参与度，从而引导国民树立对技术与职业教育培训的科学态度。在关键绩效方面更是以数据的形式予以规定。阿布扎比世界技能大赛所设定的 KPI 目标和实际效果见表 5-4。没有规矩，不成方圆，办赛实施的过程离不开及时的管理控制。项目经理制定了一套全面的项目报告，使管理人员能在各个阶段确定与计划相对应的确切内容，包括从整体上和具体的与团队以及相应职能有关的细节。从 2017 年 4 月开始，大赛重要团队成员受邀参加每周的活动管理会议。会议的召开旨在交流与分享信息，跟进、监督各项举措行动，并讨论和解决有关问题[1]。

表 5-4　2017 年阿联酋世界技能大赛办赛 KPI 考核指标

关键绩效指标（KPI）	目标值	实际值
KPI 1 —— 参赛选手人数	1100	1254
KPI 2 —— 赛事成员国和区域	58	59
KPI 3 —— 参与者	100000	超过 150000
KPI 4 —— 志愿者	1000	1043
KPI 5 —— 实现的赞助水平（占净收入的百分比）	40%	42%
KPI 6 —— "一展身手"的机会（占比赛总技能数的百分比）	75%	71%
KPI 7 —— 健康和安全的突发事件	0	0
KPI 8 —— 本国国民赛事参与人员占比	50%	30%
KPI 9 —— 对大型国际活动的知识和经验水平的了解和认知水平有明显提高的专业人士数量	5	6

注：(1) 数据来自世界技能大赛官方网站；(2) KPI6 数值来源包括"尝试""展示"和"发现"等活动；KPI8 数值为主办方 ACTVET 员工加借调人员数；KPI9 是在 ACTVET 和 EmiratesSkills 技术技能教育培训组织中，对大型国际活动的知识和经验有明显提高的人数。

第二，通过访客体验环节增强世赛的开放与普及。一方面，为深化

---

[1] WorldSkills Abu Dhabi 2017: Final Report[R]. Abu Dhabi，2017：88-89.

参与者对于世赛开放与普及的认识，阿布扎比世赛在访客体验安排环节设计了一些"可触可及"的访客体验安排，让访客能够切身体验职业技能技术，感受其魅力以及对人类生活的关键作用，继而主动参与技术技能事业的传播与传承。活动策划团队对参与这些项目的访客体验进行了调查，在四个比赛日期间收集了3160份调查问卷。92%的受访者表示，他们通过此次活动获得了更多关于职业技术教育与培训的知识。其中61%的阿联酋学生表示，受2017年阿布扎比世界技能大赛的影响，他们愿意加入职业技术教育与培训学校系统，77%的受访者表示在参观完比赛后他们更有可能从事技术技能领域相关工作。另一方面，2017年世赛主办方还在志愿者招募的程序安排上进一步彰显对赛事开放性、普及性的追求。从招募渠道上看，包括线上和线下、企业和社区、国内和国外多种来源；从年龄上看，此次活动吸引了来自各年龄段的志愿者报名——最小的16岁，最大的65岁；就性别而言几乎是平分秋色（48%为男性，52%为女性），进一步彰显了主办国对赛事的包容性和普惠性。这些志愿者持有共同的服务目标，对世界技能大赛有强烈的认同感，并在赛事期间向来自世界各地的参观者传达赛事精神。

　　第三，充分利用数字化媒体拓展世赛开放性。阿布扎比世赛在开幕式和闭幕式这两场盛大仪式安排上，通过数字化媒体将赛事的开放性进行了最大限度的放大。据报告称，开幕式期间，全世界有177552名观众在线关注观看，一场主题为"促技能谋发展"的表演让技术技能深入人心；闭幕式期间，大约有10000名观众在现场观看，而网上观看次数达到468154次[①]。除了常规的表演安排外，主办方还在数字媒体的帮助下将庆典以阿拉伯语和英语向国际观众进行直播，扩大了受众范围。

（三）俄罗斯喀山第45届世赛的赛事程序

　　为了深入贯彻世界技能大赛开放性的办赛理念，俄罗斯喀山第45届世界技能大赛无论是赛前的准备工作，还是比赛过程中的有关会议、游客体验、其他活动等方面的组织工作，都积极做到面向世界，坚持世赛并不是少数人的盛宴的理念，力求给全世界的人民及各类组织提供一次参与此

---

① WorldSkills Abu Dhabi 2017：Final Report[R]. Abu Dhabi，2017：40-41.

次大赛的机会。

第一，充分发挥世赛准备周在推动世赛开放与普及中的基础性作用。作为赛前最为重要的活动之一，喀山第45届世界技能大赛准备周会议于2019年1月21日开幕。共有来自60个世界技能成员国家和地区的535人参加了这次活动，其中包括世界技能组织董事会、第46届上海世界技能组委会代表、全球合作伙伴和赛事赞助商等[①]。在准备周期间，俄方先后带领世界技能大赛准备周学员参观了喀山世博会，启动了"一校一国"教育计划，以及在鞑靼斯坦共和国的57个教育机构举办了比赛课程，以改善职业教育培训体系和促进国际交流与合作。

第二，注重通过世界技能旗接力赛活动宣传赛事的开放与普及。世界技能旗帜接力赛始于2017年。在2017年阿布扎比世界技能大赛的闭幕式上，旗帜移交给了主办城市喀山。世界技能旗接力赛活动先后访问了曾举办过世界技能大赛的21个国家和地区的90个城市，该线路的总长度为210202公里，2019喀山世界技能大赛的开幕式是世界技能旗帜接力赛活动的最终目的地[②]。这是世界技能运动历史上的第一次旗帜接力赛，目的就是为了团结和巩固世界各地的技能卓越人才，并展示职业技能对于各个国家和地区经济增长及个人成功的重要性。

第三，积极发挥世赛志愿者组织及赞助商对于赛事开放与普及的推动作用。一项赛事的成功举办离不开志愿者组织及赞助商的支持，而志愿者组织和赞助商对提高赛事在公众心目中的好感度以及认知度也发挥着举足轻重的作用。第45届世界技能大赛志愿者组织同往常一样，打破地域界线，由多个国家和地区的志愿者组成。根据2019年世界技能大赛喀山志愿者活动的相关统计，主办方共收到了来自90个国家的1.5万多份申请，赞助企业包括134家公司[③]。这些企业通过对大赛的支持，一方面可以使职业教育与技能培训机构了解劳动力市场的技术技能水平需求；另一方面也可以向政府和教育部门反映本企业的发展意向、技术技能需求，从而推动职业教育课程设置的更新，促进职业教育与技能培训的发展。

---

① WorldSkills Kazan 2019: Final Report[R]. Russia, 2020: 64.
② WorldSkills Kazan 2019: Final Report[R]. Russia, 2020: 68.
③ WorldSkills Kazan 2019: Final Report[R]. Russia, 2020: 168.

三、赛事活动践行开放性与普及性的理念

除了通过赛事各项组织程序推动大赛的开放与普及以外,各届世界技能大赛的主办方均策划了丰富多彩的活动以践行其开放性与普及性的理念,其中有作为赛事常规性活动举办的"一校一国"活动、会议日程,也有每届世赛根据主办国特色和不同的办赛愿景而设计的多元赛事活动。

(一)历届世赛常规性的开放性与普及性活动

1. "一校一国"活动

"一校一国"活动(One School One Country)始于2007年第39届静冈世界技能大赛,此后一直是大赛中的一项必备活动。作为一个文化交流项目,它搭建起了不同国家和地区青年之间交流的桥梁,向学生展示了技术技能世界的面貌,并向其提供了解世界各地不同的国家和地区的机会,是增强世界各国青年对职业技能重要性认识的重要途径。世界各国在举办世赛期间,均非常重视通过"一校一国"活动宣传本国文化和职业教育发展的成功经验。

第43届世赛主办方安排圣保罗市及其周边地区的约55所中学接待了来自世界技能组织的60个成员国和地区的参赛选手代表团。比赛前半年起,主办学校的学生会见了其合作国家或地区的代表,交流有关该国及其相关文化的话题,加深学生对访问国家和地区的了解并提高对职业教育的兴趣。比赛前一天,学生和参赛选手亲自会面,通过多样的活动分享各自的文化和学习经验。比赛期间,主办学校的学生参观了比赛,近距离了解职业教育及各职业相关信息[1]。"一校一国"活动通过促进参赛选手与当地学校学生之间的互动,促进了教育和职业培训的发展。

第44届世赛中,"一校一国"设置的目的是为阿布扎比公立和私立学校的学生提供认识世界技能大赛选手的机会,领悟技术技能的重要性,并进一步了解其他国家和地区的文化。从2017年1月开始就有58所阿联酋学校的5000多名学生与来自59个世界技能组织成员国和地区的学校代表

---

[1] WorldSkills São Paulo 2015. The "One School One Country" programme is part of WorldSkills São Paulo 2015[EB/OL].http://www.worldskills2015.com/en/events/one-school-one-country.html, 2015-12-15.

密切联系，包括学校访问、参与互动活动等，充分彰显了"一校一国"活动是世赛最佳的教育实践。

第 45 届世界技能大赛的"一校一国"活动在世赛准备周启动，来自 63 个国家和地区的 1424 名代表访问了鞑靼斯坦共和国喀山和莱舍沃区的 58 所教育机构[①]。在访问期间，代表各国家队的嘉宾介绍了各自的国家，并了解了俄罗斯的文化。俄罗斯的学生也可以通过此活动了解其他国家的文化传统，并向未来的世界技能冠军学习技能。2019 年俄罗斯喀山"一校一国"活动坚持"走出去"与"引进来"相结合，将喀山的学校与来自全球的技能团队联合起来，将世界各地的社区和年轻专业人士团结起来，帮助世界各国青年真正理解技能无国界的真谛。

2. 世界技能大赛系列会议项目

每届世界技能大赛举办时，其赛事会议的组织与安排都备受关注。通过举办影响力广泛的各项会议，聚集职业教育与技术技能领域的各类相关人员，交流与分享经验和先进理念，以达到扩大赛事开放性与普及性的目的。

第 43 届圣保罗世界技能大赛通过连续六日的开放会议进行宣传交流，丰富了各方访客对世界技能大赛的认识。整个会议计划的主题是"激励技能卓越与发展"，它聚集了行业领袖、政府和教育合作伙伴，讨论了职业教育和技能卓越范围内的趋势、新技术和创新公共政策等主题，同时也交流了促进职业教育和培训发展的举措。会议日程包括访问与特定市场细分相关的企业和学校、讨论未来的国际合作与未来的技能发展方法、世界技能领袖论坛、巴西—非洲技能发展交流讲习班等[②]。通过相关日程安排（见表 5-5），与会人员有了交流意见的机会，他们通过小组讨论学习与借鉴职业技术教育与培训跨机构小组成员的经验，深入了解世界各地的最佳举措。会议的目的是敦促开展关于 2015 年后在教育背景和发展议程中重新定位职业技术教育与培训的全球对话。

---

① WorldSkills Kazan 2019: Final Report[R]. Russia, 2020: 74.

② 详见 http://www.worldskills2015.com/en/events/conference.html。

第五章 世界技能大赛开放性与普及性举措及借鉴

表5-5 2015年第43届圣保罗世界技能大赛开放会议日程

日期	事项	组织者
8月11日	SENAI和行业的卓越之旅	2015圣保罗世界技能大赛主办方
8月12日	技能、可持续性和2015年后发展议程	职业技术教育与培训跨机构小组
	未来的技能发展方法	2015圣保罗世界技能大赛主办方
	了解UNEVOC网络：社交之夜	UNEVOC（国际职业技术教育培训中心）
8月13日	世界技能领袖论坛——技能发展与卓越的未来	2015圣保罗世界技能大赛主办方
	世界技能大赛VIP导览——备选方案1	2015圣保罗世界技能大赛主办方
	巴西—非洲技能发展交流讲习班——备选方案2	世界银行
8月14日	国际部长会议——促进技术和职业教育的21世纪倡议	巴西教育部与2015圣保罗世界技能大赛主办方
	金砖国家：创造技能发展共同愿景——备选方案1	SENAI与金砖国家工商理事会
	行业未来的技能与技术一瞥——备选方案2	世界技能组织全球合作伙伴
8月15日	各国技能卓越与发展办法研讨会	世界技能组织
8月16日	探索圣保罗——城市之旅	2015圣保罗世界技能大赛主办方

资料来源：根据第43届世界技能大赛网站会议专栏整理，详见http://www.worldskills2015.com/en/events/conference.html。

第44届阿布扎比世界技能大赛会议项目一共涉及三场，具体包括：世界技能大会、国际职业技术教育与培训青年论坛（TVET）以及国际职业技术教育与培训领导峰会。这三场会议主要目的是将来自世界各地的教育、政府、商业和工业领域的领导人聚集在一起，与会者分享他们的实践经历，并充分了解技术和职业教育与培训领域、技能需求、未来技能以及卓越技能和发展有关的全球趋势和问题。

第45届喀山世界技能大赛举办期间，世界技能会议和部长峰会在场外举行。2019年世界技能会议吸引了来自60个国家的1000多名教育工作者、工商领袖和政府官员、绿色经济、数字化和自动化领域的专家前来参加，其中包括652名俄罗斯参与者和643名国际参与者[①]。与2019年世界技能会议同时举行的国际部长峰会是第45届世界技能大赛的一部分，是该组织历史上规模最大的一次，有来自40多个国家的代表参加。这两大会议为世界各地的领导人讨论未来职业教育的发展提供了一个独特的平台，帮助世界各个国家和地区完善职业教育体系，为年轻人提供引领他们前进的工具。

（二）历届世赛其他典型的开放性与普及性活动

发展世界技能大赛的开放性与普及性要从根本上加强广大人民群众对赛事的了解，从而增进对大赛的认同感和信心。因此，在世赛举办期间，除了正式的技能竞赛外，还有丰富多彩的活动，这些具有时代气息的赛事活动内容融入世界技能大赛的全过程。各届世赛主办方通过各项活动的举办，力图践行其开放性与普及性的办赛理念。

1."技能造福人类"主题活动

为了进一步引导公众关注、支持甚至参与世界技能大赛，各届大赛主办方策划了一系列项目，旨在突出"技能造福当下""技能成就未来"的理念。

第43届世界技能大赛从上述理念出发，筹办了世界技能组织数码挑战赛（The WorldSkills Digital Challenge，WSDC），同时还搭建了可持续发展空间。首先，世界技能组织数码挑战赛是将20名参与者（包括往届世界技能大赛的5名冠军和15名来自巴西的开发者和设计师）齐聚一堂，为巴西非政府组织面临的社会挑战寻求解决方案，为当地社区提供能发挥长期效用的策略。WSDC团队解决了回收利用和社会发展、献血意识、青年机会、癌症患者支持以及多重残疾儿童游戏等问题。世界技能组织旨在通过数码挑战赛这一造福社会及公众的活动，扩大世界技能大赛的知名度和社会影响力，同时塑造职业教育和技能世界的正面形象。

此外，世赛主办方搭建的"可持续发展通道"帐篷，可供游客和参赛

---

① WorldSkills Kazan 2019：Final Report[R]. Russia，2020：86.

者了解可持续制造的技术替代方案，并参与环境保护意识活动。这个空间为多年龄段和来自不同国家的游客提供了知识和乐趣。场所中使用的资源包括生态足迹图腾、生态自行车、生态轨道、家庭和可持续使用技术（电动汽车、雨水收集系统、家庭或小规模垃圾源的堆肥系统、木眼镜、可重复使用卡、平衡板、塑料木材等）。活动旨在通过这些资源的利用和技术的展示，进一步加深游客对环保主题的了解，同时认识到技术技能对改善生态、社会生活的必要性和重要性，从而引导公众更多地关注技能世界和技能竞赛。

2. 职业教育与技能体验活动

基于历届世赛经验，世赛组织方认为需要在比赛参观期间丰富公众的体验，使他们更好地了解每项技能比赛，最终提高青年学生、家长、教师、当局和企业家对职业教育的关注与兴趣。以此为目标，在游客体验项目中策划组织了互动活动，旨在确保游客能正确了解大赛相关技能，并提高目标受众（正在进行职业规划的 14—17 岁学生）对相关职业培训课程重要性的认识。

第 43 届圣保罗世界技能大赛在比赛期间设置了与每个技能竞赛场所毗邻的"知识点"（Knowledge Spots）。在这些"知识点"的游客由 102 名"大使"负责在整个活动期间接待，为其讲解技能及各技能所需的能力。在"知识点"中，传统工具、3D 模拟和视频使这些活动与"知识点"中的每项技能联系起来。"技能的新视角"这一概念扩大并丰富了游客对第 43 届圣保罗世界技能大赛的体验和理解。同时，大赛在贯彻其开放性与普及性特点时的另一大亮点是赛博（Cyber），它位于三星展馆内，主要致力于推动行业体系的活动，是竞赛选手和公众交流的最佳场所。在这个空间里，参与者可以放松、浏览刊物、上网以及与外国游客互动。建造该场馆主要的目的是提供一个带有教育性质的场所，在一楼，游客可以体验顶级的教育游戏、通过触摸屏上的图像查看往届的世界技能大赛的相关信息，同时也可以在以"认识攀登者"为主题的攀岩墙上获得乐趣。二楼设立了一个巴西邮政展台，游客可以选择位于巴西不同城市的纪念明信片，将其邮寄到国内或国际任何地方。三楼则用来采访参观比赛的权威人士和名人。该场馆的设计将休息娱乐与职业教育、赛事推广紧密结合，有利于推动职业教育和世界技能大赛的传播与发展。

在举办第 45 届世界技能大赛的同时，俄罗斯世界技能协会也发起了许多精彩赛事活动，得到了世界技能组织以及各成员国家和地区的支持与认可。其中，"未来技能"大赛引起了游客的浓厚兴趣，参观人数超过 10 万人次。同时，主办方还举办了"青年职业者"大赛。在参赛人员上，尽可能做到覆盖所有学校师生，实现"人人都参与，专业大覆盖"的竞赛体系。来自俄罗斯 80 个地区的 1690 名选手以及 26 个国家的 128 名国际选手和 360 名青少年选手参加了比赛，参赛选手和专家人数均创历史新高。

四、赛事宣传赋能赛事开放与普及的广度

要推动世界技能大赛从"人人都可以参与"到"人人都愿意参与"的转变，实现世界技能大赛开放性、普及性的内在要求。通过加大赛事的宣传推广力度，鼓励学生积极投身技能事业，促进全民技能水平的提高。第 43—45 届世界技能大赛的举办国通过整合多种宣传渠道方式，借助互联网信息时代的优势，通过多渠道的宣传赋能了世赛的开放性与普及性发展。

（一）加强传统官方媒体建设，扩大世赛活动的影响

第 43 届圣保罗世界技能大赛官方网站是 2015 年世赛新闻和信息中心。网站主要分为竞赛、活动、旅游、新闻、合作伙伴五个板块。其中，竞赛板块为网站主要内容呈现板块，涉及大赛场馆介绍、大赛技能项目清单、参赛代表团信息、大赛规则、大赛参赛者注册与登记等相关事宜。对于竞赛板块，参赛选手、指导教师、普通公众等网页浏览者均可以获取其感兴趣的、与大赛相关的大量有效信息。新闻板块涵盖了大赛相关新闻资讯，综合呈现第 43 届世赛的最新、最全的赛事讯息，保障浏览者能够便捷、清晰地了解大赛内容。此外，网站中还提供了第 43 届世赛相关宣传资源的下载，如大赛标志、各类宣传手册、品牌手册、成员工具包、宣传照片、比赛横幅等。据统计，2015 年 1 月 1 日至 9 月 11 日，有 1915 篇公开发表的新闻文章对大赛进行了报道；在整个世赛期间，有 200 多个官方视频和约 25700 张照片制作并发布[①]。为保证宣传工作的有效进行，赛事

---

① WorldSkills São Paulo 2015: Final Report [R]. Brasília, 2016: 132.

组安排了 7 个视频制作团队、7 名摄影师以及一名导演和两名编辑,从大会期间到闭幕式,总共有 60 多名专业人员参与。

第 44 届阿布扎比世界技能大赛中,在传统的官方媒体宣传渠道上,主办方在大赛前的几个月开始,围绕大赛拟写话题,并撰写技术技能相关内容发布到大赛官方网站上,以此来提升赛事的热度。在赛事举办期间,官方网站建设团队将赛事的点滴都记录在了网站上,其中涉及青年参赛选手的故事系列集、各国比赛选手信息、App 应用指南、媒体报道、宣传活动、赞助商、照片集等内容。据统计,赛事活动期间官方网页的浏览量近 100 万次[1]。这让许多不能到场的人也可了解大赛信息和相关成果,加深他们对世界技能大赛和世界技能组织的认识,以启发和激励公众参与其中。总的来说,该网站的信息规模、更新速度和实时性以及赛事报道的不同模块就像"新闻钩"一样,作为一个积极而深远的口碑营销工具,有助于最大化地利用比赛的曝光率来促进赛事的开放性与普及性。

第 45 届喀山世界技能大赛官方网站按照现代化的趋势和喀山风格特色进行设计。网站有三种语言供浏览者选择,分别是俄语、英语以及鞑靼语;网站页面的内容根据比赛的不同阶段进行实时更新。在 2019 年 8 月 14 日至 31 日,官方网站注册用户有 372466 人,浏览量达到 1752089 次。同时,为进一步推进大赛普及,提高互联网用户对世赛的认知度,官方网站还开发并推出了明信片设计师、照片亭、世界技能拼图和世界技能地图等活动。另外,有来自 45 个国家的 840 家媒体代表参加了此次大赛,其中包括:国际媒体 276 人,联邦媒体 157 人,地区性媒体 183 人,成员国媒体 224 人[2],全球媒体广泛与积极地参与保障了大赛相关情况传播的全面性和实时性。

(二)开发世界技能大赛应用程序,提高宣传的针对性与有效性

世界技能大赛组织者充分认识到当前的新闻消费方式正在持续不断地变化,因此大赛除传统宣传渠道以外,还充分利用如火如荼的流媒体并搭建数字化平台以提高赛事宣传的针对性和有效性,其中包括开发世赛专属

---

[1] WorldSkills Abu Dhabi 2017: Final Report[R]. Abu Dhabi, 2018: 84.
[2] WorldSkills Kanza 2019: Final Report[R]. Russia, 2020: 28.

应用程序、创建主要社交媒体账号进行宣传推广等举措。

第43届圣保罗世界技能大赛以综合多样的方式,向社会展示职业教育是提高巴西工业生产力和促进技术进步至关重要的因素、是青年进入劳动力市场和建立稳固而有前途的职业的绝佳选择。第43届世赛开发的赛事专用应用程序,提供了有关技能竞赛的所有信息。用户可以通过动画、参赛选手简介以及有关巴西技术技能市场的资料,了解50场技能竞赛的详细信息。该应用程序还内置了比赛场地安亨比公园的交互式地图,地图利用室内地理位置指示用户的位置,并提供基于用户兴趣制定的路线方案。主办方还成立了一个专门的社交媒体团队,由专业人士管理脸书、推特、Instagram 和 YouTube 账户,团队也激活了在巴西已有忠实用户基础的塞奈(SENAI)和知识奥运社交媒体频道。巴西和世界各地的重要人物也在他们的社交网络上宣传这一赛事,如巴西总统、前总统、圣保罗州州长、教育部部长以及巴西青年中一些具有影响力的人士。2015年在圣保罗世界技能大赛上以数字方式开展的所有活动,包括点击、下载、浏览和社交网络参与,共有1844839次互动[1]。塞奈(SENAI)创建了推广和传播协作中心,并与巴西全国工业联合会(CNI)通信部门进行合作,进一步扩大了世界技能大赛的社会知晓度和影响力。通过利用社交媒体平台进行全方位多层次的推广与传播,实现了世赛信息流动的现代化和便利化。

第44届阿布扎比世界技能大赛共有85个关于赛事的视频(不包括开幕式和闭幕式)被上传到世界技能组织的 YouTube 频道,浏览量达128338次,同时在世界技能组织的 Facebook 主页上又有532945次视频浏览。其次,2017年阿布扎比世界技能展的目标受众也是 Snapchat 的狂热用户,在赛事举办期间,Snapchat 的使用人数达到了1418180人,获得了9320520的曝光次数。此外,世界技能大赛的官方照片被分享到了世界技能大赛的 Flickr 频道上,供用户查看了解[2]。除充分利用多方社交媒体的宣传效用外,一方面,2017年阿布扎比世界技能大赛主办方创建了功能类似于应用程序的网站,所有访问者都可以在这里了解关于本届世赛需要了解的一切。如收听直播博客,了解最新信息;通过提供的数字地图找到相关路

---

[1] WorldSkills São Paulo 2015: Final Report[R]. Brasília,2016:58.
[2] WorldSkills Abu Dhabi 2017: Final Report[R]. Abu Dhabi,2018:79.

线；订阅通知以获得实时更新。另一方面，大赛赛事组织者还开发了手机应用程序"Skill It"，用户可以在该应用程序内通过游戏开始自己的虚拟业务，在互动地图上找到自己喜欢的技术技能活动，并在完成这些活动后扫描二维码以收集技能币。最后，拥有最多技能币的用户可以赢得奖品。在应用程序里开发游戏，用户可以发展自己的虚拟业务，其中融入技术技能相关活动，这吸引许多人参与其中，用户在娱乐消遣的同时也获得了对世界技能大赛以及技术技能领域的认识，使越来越多的公众有意关注世界技能大赛的相关信息，切实扩大了世界技能大赛的普及性。

第45届喀山世界技能大赛同样推出了手机游戏应用程序并利用多方社交媒体宣传世赛。手机应用使用户可以以游戏的形式获取信息，并能够加入全球排名，与全球其他玩家竞争。而官方社交媒体账户在VKontakte、Facebook、Twitter、Instagram、Flickr等平台均有注册以发布世赛时讯，2019年8月8日至30日，Instagram、Facebook、VK、Twitter的浏览量分别为6838849次、4749165次、2238676次和276449次。此外，VK还负责了2019喀山世界技能大赛的开幕式和闭幕式的现场直播，其中开幕式的浏览量为1022775次、闭幕式的浏览量为838629次。赛事主办方通过开发世赛应用程序以及利用社交媒体平台，推动了第45届世界技能大赛在全世界的宣传普及。

（三）充分发挥广告宣传的传播作用，实现对世赛的有效推广

广告作为一种信息传播活动，具有大众化、渗透性强等特征，是最普遍的传播手段之一。第43—45届世界技能大赛的举办国非常注重发挥广告宣传对于提升赛事开放性与普及性的重要作用。

第43届圣保罗世界技能大赛赛事相关广告活动从2015年7月开始，一直持续到了8月的最后一周。大多数传播都位于圣保罗及其周边地区，同时国外媒体也给予支持并参与合作，与巴西国内主要航空公司和主要机场协作进行宣传活动，旨在提升世界技能大赛的知名度，鼓励圣保罗的公众关注、观看世界技能大赛。为了与主要目标受众拉近联系，圣保罗世界技能大赛广告活动的主题是"选择自己的职业道路"，这是一个来自世界上任何国家和地区的青年学生都必须面对的关键问题。人生中做出选择的这一刻影响了每个人职业生涯，包括他们的个人技能、对每个职业选择的分析及就业机会，这也是活动口号建立在"选择"这个词的基础上的原因。它不仅出现在所有的广告中，同时也出现在整个安亨比公园的标牌上，以及制作的每个图形和宣传材料上。这个话题具有永不过时的信息，将一直会呈现给不同时代的学生，成功引发青年人的共鸣。第43届世界技能大赛广告类型占比统计见图5-6。

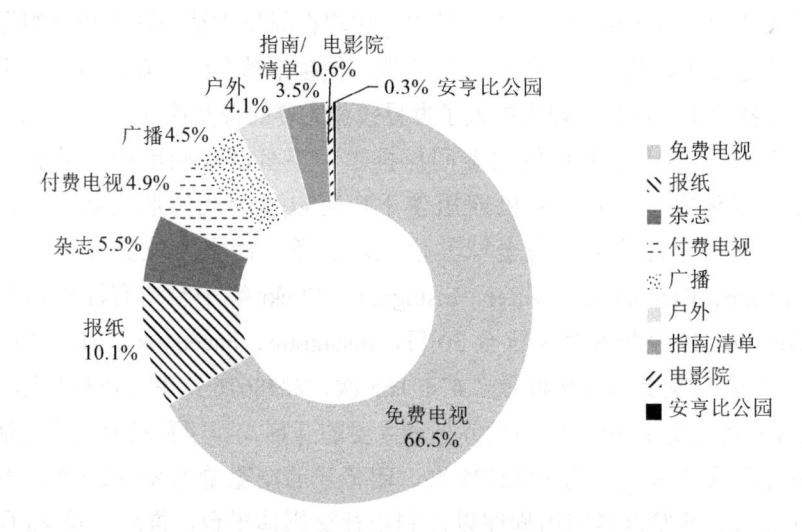

图 5-6　第 43 届世界技能大赛广告类型占比统计

资料来源：世界技能大赛官方网站。

第44届世界技能大赛，从2017年1月的比赛准备周到10月19日的赛事活动结束，主办方阿布扎比技术与职业教育培训中心（ACTVET）开展多个活动共同推广此次赛事。其中包括与当地媒体的合作以及营销策划包括户外的 Reem 岛、海滨大道和 Al Khaleej Al Arabi 街等黄金地段设置广告牌和灯柱；在 Al Ittihad Newspaper（阿联酋的阿拉伯语报纸）和 Abu Dhabi World（阿联酋推广活动的顶级杂志之一）等出版物上刊登广告；此外从赛事活动前两个月开始，阿联酋所有电影院都播放了宣传视频；在电视宣传渠道上，有50个广告在阿布扎比 Al Emarat 电视台播出；在广播报道渠道上，赛事相关内容在 QFM 和 Emarat FM 等广播电台有超过300个插播广告。同时还有多样化的其他广告宣传渠道，如在阿提哈德航空（Etihad Airways）部分最繁忙航线飞行的飞机上放置了赛事标识，在一架警用直升机上悬挂赛事宣传旗帜，以及1500辆警车上印有"2017阿布扎比世界技能"（WorldSkills Abu Dhabi 2017）品牌标识[①]，大赛主办方还与阿联酋航空公司合作制作了一个动画，在所有阿联酋航班的机上娱乐系统中播放了三个月。这些举措将2017年阿布扎比世界技能大赛的活力和成功、全球世界技能运动的精髓和信息，以及职业技能和培训在建设与塑造未来经济及社会方面的重要作用等内容传递给全球公众。其目的不仅是向受众提供信息，还希望以此来教育、启发和激励他们。

第45届喀山世界技能大赛于2019年6月1日至9月1日在俄罗斯进行了大量的广告宣传，包括在莫斯科、圣彼得堡进行户外广告投放、在国内航班上发布世界技能大赛的公告、在电影院定期放映视频材料、在喀山旅游信息中心播放宣传片、在电视台播放世界技能大赛的相关广告等。同时，互联网广告、Yandex和谷歌搜索引擎中的目标广告铺设到位，覆盖人数超过30万人。另外，主办方在俄罗斯运营商TIC的专题小册子上放置了一个广告页，发行量为3万册，并在喀山的机场、火车站、酒店和旅游中心分发宣传。赛事组织者充分利用广告这种传播活动的特殊形式，将大赛信息传递给受众，以扩大赛事影响范围，达到了提升赛事开放与普及的效果。

（四）发挥多种传播媒介的效能，赋能世赛的开放与普及宣传

一方面，第44届阿布扎比世界技能大赛的目标、成就和传递的信息在比赛筹备期间和比赛结束后通过多种传播媒介的宣传引起了全球的共鸣。一些负有盛名媒体频道都在记录2017阿布扎比世界技能展的故事，总共有1145名获得授权的媒体代表对其进行了报道。最终报道的分析表明，2017阿布扎比世界技能大赛在2017年10月（比赛的月份）获得了超9100次的媒体提及[②]。报道中最令人满意的方面之一是，它使许多主要国际出版物和广播网络首次报道了世界技能比赛，如赛事新闻被刊登为《华尔街日报》头版文章；美国有线电视新闻网（CNN）全球播放6次大赛信息；全球最大的法国电视网TV5 Monde进行晚间新闻采访；BBC全球直播两篇报道。此外，许多的国家电视台频道都报道了此次活动，同时还有

---

① WorldSkills Abu Dhabi 2017: Final Report[R]. Abu Dhabi, 2018: 76.
② WorldSkills Abu Dhabi 2017: Final Report[R]. Abu Dhabi, 2018: 79-81.

来自英国（《泰晤士报》《每日电讯报》）、澳大利亚、荷兰，以及许多亚洲国家的全国性报纸也报道了2017阿布扎比世界技能论坛。

另一方面，2017阿布扎比世界技能大赛非常重视社区宣传，以确保更多的阿联酋学生有机会通过参观ADNEC（阿布扎比国家展览中心）来体验世界技能大赛，其目的是让他们从小就了解和热爱技能。通过这些努力，在活动期间有53360名学生参与到了2017阿布扎比世界技能大赛中。从官方网站到航线动画再到社区宣传，早在2016年年初，便开始陆续渗透到阿联酋国民的日常生活中，逐渐使赛事活动的目标愿景与大众生活紧密相连。

喀山世界技能大赛组委会为推广第45届世赛，在喀山市内安排了大量与主题口号相一致的文化传播活动。例如在喀山克里姆林宫，组委会专门组织了青年劳模事迹展；在鞑靼斯坦国立博物馆，设立历史上的能工巧匠和鞑靼技艺专题展览，展示鞑靼斯坦以及喀山在技能领域的辉煌成就；在国立美术馆，举办了代表苏联时期劳动人民风貌的油画展[①]。这些活动的开展使世赛期间喀山全程具有浓厚的"尊重劳动，崇尚技能"的氛围，让所有参与的人，尤其是青少年能够认识到技能对于个人、家庭以及国家未来的重要作用。

第三节　世界技能大赛开放与普及的经验借鉴

世界技能大赛在办赛理念、办赛程序、赛事活动以及实施宣传上，很好地践行了赛事的开放性与普及性要求，其相关经验做法对于我国职业技能竞赛的开放普及具有很好的借鉴与启示作用。

一、技能竞赛的顶层设计要融入开放与普及的办赛理念

世界技能大赛办赛理念的先进性，赛项设置的开放性，成员构成的

---

① 罗胜强，徐滕岗，史志军. 喀山世赛主题演绎对上海世赛筹办的启示[J]. 职业，2020（5）：22-23.

国际性，评价标准的客观性，以及注重对大赛成果的普及性等特点，无不渗透和折射出世赛开放与普及的办赛理念。为此，我国职业技能竞赛要对接世赛的这一理念，从如下方面将开放与普及的办赛理念融入职业技能赛事之中。一是职业技能竞赛的国家和各级政府相关政策的制定，要将面向全部社会公众，人人公平参与，人人公平享受作为职业技能赛事组织的重要理念。二是在赛事的筹办及组织过程中，要注重通过职业技能竞赛的标识、主题口号、吉祥物、奖牌设置等体现大赛开放与普及的办赛理念。三是要注重职业技能竞赛与社会进步、行业转型升级进行对接联系，以推动技能型社会建设为宗旨，选择有效的实施载体，将职业技能竞赛的开放与普及的理念真正落到实处。

二、技能竞赛的组织过程要体现开放与普及的办赛要求

世界技能大赛通过赛事的有计划的程序设计，通过制定体现开放与普及的关键绩效指标，依托竞赛准备周、访客体验、开幕式和闭幕式等常规赛事程序，以及发挥世赛志愿者组织及赞助商对于赛事开放与普及的推动作用，很好地实现了开放性与普及性的赛事目标追求。其对于我国职业技能竞赛实现开放与普及的目标追求上有如下启示：一是注重赛事活动的整体策划，通过建立关键绩效指标保证开放与普及落到实处，这些指标包括参赛选手人数、赛事成员区域构成、参与者、志愿者、"一展身手"的机会、赛事参与人员占比、对赛事活动知识和经验水平的了解和认知水平有明显高的人员数量等。二是注重发挥不同时期赛事对于实现开放与普及目标的作用，尤其要注重发挥开幕式和闭幕式的重要作用。同时要注重创造访客体验的机会。三是充分发挥大赛志愿者的重要作用，大赛志愿者不仅要在区域的来源上体现开放性，同时也要注重对其开展培训，让其讲好开放与普及的"故事"。

三、技能竞赛的活动安排要落实开放与普及的办赛特点

世界技能大赛通过实施"一校一国"计划，促进了参赛选手与当地学校学生之间的互动，促进了教育和职业培训的发展。通过设立大赛开放会

议，深化对世赛开放与普及的理论认识，通过举办公众赛事体验活动，将比赛场地向公众开放；在各项目选手的竞赛现场旁，专门设置同类技能表演和互动体验区，提高参观者能够近距离观察技能表演者的操作或者自己动手尝试的机会；同时，通过建设多功能的赛事场馆，开发多样化的特色项目，推动职业教育和世界技能大赛的传播与发展。借鉴上述理念，我国职业技能大赛的活动组织，要关注如下方面：一是提高民众与学生的参与性，注重提供或创设参与者现场体验的机会；二是实现赛事与研讨会议的结合，为赛事的开放与普及提供科学的理论指导；三是建设类似"世界技能博物馆"的场馆，并实现对社会公众的免费开放，通过参观者的亲身体验，推动开放与普及的赛事理念传播。

四、技能竞赛可利用融媒体拓展赛事开放与普及的影响

世界技能大赛通过加强传统官方媒体建设，有效扩大了世赛活动的影响；通过开发世界技能大赛的专门应用程序，有效提升了宣传的针对性与有效性；通过充分发挥广告宣传的传播作用，实现对世赛的有效推广；此外，注重发挥多种传播媒介的效能，赋能世赛的开放与普及宣传。借鉴世界技能大赛在宣传工作上的做法，我国职业技能赛事在推动开放性与普及性的目标实现过程中，要注意借鉴如下方面：一是通过加大赛事内容的建设，打造精品的、富有传播力的内容；同时，优化赛事网站的设计，提升专门网站的传播功效。二是充分借助互联网信息时代的优势，拓展宣传的手段与空间。三是整合多种宣传渠道方式，通过多渠道的宣传赋能世赛的开放性与普及性发展。

第六章
职业院校技能大赛成果的开放与普及

推动技能大赛成果的有效转化和利用，是举办职业院校技能大赛的初衷，是延伸大赛链条、发挥大赛作用、提升大赛价值的重要路径，也是实现技能大赛开放性与普及性的题中应有之义。全国职业院校技能大赛相关文件也提出了"将竞赛内容转化为教学资源，推动大赛成果在专业教学领域推广和应用"的要求。本章旨在探讨如何推进技能大赛成果的高质量转化，以提出推进职业院校技能大赛开放与普及的有效实现路径。

第一节 职业院校技能大赛成果的主要类型

在职业院校技能大赛举办过程中会形成各种大赛资源，其成果的产出量相当丰富。大赛成果是基于大赛政策文本、技术方案、实训设备的使用与评估、培训专家的理论与实践、指导教师和参赛学生"知识—技能—素养"的积累等大赛资源深度整合而形成的，可应用于职业院校的专业建设和教学实践，以提高学生技能水平和综合素养。大赛成果转化体现了以赛促教、赛教融合的改革思路。

一、大赛技术方案转化为专业教学资源

(一) 将大赛标准转化为教学标准

职业院校以技能大赛标准为立足点推动教育教学改革已作为当今职业教育的发展趋向[①]。技能大赛成果不断融入教育教学中，转化为教学标准，为促进专业课程建设和高技术技能人才培养发挥重要作用。因此，要积极借鉴行业产业市场要求和技能大赛标准，不断更新专业课程设置，制定高质量课程教学标准。一方面，把大赛设计要点对接岗位需求和实践教学。在训练学生参赛的过程中，有目的性地将大赛主要考核内容和专业主要核心课程知识点结合起来，将大赛赛点融入日常教学中，对应专业职业岗位能力需求，为进行大赛成果转化提供前提条件，从而为专业核心课程标准的开发建立基础，推动课程改革纵深发展。另一方面，依托大赛标准建设教学标准。技能大赛的赛程设计来源于实践工作中的实际操作，其设计模式要贴合整体行业发展趋势，其设计理念模拟员工真实工作场景，以工作过程为导向进行课程内容的重构、课程标准的制定，实现课程在理论实践平衡性上的改革。以技能大赛为依托，与岗位技能对接，依据技术应用型人才培养及其知识、能力、素质等方面的要求，培养学生创新思维和分析问题、解决问题的能力，并整合和优化课程资源提高课堂教学实效性。遵循"必需、够用"为度的原则，根据职业岗位（群）任职能力要求，提取职业核心能力，确定专业核心课程，为修订课程标准提供依据[②]。

(二) 将大赛内容转化为课本教材

教材资源是大赛成果的重要形式之一，将大赛内容转化为课本教材有利于大赛成果的推广应用。一方面，可以充分利用真题编写教材。结合大赛历年赛题，对历年大赛的题目进行梳理、总结、加工成教材，运用到专业实践课程中。总结大赛真题在理论知识、实践知识、专业技术要求、岗

[①] 吕景泉，米靖. 开启中国特色职业教育的创新之路 [J]. 中国职业技术教育，2017（16）：81-85.

[②] 李薪茹，王松岩. 大赛资源转化的现状、问题与趋势 [J]. 中国职业技术教育，2018（16）：73-79.

位规范等方面的要求，转化成知识技能点编写入课本教材中。除了校本教材外，可利用信息技术丰富教材形式，开发课件、微课、动画、视频、虚拟仿真模块等多种教材形式。另一方面，加强赛项优秀案例资源的教材开发。选取有代表性的案例作为课程授课内容，有针对性地选择典型案例进行整理，通过对优秀案例的示范性剖析，对案例呈现的知识点进行分解和重新整合，以工作任务的形式分成工作步骤进行演示，配置教练团队专家进行解读和讲解，并把相关素材放入教材中，帮助教师和学生理解赛项任务的技术路径和解决方案，让学生在真实的任务情境中学习，实现"以赛促学、以赛促教、以赛促练"的效果。

（三）将大赛训练方法转化为教学任务实施

大赛培训指导老师通过研究大赛指南与规程，根据竞赛的具体要求和选手的知识储备量，为选手们设计科学合理的训练安排。一方面，训练过程要求团队成员之间进行分工协作，通过对选手进行阶段性和过程性评价，以督促他们在任务完成过程中加深对所学知识和技能的理解和掌握。另一方面，训练过程中要对大赛的要点和任务的重难点进行分解与重整。以问题为导向，以目标为引领，在实际的操作任务中，不断提高选手的技术技能。大赛的训练方法可以为日常的教学任务安排拓展思路。可以把这些赛项的训练方法借鉴到日常的课程学习中，贯穿专业理论吸收阶段、实践实训阶段和顶岗实习阶段。以职业能力培养为前提，以能力标准为核心，以技能鉴定为保障，以工学结合教学为主线的教学方法体系，构建具有鲜明职教特色的实践课程体系，依托先进的专业改革理念和大赛训练方法，把理论知识融入项目任务教学和实践操作中，开发理论教学与实践教学相平衡的教学体系。实施"学导为主、讲练结合"的教学任务模式，在实践中培养和训练学生解决问题的能力。探索工学结合特色的人才培养模式，彰显职业教育特色，实现职业教育的培养目标。

（四）将大赛评分规则转化为教学评价机制

评分标准是以赛项内容和考核点为依据，结合竞赛项目内容及要求，设计出的考核实施细则和评判标准。通过职业院校技能大赛可以考察出选手的基本技能和职业综合能力，也在一定程度反映出职业院校人才培养质量状况和存在的问题。一方面，以大赛的评分规则为参照，职业院校需要积极改革学生考核评价模式和方法，将大赛的考核评价机制融入课程教学评价中。多维考核学生素质与职业能力，探索项目式一体化、阶段性与过程性一体化、理论与实践一体化的评价模式。构建综合素质、工程实践能力、协作能力、专业技术能力等结合的人才培养评价体系，最大限度反映学生职业素养和岗位能力。另一方面，对接企业选人准则来建立评价机制。对照企业人才考核评价标准，建立完善的教学质量评价与反馈机制，通过良性的信息反馈系统，督促人才培养质量水平的提高。总的来说，就是要在考核评价内容综合化、考核评价形式丰富化、考核过程全程化的前提下，确立"四个相结合"的根本原则。第一，岗位能力和综合素质评价相结合；第二，理论知识和实践知识评价相结合；第三，过程阶段和目标结果评价相结合；第四，学生自评、互评和教师评价相结合。将这四点作为学生日常任务的评价准则。

二、大赛使用设备转化为院校实训设备

以大赛使用设备为参照，建设体现赛教融合的实验实训设施。根据《2014年全国职业院校技能大赛赛项设备与设施管理办法》，遵照其对竞赛技术平台、竞赛主要设备与软件、赛场布置、赛场建设等要求，打造高水平实习实训基地。技能大赛中运用到的大赛实训设备、产品、操作规程、工作标准、工艺指标及评价指标均根据企业真实的工作生产情景安排，且符合龙头企业对新产品新技术新设备要求。为了将大赛使用设备转化为院校实训设备，一方面，在大赛准备过程中，按照大赛赛项的实训设施和技术设备的规范要求，建设保障备赛的校内实验实训条件，确保大赛的有效顺利进行和之后的教学运用。另一方面，根据人才培养计划方案，与大赛的主要内容相结合，有目的性地加强校内实践教学条件建设，以工作过程为导向，进一步开展项目化、模块化、工作式、情境化教学。

院校要以职业技能大赛为平台和纽带，积极与龙头企业合作，基于竞赛的技术标准、环境要求，充分将大赛成果运用到实训基地建设中，对实训基地的设备和场地进行优化，包括实训耗材、产品加工、场地管理、社会培训、练习场地等方方面面。让实训基地在保障大赛备赛需求的同时，

又能服务于日常实践教学，本着"教学做一体化、强化训练形成技能、综合素质培养、职业资格技能鉴定、服务岗位需求、企业文化推广"六个主要功能建设原则[①]，建设集技能大赛、教育教学、技能鉴定、技术研发、技能培训为一体的，符合企业技术水平要求的实训基地。

三、大赛参赛专家转化为人才培养资源

（一）企业骨干员工服务教育教学

现代社会所需人才是高技能复合型人才，要求职业教育培养的人才具有较强的实践能力，能够运用技术解决工作中的实际问题，而企业在现代职业教育发展和技能人才培养中承担着越来越重要的教育职能。据调查显示，参与技能大赛合作的企业在大赛期间投入大量的资金、软件和设备。由此可见，部分企业对职业教育的参与积极性较高，院校可以与这些企业建立良好的校企合作关系。院校可以邀请具有丰富实践经验的企业骨干专家进行课堂讲授或现场指导，并针对真实工作项目，为教师和学生进行疑难问题的解答。除此之外，院校还要积极把技能大赛的优质人力资源延伸到教育教学改革上来，在校企协同创新、协同育人，共建实训基地、共建技术服务基地、共建教师培养基地和高技能人才基地等方面实现强强合作，充分发挥企业骨干专家的教育作用。

（二）院校教师团队推动教学改革

职业院校指导教师通过基于技能大赛项目的师资培训和企业主导的专项培训，其专业能力水平和新技术、新软件的应用能力都能得到大幅提高。通过参加技能大赛，指导教师得以全面掌握行业企业对高素质技能型人才培养需求及相关职业岗位的技能要求，其教学理念、课程建设能力、科研开发能力、教学水平等都会得到显著提高。这些教师通过剖析大赛项目，模拟大赛参赛项目，创设学习情境，设计教学活动，进而在课程体系重构、教学内容重组、数字化教学资源建设等教学改革上有所创新和突

---

① 蒋玲，徐琬婷，陈慧蓉. 技能竞赛资源成果转化与应用研究 [J]. 现代职业教育，2020（50）：20-21.

破。指导教师要会同教学团队积极将大赛所要求的各项专业技能素质与课程设置对接，并纳入人才培养方案，以推动教学内容、教学模式、教学方法改革。

（三）教练团队助力名师大师工作室

大赛教练团队所配备的教师包括各项目省赛专家裁判、各项目的教练、企业高工、心理辅导教师以及文化课教师等，锻炼出了一支技术精湛的专家、裁判队伍。教练团队成员之间借助学习交流、团队研讨等方式，丰富了大赛现场经验，不仅掌握前沿技术，获得专业发展，而且提升了自身的技能水平和综合素养。这种教练团队的组合方式可以引入日常教学的师资队伍中来，有效提升了院校整体师资队伍的水平。另外，职业院校为在大赛中培养出的品牌教练建立名师工作室或技能大师工作室，可以将其建设成为行业发展的加油站、大赛资源转化的孵化站、先进成果的推广站，充分发挥专家在技能攻关和绝技绝活代际传承的积极作用[1]。

第二节　职业院校技能大赛成果的教材转化

职业院校技能大赛成果转化为职业教育教材，这是我国培养大批高素质技术技能型人才，推动技能型社会建设的一项重要改革举措，是实现技能大赛开放性与普及性的必然要求。《全国职业院校技能大赛资源转化工作办法》指出，要"将各赛项竞赛过程中的技术文件、竞赛平台、试题库和视频资料等各类资源，转化成满足职业教育教学要求的共享性职业教育教学资源"。因此，将大赛成果转化为职业教育教材是大赛成果转化的一个重要内容。探析新时代职业教育教材的建设路径，有必要对大赛的资源内容进行梳理、系统遴选，深度整合形成具有系统性、创新性和拓展性的大赛成果，应用于职业院校的教材建设。

当前，职业教育教材具有功能定位的职业性、内容选择的实践性、编

---

[1] 陈友力，郭天平. 职业院校技能大赛创新机制及其实现路径——基于"三螺旋"理论的视角[J]. 职业技术教育，2018，39（28）：17-21.

写团队的跨界性等三个基本特征。但当前职业教育教材建设仍存在类型特色不够鲜明、呈现形态不够丰富、编写主体结构不够多元等问题。本节将从成果特点、转化投入、参与主体、信息技术四个方面，分析技能大赛成果转化为职业教育教材的主要影响因素，在此基础上指出，根据职教教材特点筛选大赛资源成果、探索大赛成果转化多元投入新机制、建立多元协同的高水平编写团队、利用信息技术赋能优质成果的推广，以期推进技能大赛成果向高质量教材的有效转化。

一、根据职教教材特点筛选大赛资源成果

职业教育作为一种独立的教育类型，教材是凸显其类型定位的重要载体。职业教育教材的特性，主要表现在教材的内容选择和教材的功能定位上。一方面，教材内容选择具有实践性。职业教育的职业性决定了职业教育教材的实践性。因此，教材内容选择上要突破学科知识和结构体系，凸显教学内容的实用性和实践性。对接产业动态和市场需求，实时纳入新工艺和新技术，注重以真实岗位活动、现场生产流程、典型工作任务、企业案例情境等为载体组织教材内容，确保技术在教材中动态更新。让学生通过立体化教材在实践中获取知识和技能，有效满足学生实践能力培养要求，提高其综合素质和技能水平。另一方面，教材功能定位的职业性。教材的设计要服务人才培养的目标定位。职业教育教材需要满足学生的职业生涯发展需求，突出职业引导功能。既要以职业能力为本位，将培养具有行动能力的职业人才作为教材开发的核心目标，并与相应的职业资格证书标准或技能等级证书标准有效衔接；更要加强职业精神教育，将职业观念、职业道德和职业素养融入教材中，传递责任和使命，使学生通过教材了解职业、热爱工作岗位。做到专业教学和课程思政的协同发展，引导学生树立正确的世界观、人生观和价值观。

然而，当前职业教育教材类型特色彰显不足，重理论轻实践问题尚未完全扭转。职业教育是区别于普通教育的一种教育类型，以培养高素质的技能型人才为目标。教材作为职业教育人才培养的主要载体，在遵循技术技能人才的成长规律和培养模式，彰显类型特色方面还需要进一步增强，

以理论知识贯穿整个教材体系知识结构的局面依然存在[①]。由于我国职业教育起步较晚，职业教育教材内容选择缺乏统筹规划和针对性研究，其设计和开发往往深受普通教育教材结构模式的影响，在专业建设和教材体系建设上未能够打造自身特色。有些教材没有从新时代职业教育的社会需求角度出发，还是采用"知识本位""学科本位"的模式[②]。在内容上侧重阐述理论知识，淡化了应用性知识和策略性知识的传授，未能处理好学科知识和专业技能之间的关系，忽略了职业教育教材类型属性的根本特点。教材理论与实践结合不够紧密，导致职业教育的职业性和实践性得不到充分体现，不能推动学生将所学理论通过企业生产任务和工作流程运用到实践中，职业教育的职业性和实践性得不到充分体现，难以推动职业教育人才培养目标的有效实现。

职业教育作为类型教育，职业教育教材也要坚持类型特色，这对职业技能大赛成果转化为职业教育教材提出如下要求。首先，对大赛成果筛选要坚持职业教育教材的类型特征取向，大赛成果在内容上应具有先进性、创新性、实效性，满足工作实践案例的"真度"、创新实践空间的"广度"、教学资源内容的"厚度"、技能人才培养的"适度"、教学学习过程的"乐度"[③]。将大赛要求、操作规程、技术流程等作为参考，从类型特色方面进行加工和创新，做到"以类型特色定位技能大赛成果转化"为职业教育教材的选用标准。其次，要重点考察成果的实效性和可操作性。具有实效性的成果更容易调动教师、企业等人员转化的积极性，可操作性强的成果可提供实施有效教学的框架。通过借鉴大赛任务书、大赛方案等实践性较强的成果，分析各专业所融入的技术技能，在教材中安排可操作性强的内容，以适应项目学习、案例学习、模块化学习、情境化学习等不同学习方式要求。因此，要根据教材类型定位，对成果的先进性、实用价值性和转化的可实现性等进行比较，选择适合的成果资源有效转化到教材中，突出职业教育教材的技能性和实用性特点。

---

① 王素霞.优化类型定位推进职业教育教材建设高质量发展[J].中国职业技术教育，2021（26）：91-96.
② 石伟平.提升职业院校教材质量的关键路径[J].教育研究，2020，41（3）：18-22.
③ 蒋正炎，檀祝平.STEM+P 模式：制造类专业创新型人才培养的新探索[J].中国职业技术教育，2018（29）：74-82.

二、探索技能大赛成果转化的投入新机制

大赛成果本身的质量是影响转化应用效果的关键因素,并不是所有大赛成果都有转化的价值并适合转化。由于大赛成果在成熟度、先进度和创新度方面没有统一的评价标准,面对多样化的大赛资源,要提高大赛成果转化的效果和效率,对大赛成果进行甄别和筛选是必要的。另外,大赛成果作为一种特殊的科技成果形式,不具有普适性,院校要根据自身需要和自身条件进行筛选[①]。具体地,有的大赛成果未达到转化成熟度,不可直接运用到教材中,应对其进行梳理、加工和提炼;有的大赛成果不适用于教育教学的要求,也应予以剔除。成果的筛选需进行初选、精选和加工,以达到优中选优,才能最终实现向教材成果的转化,其中必将花费大量的时间和精力。甄选多样化的大赛资源需要消耗大量的人力、物力和财力资源,但职业院校的相关资源有限,二者之间的冲突成为影响大赛成果转化为职业教育教材的重要因素。

首先,要正视大赛成果转化为教材的困难,寻找改进突破口。一方面,成果转化为教材建设过程中需要在团队培训、设备供应等方面投入相应成本。然而,近年来我国职业教育整体发展虽处于上升趋势,但不同地区职业院校整体发展实力和能力差异较大,院校实力的不平衡也体现在大赛成果转化能力的不平衡上。部分院校在成果转化过程中往往选择转化成本较低的方式[②],投入规模较小、服务质量较低、实施效果较弱,其必然后果就是优质大赛成果转化率较低。当然,也有部分院校通过努力,及时把大赛资源转化为教材,但由于知识产权保护和转化成本过高,仅供合作单位使用,并不愿意公开发行,限制了转化成果的推广和普及。另一方面,激励投入是否到位也是当前制约大赛成果转化的重要因素。目前对于大赛成果的转化,我国尚未有明确的评价标准和激励机制。赛项主办企业和承办院校在大赛成果转化过程中,过度关注资源成果的开发数量,而忽略了对转化主体的关注,物质和精神激励不足。对每届大赛后教师集中反

---

① 李嘉明,赵志卫.高校科技成果转化的项目甄别与筛选[J].科技管理研究,2008(7):235-236+234.

② 李薪茹,王松岩.大赛资源转化的现状、问题与趋势[J].中国职业技术教育,2018(16):73-79.

馈的疑问和需求往往不能做出有效回应，大大影响了资源转化主体的积极性。因此大赛成果转化投入不足影响了转化效率。

其次，要多方努力增加转化投入，有效提高转化效率。成果转化投入是一项持续性的系统工程，需要探索保障投入的新机制。其一，建立多元参与转化的共建共享机制。打造多主体协同的服务互动、功能互补、互鉴共赢的服务体系。政府可以从政策层面，完善激励政策，充分利用国家财政、社会资金和高校自有资金等多元渠道，缓解转化资金投入不足的问题；实力雄厚的企业可积极开展与职业院校的合作，助力推进大赛成果的有效转化；职业院校要加大对教师的培训，为成果的转化工作提供人力支持。其二，建立专业人员交流互派机制。深化不同院校之间、企业与院校之间的交流机制，提高成果转化主体的知识技能水平，实现将企业生产要求、行业前沿技术等的有效传递。还要通过院校之间、企业与院校之间的人员互派，形成合力，缓解成果转化专业人员人数不足的情况。其三，建立教师参与转化的激励机制。把大赛成果转化作为教师职称晋升、绩效奖励的一项重要内容，制定教师参与成果转化的评价标准和奖励举措，充分激发教师参与成果转化的主动性和积极性。

三、建立多元协同的高水平教材编写团队

为应对行业发展新要求和职业岗位新变化，职业教育教材应体现多方参与、跨界组合的特征。故需要基于职业教育的类型教育、跨界教育特点，建立一支由职业院校骨干教师、行业企业专家、课程开发专家、信息技术专家等组成的多元互动专兼结合的高水平跨界教材编写队伍。充分发挥不同领域专家在政策法规、专业知识、实践技能、课程理论、信息技术等方面的优势。确保教材建设的整体质量水平，开发出理念先进、形式多样的优质职业教育教材。然而，当前由于成果转化的责任主体不太明确，企业行业人员参与大赛成果转化为教材的积极性未被充分调动，导致大赛成果转化主体结构较为单一，尚未真正形成一支由相关教研专家、一线骨干教师、行业企业精英等组成的教材研发、编写和管理的多元跨界转化团队，大赛成果转化主体单一的现状难以保证转化质量。

教材编写团队建设面临两方面的困境：一是我国职业教育教材的编写

主体仍以职业院校教师以及有关机构的研究人员为主。但是由于教师缺乏实践经验，在行业一线的实践时间相对有限，对大赛设计的技术方案了解不足，对于大赛选手所需的专业知识与技能、技术规范缺乏深刻理解，如果仅凭院校教师单独编写，难以将岗位一线工作情境、工作流程和技术标准融入教材编写中，不能很好对接主流生产技术，及时融入行业发展新要求和职业岗位的新变化。二是企业专业人员参与职业教育教材编写意识不强和参与深度不足的现象依然严重[①]。《国家职业教育改革实施方案》提出要"建设一大批校企'双元'合作开发的国家规划教材"。"十二五"至"十三五"期间，企业主编教材明显增长，从2.20%升至4.48%，总体占比仍然很低。同时，企业缺乏教学经历，如果单凭企业人员进行教材开发，有可能无法完全考虑学生的认知发展特点，不利于学生综合素质培养，导致教材难以实现育人的要求。总体上看，当前职业院校的教材编写"校企合作"往往停留于表面，失去了职业教育教材融企业生产实践和专业理论知识于一体的特色，教材内容在较大程度上偏离了岗位需求和行业发展，校企"双元"协同育人的目标难以实现。

我国亟须建立多元协同的高水平教材编写团队，实现教材的高质量开发。技能大赛成果转化为职业教育教材，对教材的内容选择、结构组织、形式设计等各个环节都提出了新的目标，对教材编写团队的理解能力、开发能力、转化优化能力也提出了更高要求。因此，需要建立起由大赛指导教师、大赛企业行业专家、专业裁判、大赛获奖选手等共同参与的成果转化团队，尤其需要深化校企双元主体的密切合作。其一，职业院校应利用技能大赛的平台，与参赛企业建立长效合作机制，共同进行教材编写。大赛合作企业的专家自身具有丰富的实践经验和专业技术能力，熟悉大赛的各项技术方案，能够积极借鉴大赛标准和产业发展需求，确定最新的岗位需求、工作流程、技术标准，向院校提供相关信息。同时，在与教师共同编写的过程中，可以帮助教师对大赛涉及的技术规范进行系统化学习，提升教材的实践性。其二，要充分发挥教师在教材转化和开发过程中的重要作用。学校专业课教师具有丰富的教学经验和理论知识，赛项辅导老师更

---

① 郑雁. 职业教育国家规划教材：比较分析与发展思考 [J]. 中国职业技术教育，2022（2）：71-77.

是在研究比赛中，加深了对行业技术标准的理解和把握，总结出了人才培养培训的有效方法路径，保证教材内容和教材形态满足职业教育的实际教学需要。其三，还要吸纳大赛专家裁判、获奖选手、信息技术人员等积极参与，这些人员大多来自企业、职业院校和技工院校，对教学过程有很好的理解，可以有效地开展教学设计，通过与教师共同协作，推进教材的全周期改进和持续优化。

四、借助信息技术发挥优质大赛资源作用

教育部提出 2022 年开始实施教育数字化战略行动，大力推进教育信息化。教育信息化的发展对教材的呈现形式带来新的机遇和挑战。当前，职业教育教材建设仍然以传统纸质版为主，教材的呈现形式较为单一。传统教材开发模式无法将新技术、新工艺、新方法和典型生产案例及时引入教材，难以实现对工作任务和工作情境等的清晰展示，不利于对接行业产业发展以及满足学生个性化培养的需要[①]。《职业教育提质培优行动计划（2020—2023 年）》倡导的"科学严谨、深入浅出、图文并茂、形式多样的活页式、工作手册式、融媒体教材"占比很低，既不能很好地适应"互联网＋教材"建设的时代要求，也不能满足不同场景、不同时间的教学和学习需求，更不符合职业教育教材互动性、职业性、动态性特征[②]。此外，教材信息化对教材开发者的信息技术应用能力提出更高要求，但部分编写人员对现代信息技术的运用熟练度不够，或者应用意识不强，亟待对相关人员培训或引进新生代年轻教师。

值得关注的是，随着"互联网＋"、大数据、云平台等信息技术的快速发展，教材建设不再是传统纸质教材与数字资源的简单组合，而是要与互联网平台上的各种应用有机融合。之前我国为推进成果转化搭建了各具特色的转化平台，然而，在教育信息化 2.0 时代下现有平台的局限性凸显：一是传统转化平台更新换代速度慢。教材的内容要根据行业发展与产

---

① 张晶，彭宇. 后 MOOC 时代高校立体化教材的建设与反思[J]. 教育评论，2018（7）：142-145.

② 黄明东，蔺全丽，李晓锋. 高校新形态教材的特征、发展态势与建设路径[J]. 出版科学，2022（2）：32-39.

业升级不断更新，然而传统转化平台不能及时实现对老旧内容的修改和替换。二是传统转化平台精准服务性不强。由于大赛成果种类繁多，而现有的转化平台提供的主要是成果的整合服务。若不借助智能平台，难以分专业、分门别类存储这些资源，不利于教师依据大赛内容及时有效地进行成果转化和教材建设。三是传统转化平台的公益服务性不够。成果转化的平台在技术上不具有通用性且价格较高，受发展不平衡的制约，严重影响了在部分院校的成果转化落地。此外，现有的线下平台多集中在地级市及以上行政区域，技术层面缺少对落后地区成果整合和服务的辐射能力，不能充分满足平台开放共享的需求。

综上，传统的大赛成果转化平台必须尽快进行转型和升级，需要引入人工智能技术，建立高效的信息化共享平台，推动教材的立体化建设[1]。具体包括：第一，教材内容的信息化。职业院校应充分结合物联网、区块链、人工智能等数字技术，注重课程、教材和配套资源使用的一体化，梳理大赛内容在知识技能点、技术规范等方面的要求，转化为职教教材中的学习任务，积极开发与教材内容同步的大赛案例、操作技巧视频、在线动画视频、模拟试题库等内容。第二，教材实施的情境化。职业院校需开发适合课堂教学特点的教材，利用数字化技术针对不同专业设置与教学组织相匹配的教材，对大赛任务进行知识点的分解与整合，选择其中典型的任务作为授课内容，帮助学生构建各种虚拟的工作情境，推动学生的有效学习。第三，教材建设的智能化。对于技能大赛的成果资源，依托在线精品课程、虚拟现实仿真资源等平台进行教材的同步开发和建设，在各类慕课平台上开发教材的慕课资源，并在平台中嵌入先进信息技术，实现教材内容的归类呈现和个性化提取，拓展教材的功能域，更好地发挥大赛优质内容资源的教学育人功能。

---

[1] 康坤.教育信息化2.0时代职业教育信息化教材建设探索[J].中国职业技术教育，2020（29）：93-96.

第三节　职业院校技能大赛成果的培训推广

职业院校技能大赛的开放与普及，不仅要注重大赛成果在职业院校教育教学领域的转化，同时还要注重大赛成果在更广范围内的推广应用。本节将详细探究大赛成果培训推广的渠道、内容及方式，以期充分发挥成果的普及化效应，营造关注职业院校技能竞赛、重视职业教育、崇尚技能、学习技能的社会氛围。

一、多措并举开拓全方位成果培训推广渠道

（一）充分发挥现有优质平台的重要功能

职业院校技能大赛举办至今，充分发挥现有优质平台的作用，依托比赛各项同期活动、博物馆等重要优质平台，通过多种宣传媒介形式扩大了大赛成果的辐射范围。2015年7月大赛期间，全国职业院校技能大赛博物馆正式在主赛区落成，大赛的博物馆启用为大赛各项活动搭建了更加优质的展示平台。据不完全统计，2015—2018年有20万人次参观了大赛博物馆，极好地宣传和展示了大赛多年来发展取得的成果。为了进一步推进大赛成果转化，充分发挥主赛区功能，教育部和天津市于2017年共同揭牌全国职业院校技能大赛成果转化中心，全面推进建立大赛资源转化的国家机制。中心汇聚全国职业院校技能大赛主赛区和相关分赛区的教产资源，聚集中国职业技术教育学会、全国56个行业职业教育指导委员会、若干职教研究机构、国内外有关企业、职业院校、出版机构的力量，实施大赛成果转化。同年，大赛数字博物馆也在中央领导的见证下启动，借助网络强大的传播能力，进一步丰富和拓展了宣传效应。2018年职业院校技能大赛期间，国家职业教育质量发展研究中心正式落户天津，该中心的重要职能之一就是推进质量发展研究成果转化应用，为职业教育内涵式发展服务。同时，创新管理体制与运行机制，探索中心研究工作与实践工作新模式，加快研制固化性新成果，在职业教育领域发挥国际对接、指导咨询、引领示范作用，并开展职业教育国际化交流，推进质量发展研究成果分享输出，助推中国特色现代职业教育持续走向世界。

（二）借鉴竞赛标准完善实训基地建设

实训基地建设是职业院校的一大特色，也是培养技术技能人才实践能力的主要场所。在一些职业院校尤其是经济发展水平不高区域的职业院校，实训基地建设及设施设备相对落后，很难支撑学生专业实训的需要。实训基地建设应以立足推动技能型人才培养高端发展为根本，兼顾多方面功能而设定建设目标。另外，院校需要加强与企业的合作，校企双方共同建设实习实训基地。职业技能大赛基地将目标、制度、技术、设备、合作等一一涵盖，其建设标准在行业内具有一定的引领性和先进性。技能大赛成果转化，并不止步于达到大赛标准，而要把世赛标准作为学院更高的教学标准，与国际标准接轨，让其真正起到引领作用[1]。

目前已经有一些成功案例可供借鉴。如江苏省常州技师学院参照第43届、第44届世赛技术文件和世赛现场的场地布局，高标准、高规格规划并实施基地建设，划出专门区域，全面实施场地改造，采购或调配与世赛接轨的设施设备、工具、量具、刃具等，营造真实的比赛环境，为选手训练提供坚强保障。杭州技师学院的汽车喷漆项目基地配置了集成无尘系统和最先进的环保设备，按照世赛的技术设备要求，全方位做到训练设备、工位布置、使用耗材的品牌性能等与世赛的技术文件要求相一致，从而为参赛选手提供一流的训练、选拔设施和环境[2]。广州市技师学院原型制作项目中国集训基地根据世赛原型制作项目的新技术要求，并结合手板行业企业发展，设置了设计区、手工区、普通加工区、数控加工区、3D打印区、抛光区、真空复模区、表面装饰区、精密检测室和讨论学习区等10个功能区域，形成了多功能一体的综合实训基地。同时，借助国家集训基地的平台建设，成立了原型制作大师工作室，推动世赛基地向"赛、产、教"三融合基地发展。

（三）大赛期间深入组织系列活动进行成果推广

面对新时代职业教育发展的新要求，职业院校技能大赛作为推动职

---

[1] 刘东菊，汤国明，陈晓曦，袁名伟，张瑞.全国职业院校技能大赛对教学改革与发展的影响力研究[J].职业技术教育，2015（10）：30-34.

[2] 杨荣敏，李富森，武春平.十年征程：技能大赛与天津职业教育发展[J].中国职业技术教育，2017（16）：86-92.

业教育高质量发展的关键环节,始终牢牢把握拓展辐射功能这个工作着力点。2014年,国务院明确提出"提升全国职业院校技能大赛国际影响"的发展要求,职业院校技能大赛同期活动发展进入了新时期。大赛同期活动大体可划分为三类:一是举办各类会议,如高峰论坛、国际论坛、德育工作会、座谈会、报告会、主题演讲会、科研工作会等,是我国职业教育追求理论创新、理论指导实践、加强内涵建设的一种体现;二是职教改革成果展,如举办装备展、教材展、成果展等活动,充分展现职业教育校企合作、产教融合的改革成果;三是举办各类文艺展演,如举办文艺会演、教学成果展演、中华优秀传统文化技艺表演、民族地区文艺展演等大型表演活动,提升大赛的亲和力和参与度。以上三类活动和职业院校技能大赛的竞技项目不是相互孤立的,相关活动的设计思路始终坚持以立德树人、服务社会、促进就业为导向,融入了更多经济发展、产业发展、技术发展等特色元素,展示和举办方式也更加丰富多彩。"赛、会、展、演"四大板块联动,注重其设计的内涵和质量,各项活动交相辉映,旨在全面展示职业教育改革发展的新面貌、新成就。

(四)以大赛为媒介加强国际合作与培训

近年来,由主赛区积极谋划的国际活动板块质量和内涵不断加强,国际交流合作日益密切,开展了内容丰富的国际论坛、国际邀请赛、国际交流活动等。以竞赛为支点,结合论坛、交流、研讨等活动的大赛国际化氛围正在逐步完善形成。举办了国际职业教育论坛、中英影子校长论坛、国际化专业教学标准分享活动、现代学徒制国际研讨会、鲁班工坊交流活动、现代国际产教对接会、国赛对接世赛研讨活动等大型同期活动,另外,各项邀请赛、挑战赛也在大赛期间成功举办。截至2018年,自动化生产线安装与调试国际挑战赛已经成功举办7届,国赛对接世赛交流活动已经成功举办5届,"一带一路"鲁班工坊交流活动已经成功举办2届。许多活动、论坛和竞赛都已经举办多届并形成品牌效应。主动向先进国家国际赛事的标准、规范、经验学习,加以转化,建设国际化专业教学标准。如江苏省常州技师学院开展中德合作项目,与德国合作开展技师培养,发挥德国技能人才标准对接世赛技能人才标准的优势,在合作过程中不断地改革教学内容与教学方法、优化专业设置,培养契合现代企业需求的技能人才。如广州市工贸技师学院，至2018年底完成孟加拉国技能与培训提升项目27期514人、联合国环境规划署项目累计完成17个国家120名学员的培训，还承担了为香港特区培训机电技能人才的任务。

二、面向不同对象建立对应的成果培训内容

（一）将大赛成果融入企业培训内容

职业院校技能大赛的赛事成果可形成培训资源，通过开拓培训市场与企业进行深度合作。培训项目可依托大赛资源，汲取大赛的训练比赛经验，形成培训资料和教材，应用到企业员工的入职培训、安全培训、提升培训等活动中，有针对性地提高员工的岗位职业能力和综合职业素养。例如，杭州技师学院坚持需求导向，紧密对接企业，与宝马（中国）、保时捷（中国）等多家名企开展深度合作，校企共建行企技术标准，培养岗位适应能力强、符合企业需求的高技能人才。企业亦可根据大赛标准为引领，开发合乎行业发展趋势和市场需求的技术标准，用于入职人员考核筛选以及在职人员培训提升，从而提升企业的人力资源水平，提高企业的行业竞争力。

（二）将大赛成果融入师资队伍建设工作

职业院校纷纷借鉴职业院校技能大赛理念，对接大赛标准，以社会培训为平台，加强师资队伍建设。依托职业院校技能大赛，一方面，教师通过与企业密切合作提升职业实操技能和大赛培训技能，另一方面，教师通过专业提升可进一步参与到企业员工的培训工作中。江苏省常州技师学院把师资培养作为发展的重中之重，采用双轮驱动的战略，大力开展全日制培训和社会培训，依托全国师资培训基地，通过与政府、企业合作开拓各类社会培训项目，目的是通过市场经济的手段让教师接触企业、引导教师与企业对接，为常州的企业转型提供保障，培养全能型教师队伍。广东省机械技师学院通过制定不同阶段的培养目标、教师团队的每月例会、个性化培养计划、项目教学、心理训练活动等培养方式，着力提升教师教育教学能力和专业素养。2016年5月全国职业院校技能大赛举办期间，国家职业教育中西部地区师资培训中心在天津成立，本着扶贫先扶智的工作思

路，充分发挥国家示范区的带动效应，针对中西部地区开展了广泛的师资培训交流活动，仅一年多就为云南、贵州、甘肃、宁夏、青海、内蒙古、河北、新疆、西藏、湖北等省区近3000名职业院校教师进行了培训[①]。

（三）将大赛成果融入到技能人才培养工作

院校积极借鉴职业院校技能大赛选手选拔、培养的成功经验、内化大赛文化理念，对接大赛项目技术标准，通过分析大赛选手能力特征，完善人才培养目标和培养方案，研究选手培养方法，优化人才培养模式。我国已经在某些项目上具有了培养一流技能人才的实力，且积累了丰富的培养经验和方法路径。未来应将这些成功经验和方法路径进行总结提炼，同时还需进行班级化试验，逐步转化为高技能人才培养经验加以推广，从而大范围提高我国技能人才培养质量。不少地区还突破人才引进"门槛"，引进具有参赛经验或斩获奖项的优秀选手，将其补充到技能型人才培养的师资队伍中，助力人才培养工作。

（四）将大赛成果融入到专家库建设

大赛主办方可借助来自不同地区的优越的高级技术专家资源，进一步建立健全专家库，为制定跨区域的职业教育发展规划、开展专业建设和人才培养等提供技术支持，实现大赛项目技术指导专家向职业教育专家的转化。专家库能够充分挖掘大赛办赛经验，为各类职业技能竞赛活动举办和品牌建设提供智力咨询和技术服务支持，继续发挥好技能竞赛专家资源的潜力。从而更好地推动职业技能大赛工作高质量发展，提升大赛美誉度，服务技能人才培养工作，助推区域和国家经济社会发展。

三、探索线上与线下相结合的培训推广形式

（一）确定推进线上线下有机融合的基本原则

一是形成把培训内容从线下延伸到线上的数字化思维。推动大赛培训

---

① 吕景泉，米靖．开启中国特色职业教育的创新之路[J]．中国职业技术教育，2017（16）：81-85．

进行线上线下有机融合，应立足于培训内容通过在线形式进行推广延伸。注重把培训课堂中的相关知识和案例以线上教学的方式提供给学员，以及把不适宜在线下课堂开展的内容制作成电子资源进行上传，从而为培训主体（教师、学生等）的学习需求提供丰富的学习内容，使培训真正达到因群而异的教学效果。二是线上线下优势互补原则。推动培训线上线下有机融合，应立足于推动交互学习的有效性。充分利用互联网优势打造互联互通的各种交流学习平台，同时发挥线下学习所独特的实时反馈与情感交流的优势，形成线上线下互动学习的沟通交流机制和督促激励机制，优化任务设置。三是培训对象主体原则。推动培训线上线下有机融合，应立足于彰显培训学员的主体性。切实增强线上线下课程的启发、研讨、探究等多元形式的学习设计，推动培训教师从授课者身份向引导者身份转变，鼓励学员自觉自主地选择学习课程和学习内容，更加突出学员学习活动的主体性地位。

（二）选择促进线上线下有机融合的智慧工具

随着现代信息技术在教育教学中的广泛应用，数字化教学资源日益成为社会人员学习的重要媒介，为实现技能大赛成果转化提供了技术支持。信息化教育背景下，应主动选择运用线上线下有机融合的智慧工具。在当前教学实践中教师主要选择的有三类：一是 SPOC（Small Private Online Course），又名小规模限制性在线课程，是一种融合了在线课程与线下实体课程的小规模的、限制性的融合教学模式。二是超星学习中心平台＋学习通 App。超星学习中心平台是基于微服务架构打造的课程学习、知识传播与管理分享平台。三是雨课堂教学平台。利用连接师生的智能终端，可让学员与老师在课前、课中、课后的每一个环节中开展互动。雨课堂在大数据的背景下，将整个教学环境、教学过程中产生的行为数据利用学员的手机等终端设备采集下来，让教学从"经验驱动"进入"数据驱动"。随着智慧教育的发展，有越来越多的智慧工具可供选择。

（三）优化线上线下有机融合的培训过程

根据线上线下有机融合的特点和要求，培训推广过程可以分为四个阶段。一是课前准备阶段。包括设计调查问卷、布置课前学习任务，将课前视频、音频、图片、文字等学习资料按照教学设计组织编排、上传到线上以提供给学员学习等。二是课前预习阶段。学员利用课前时间进行预学习,包括收集相关资料、储备相关知识、完成相关任务,利用互联网或 App 进行交流、提出疑问等。三是课堂教学阶段。教师先进行必要的理论讲解,然后引导学员以个体或小组形式进行探究学习,然后进行全班交流。四是课后提升阶段。囿于课堂时间和发言人数的限制,学员们在课堂中如果有问题还没来得及探讨或探讨不够深入,可在课后环节进行学员与教师、学员与学员之间的深入交流,亦可形成咨政报告、论文等理论成果,使学习效果得到进一步提升。

(四)打造"线上线下混合式"培训课程

"线上线下混合式课程"是一种新的课程形态,具有线上线下相结合、翻转课堂、师生高效互动与交流等特点,目的是促进学生主动学习,提升学习实效性。一是打造线上精品微课程。按照短小精悍、寓教于乐、学习方便的原则,微课程不宜过长,一般为 3—7 分钟。优秀的微课程应做到每段视频都只针对单个知识点讲授,信息集中、内容鲜活、方式多变,便于对知识点进行回顾,方便在线交流提问。学员可以在线观看,也可以下载后学习,可灵活控制节奏和进度,随时进行自我检测和练习。二是打造由教师主讲的精品课程。主讲精品课程内容包括制作录像视频、教学设计、学习任务单、课件、作业练习等,每课时精品课程视频采用"教师讲解+多媒体大屏"的形式。主讲精品课程的推广可以满足广大教师线下教学的需要。

第七章
职业院校技能大赛开放与普及的机制构建

职业院校技能大赛开放与普及目标的实现，必须有相应的运行机制进行保障支撑。在运行机制上，要积极构建具有开放与普及特征的竞赛体系，持续完善专业化统筹协调的竞赛组织机构，形成多元主体协同参与的竞赛运行机制，构建技能竞赛成果向教学资源转化的激励机制。媒介传播是实现技能大赛开放与普及目标的重要手段，根据媒介传播学有关理论的指导，要注重发挥"意见领袖"的积极作用、丰富媒介传播的内容形式、充分激活大众传媒的宣传动能，以此构建推动大赛开放与普及的媒介传播机制。此外，还需要通过评价队伍、评价标准、评价方式，以及评价功能的改革优化，促进并完善技能大赛开放与普及的评估评价机制建设。

第一节 建立大赛开放与普及的体制运行机制

构建科学系统的体制运行机制是实现职业院校技能大赛开放与普及的基本保障。从体制运行机制的内容构成看，要积极构建具备开放与普及特征的竞赛体系，使之作为开展职业院校技能大赛的行动纲领；持续完善专业化统筹协调的竞赛组织机构，为技能大赛的开放与普及提供组织支撑；构建多元主体协同参与的竞赛运行机制，为技能大赛的开放与普及注入持久活力；推进技能竞赛成果资源转化机制，发挥技能大赛的辐射带动作用。体制运行机制是实现职业院校技能大赛开放与普及的宏观保证，发挥着顶层指导作用。虽然各地在实践探索中总结了各具特色的实践路径，但从本质上看都是对上述四个方面的细化与拓展。反之，亦可在办赛实践中根据客观需要自主探索加速实现技能大赛开放与普及的宝贵经验，不断完善体制运行机制。因此，在开展职业院校技能大赛过程中，要深刻认识到体制运行机制的重要作用，加速实现技能大赛开放与普及的现实目标，拓宽终身学习通道、推进技能社会建设进程。

一、建立彰显开放与普及特征的竞赛体系

2021年修订的《全国职业院校技能大赛章程》（以下简称《章程》）明确规定："大赛建立学校、省级、国家三级竞赛体系。国赛选手须来自省赛，形成'校有比赛，省有竞赛，国有大赛'的职业院校技能竞赛体系。"职业院校技能大赛是职业院校教育教学活动的一种重要形式和有效延伸，是提升技术技能人才培养质量的重要抓手，是以提升职业院校学生技能水平、培育工匠精神为宗旨，以促进职业教育专业建设和教学改革、提高教育教学质量为导向，面向职业院校在校学生，基本覆盖职业院校主要专业群，是对接产业需求、反映国家职业教育教学水平的学生技能赛事。建立彰显开放性与普及性为显著特征的技能竞赛体系，应继续夯实"国赛—省赛—校赛"的三级体系，明确各级赛事的社会功能和赛事职能。

（一）国赛要发挥引领与协调作用

全国职业院校技能大赛在职业院校技能竞赛体系中的建设重点是要落实到地方选拔赛和校赛的引导层面，确保职业院校技能大赛覆盖到每个专业、每位学生，赋予职业院校技能竞赛以开放性与普及性特征。国赛至少承担两类功能：一是要发挥引领作用，在产业行业方面，聚焦全球高精尖产业和国家重点发展的传统行业的技能要求；在职业教育方面，宣传先进职教理念，明确指引职教改革方向。二是要搭建各省办赛参赛经验的交流分享的平台，切实推动区域职业教育的均衡发展。

（二）省赛要发挥承上启下的作用

省级职业院校技能大赛要在国家竞赛体系框架下开展，这一层面的建设目标是有效解决国赛、省赛、校赛的对接问题，扩大竞赛的专业覆盖面和学生参与率[①]。同时，省级层面应通过必要的财政经费和专项资金支持等多种手段鼓励和支持职业院校举办、参加职业技能大赛。此外，还要借助技能培训与技能体验等方式，实现职业院校技能竞赛的开放与普及。因此，省赛有三方面的功能：一是要对接国赛，贯彻新理念新思路新做法；二要凸显区域经济社会特色，因地制宜出台赛事相关制度和政策；三要注重协调各级各类职业院校的资源配置，推动院校的均衡发展。

（三）校赛要发挥培养与推广作用

校级职业院校技能比赛是竞赛体系的基础性环节，要立足院校办学特色和现实条件办赛参赛，其目标是解决国赛、省赛如何校本化的问题，把竞赛标准和竞赛内容内化到本校的专业、课程、实训及师资培养中，实现竞赛内容的普及与落实，营造良好的参与技能竞赛的氛围，为在校学生提供平等参与的机会。因此，校赛作为落实赛事开放与普及的终端环节，要逐步做到覆盖所有专业、所有学生，把行业要求、赛事要求与教育教学对接起来，提高职业技能竞赛水平和人才培养质量。

总之，技能竞赛体系的开放性与普及性是指竞赛要面向人人、服务人人。无论是国赛还是省赛，再细化到院校层面开展的技能竞赛，始终要避免一种错误倾向，即"竞赛精英化"，而是要面向所有相关主体，满足其参与竞赛的诉求，使其拥有平等参与的机会和使用竞赛资源的权利。开放性与普及性的技能竞赛体系通过促进技术标准和评价标准的转化，实现技术技能人才培养与产业需求、职业标准对接，适应和引领现代职业教育的发展方向。

二、完善专业化统筹协调的竞赛组织机构

职业院校技能竞赛作为一项专业化、常态化的周期性工作，需要有专

---

① 李名梁，李媛媛. 反思与重构：我国职业技能竞赛建设探究[J]. 教育与职业，2013（21）：18-20.

门的组织机构进行管理。根据《章程》规定，各级别的竞赛均要设置分工合理、统筹协调的组织机构，为确保技能竞赛的正常开展提供保障。专业化的组织机构是推动职业院校技能竞赛实现开放普及的组织保证。

首先，完善竞赛组织机构设置。根据《章程》规定，全国职业院校技能大赛设置大赛组织委员会和赛区组委会（以下简称组委会），各级组委会下设秘书处，分别负责大赛组委会和赛区组委会的日常事务。大赛和赛区设立执行委员会（以下简称执委会），执委会在组委会领导下开展工作，负责具体赛事组织与管理，并定期向组委会报告工作。执委会设办公室和经费管理委员会，办公室负责日常管理，经费管理委员会负责对执委会办公室提交的赛事公共运转支出预（决）算和具体赛项补助经费预（决）算提出审核意见，供执委会决策参考。各司其职、统和协调的组织机构才能够保障赛事的有序运转。

其次，遴选专业的竞赛管理人员队伍。职业技能竞赛是专业性较强的高水平赛事，要求竞赛管理队伍具备较高的综合素养。管理人员在赛事知识方面要做通才，需要熟悉相关技能竞赛的章程、组织流程、技能程序、评判标准等诸多内容。管理人员在组织协调方面要做专才，有的需要具备宏观决策能力和统筹协调能力，有的需要熟悉专门的文字工作、宣传工作、外联工作、财务工作、法务工作等，甚至还需要与行业企业进行深度对接。因此，在人员队伍遴选过程中，要依据具体岗位进行差异化考核与选拔。

最后，明确各技能竞赛组织机构的功能边界。举办职业院校技能竞赛需要跨部门的协调统筹。为避免各部门因职责交叉而影响工作效率，要具体明确相应部门的功能边界，实现各部门间的有机协调、分工合作。大赛组委会是技能竞赛开展的中枢机构，要进一步明确大赛定位、办赛原则及组织形式，从顶层需求层面设计大赛制度安排，及时审定竞赛规划和大赛设赛范围及实施方案，发布年度赛事公告并从实践层面具体指导大赛的开展，对大赛公布的竞赛成绩进行必要的审定。大赛执委会是指导技能大赛得以顺利开展的重要组织机构。大赛执委会由联办单位代表、分赛区执委会主任、赛项专家组长等组成，在大赛组委会领导下开展工作，负责具体赛事的组织与管理。

三、构建多主体协同参与的竞赛运行体制

构建多元参与的竞赛运行机制是实现职业院校技能大赛开放性与普及性的重要基础。职业院校技能大赛是汇集行业最新生产技术、行业标准为集合的重要技能赛事。它不仅为参赛选手提供了进行技艺比拼的竞赛平台，也是促进专业领域技术交流发展的关键载体。从这一层面看，职业院校技能大赛需要行业企业为其提供重要的技术、设备等资源支撑。而通过技能大赛实现的技术创新与更新迭代又将应用于实践生产。因此，要积极构建多元主体协同参与的竞赛运行机制，促进职业技能竞赛的合作办赛和开放办赛。

首先，大赛遴选优质企业参与竞赛项目设置。运行机制是大赛的指挥棒，大赛创设之初就确立了"政府搭台，市场运作"的操作思路，逐步建立了"政府搭台、行业主导、企业支持、学校参与"的运行模式，广泛、积极协调有关部委、行业机构或组织参与共同主办大赛，同时吸纳行业学会或协会参与大赛，鼓励企业以各种形式参加大赛[1]。企业在现代职业教育发展中承担着越来越重要的教育职能。要加强技能大赛合作企业遴选标准制定和程序规范，让技术先进、实力雄厚、社会声誉好、社会责任感强的国内外知名企业参与技能大赛全过程，规范和界定技能大赛合作企业行为。优质企业一般是在该行业领域具备较高影响力的龙头企业，掌握着决定行业领域发展方向的最新生产技术。职业教育是与经济发展联系最为紧密的教育类型，行业的发展动态在很大程度上决定了职业院校技能大赛的赛项设置，要以行业发展需求为导向动态调整与更新赛项，实现行业发展与竞赛改革的双向互动。

其次，各方各自发挥资源优势开展竞赛项目组织。以行业企业为代表的社会力量在竞赛资金、竞赛设备、技能人才等方面具有鲜明的资源优势。企业参与技能大赛，有助于建立良好的校企合作关系，一方面，吸引企业赞助设备、软件等资源，为圆满完成技能大赛提供物质保障和经费支持；另一方面，还可以把技能大赛的优质资源延伸到职业院校教育教学改

---

[1] 陈友力，郭天平.职业院校技能大赛创新机制及其实现路径——基于"三螺旋"理论的视角[J].职业技术教育，2018，39（28）：17-21.

革上来，在校企协同创新、协同育人，共建实训基地、共建技术服务基地、共建教师培养基地和高技能人才基地等方面实现强强合作。此外，优质企业可以发挥高技能人才集聚的优势，广泛参与技能竞赛过程，对竞赛项目设置的合理性从专业知识角度进行研判，并积极参与竞赛项目的支撑性工作。

最后，各方深度参与技能竞赛项目的效果评价。职业院校技能大赛以行业需求为导向，注重新技术的应用与成果转化。但职业教育的外部环境是灵活多变的，职业院校技能大赛设置的赛项其可应用性、可转化性与可推广性都会受到教育环境的制约。因此，要发挥行业企业对技能项目效果评价的重要作用。在培训技能竞赛选手的过程中，可引入企业用人标准，用企业的考核标准衡量竞赛项目的育人效果，建立人才培养质量信息反馈系统和教学质量监督与评价机制，积极推进赛后项目评价机制。可充分利用大赛搭建的"一网五平台"开展相关工作，即大赛官方网站、赛项申报初评平台、网络报名平台、专家信息管理平台、国赛赛项评价平台以及赛事信息管理平台[①]。此外，也可以借鉴日本的经验组建专门的评价机构。日本技能竞赛的全部评价工作由日本中央职业能力开发协会（JAVADA）这一专业机构完成[②]。借鉴这一做法可以由行业企业及专业机构共同组织竞赛项目的专门评价机构，提升评价专业化程度与质量。

四、形成竞赛成果向教学资源的转化机制

技能竞赛资源的成果转化机制是实现职业技能竞赛开放与普及的核心环节和"最后一公里"。从职业院校开展技能竞赛的根本目的看，是希望借助职业技能竞赛这一重要形式，实现技能育人质量的提升，培养出与未来岗位要求相适切的复合型技术技能人才。为了实现竞赛成果效应的最大化，急需形成具有指导性、可复制性的竞赛成果转化经验，实现竞赛成果面向人人，发挥技能竞赛应有的育人效用。

---

① 狄建明，耿洁. 大赛十年：中国特色职业教育技能竞赛制度创新[J]. 中国职业技术教育，2017（16）：93-98.

② 刘东菊，王晓辉. 世界技能大赛对技能竞赛强国职业教育发展的影响与启示——以韩国、日本为例[J]. 职教论坛，2014（13）：77-83.

首先,实现竞赛内容与实践教学相融合。学校单纯通过参加市赛、省赛、国赛达到培养大多数学生的目的是不现实的。因此,要发挥技能竞赛引导功能、育人功能,就必须重视技能竞赛与专业、课程的融合。竞赛项目在一定程度上吸收了行业发展的前沿技术,反映了最新的职业要求和职业规范。职业院校要组织专业教师深入研究技能竞赛项目的命题、内容、方式,把技能竞赛最终落脚在日常教学的课堂上,对原有的课堂教学项目进行改造和提炼,将竞赛项目转化为教学项目,将竞赛内容普及、推广到课堂,真正实现技能竞赛"人人参与、人人受益"[1]。

其次,发挥专业机构的转化指导作用。加强赛项执行委员会和相关行业职业教育教学指导委员会的指导作用,指导职业院校转化大赛资源,并在专业教学领域推广应用。坚持把竞赛内容转化为教学资源,坚持资源转化与赛项筹办工作统筹设计、协调实施、相互驱动;重视资源的固化与积累,要求竞赛所用的技术平台和设备仪器的通用性强、性价比高,能够直接转化为职业院校的教学实训设备;采取激励政策,鼓励将职业院校技能竞赛形成的新技术新技能进行知识资本化,使其在行业企业中的技能攻关、技能革新、技艺传承、技能研修等项目中发挥重要作用[2]。

最后,注重成果转化经验的推广。职业教育在服务区域经济发展过程中扮演着重要角色,因而带有鲜明的区域特征。要打造竞赛资源成果转化的信息管理平台,把经实践检验的具备可推广的实践案例进行定期推介,为职业院校在推进竞赛资源与成果转换过程中提供有益指导。例如,湖南省根据部分学校技能竞赛资源转化的实践,结合研究的成果,总结形成了"四阶段六步骤"进阶式竞赛资源转化模式。完整的资源转化过程包括"资源收集""资源开发""标准提升""应用推广"四个阶段,通过"竞赛资源收集整理""赛项分析""教学资源开发""教学应用""完善标准""成果推广"六个步骤,递进式完成赛项资源转化,形成立体化的教学资源,从操作层面保障了职业技能竞赛资源与成果转化的有效进行,也加速了职业院校技能竞赛的开放与普及。

---

[1] 李名梁,李媛媛. 反思与重构:我国职业技能竞赛建设探究 [J]. 教育与职业,2013(21):18-20.

[2] 陈友力,郭天平. 职业院校技能大赛创新机制及其实现路径——基于"三螺旋"理论的视角 [J]. 职业技术教育,2018(28):17-21.

第二节 创新大赛开放与普及的媒介传播机制

我国职业院校技能大赛已经成为推动职业技能培训、促进技能人才培养和弘扬"工匠精神"的重要载体。职业院校技能大赛与整个社会环境、与新时代的教育改革总体方案提及的教育主体、教育理念和教育价值观等都具有高度的兼容性。职业院校技能大赛不仅对学生职业能力的提升具有重要意义,也是国家建设"技能强国"的重要抓手。故而推动职业院校技能大赛的普及是大势所趋。职业院校技能大赛遵循着渐进式的改革方法,从小范围的试验、试点开始,总结经验,"由点到面"进行全面推广。经过多年努力,全国职业院校技能大赛已经发展成为各个省、自治区、直辖市、新疆生产建设兵团和计划单列市积极参与,专业覆盖面最广、参赛选手最多、社会影响最大、联合主办部门最全的国家级职业院校技能赛事,成为中国职教界的年度盛会。在全国职业院校技能大赛的带动下,省级职业院校技能大赛和校级技能竞赛也蓬勃发展。然而,各级各类职业院校技能大赛通过媒介推动赛事开放与普及的过程中也存在诸多困境。本节将基于传播学的视角,探讨职业院校技能大赛在媒介宣传中存在的"意见领袖"缺乏、传播信息相对匮乏以及大众传媒角色错位等问题,并提出发展建议。

一、发挥"意见领袖"的积极作用

职业院校技能大赛的宣传和推广离不开媒介传播,除了依托官方宣传渠道进行信息传递,还应注重发挥"意见领袖"的作用。当社会体系发生变革时,"意见领袖"显得更加具备创新能力,当社会体系拒绝改变时,"意见领袖"的行为会和这个体系的准则一致,而其自身会成为其他成员的行为楷模。可见,意见领袖是一个体系结构的缩影[1]。"意见领袖"对赛事相关信息的推介可以极大提高信息资源的传播效率,缩短信息扩散时间,扩大受众范围。"意见领袖"指团队中构成信息和影响的重要来源,是可以比较频繁地影响其他人的态度和公开行为的人。"意见领袖"的地

---

[1] E.M.罗杰斯.创新的扩散(第五版)[M].唐兴通,郑常青,张延臣,译.北京:电子工业出版社,2016:28.

位与他在这个体系中的正式身份和地位没有直接关系，而是由该个体的专业技术、社会亲和力，以及对社会规则的服从获得和维系的。在媒介宣传过程中，当信息来源者和信息接收者具有同质性（包括共同的信仰、共同的人生观、能够相互理解），则他们的沟通最有效，水平扩散的速度就越快；而垂直扩散中跟随者通常寻求那些社会经济地位高、教育背景良好、眼界开阔、与上层社会接触频繁、具有创新精神的"意见领袖"，这种扩散在社会系统传播的时间跨度稍长但渗透性更强[1]。

综观职业院校技能大赛通过媒介普及的十余年，"意见领袖"的角色是缺乏的。以微博平台为例，从2008年至2022年，与全国职业院校技能大赛相关的"意见领袖"仅80人（此处将"意见领袖"限定为申请全国职业院校技能大赛相关微博认证成功的用户，也即微博V用户）。其中，发布职业院校技能大赛相关信息最多者为"全国职业院校技能大赛"的"蓝V"，截至2022年7月1日，发布364条消息，转评赞631次，粉丝数为2506人。而"粉丝"数最多者是认证"2013全国职业院校技能大赛中职组计算机辅助设计比赛个人二等奖"的名为"苏打/夹心饼干"的"黄V"，其"粉丝"数为7.8万人，但其未发表与职业院校技能大赛相关的信息。由此可知，与职业院校技能大赛相关的"意见领袖"，不论是数量、影响力（转评赞），还是在信息传播的效率方面都是较低的。

罗杰斯认为"信息的交换多在两个相似或者说是同质的个体之间发生，然而当处于一个异质性的群体中进行沟通之时，'意见领袖'的作用就十分重要"[2]。因此，增加"意见领袖"的数量以及提升"意见领袖"的影响力，对于推动职业院校技能大赛开放与普及的媒介来讲极为重要。在职业院校技能大赛推广普及的过程中可以通过社会测量法（如票选）、自我认定法以及观察法等找出"意见领袖"。甄选"意见领袖"之后，需要在新媒体的环境下积极发挥"意见领袖"的作用。以微博为例，"意见领袖"可以通过与职业院校技能大赛相关话题的置顶以及撰写与职业院校技能大赛有关的文章，提升"转评赞"的数量及质量，促进更多的受众了

---

[1] 赵聪，刘献国. 创新扩散理论下我国校园足球改革试点的隐忧与优化策略 [J]. 体育学刊，2021，28（5）：108-113.

[2] E.M. 罗杰斯著. 创新的扩散（第五版）[M]. 唐兴通，郑常青，张延臣，译. 北京：电子工业出版社，2016：324.

解职业院校技能大赛，加深受众对于职业院校技能大赛的认知，从而最终推动职业院校技能大赛的开放与普及。

二、丰富媒介传播的内容与形式

在职业院校技能大赛通过媒介宣传推动开放与普及的过程中，还需要重视信息本身的丰富性，这直接影响着受众关于职业院校技能大赛的认知以及职业院校技能大赛信息"采纳率"的高低。罗杰斯认为从创新到决策的过程是信息收集的行为过程，其目的是减少创新带来的不确定性。因此信息越丰富，职业院校技能大赛普及与开放的"不确定性"就会降得越低。从2008年到2021年，教育部每年都会发布职业院校技能大赛相关政策文件，政策文件从最初的每年1个，增加到每年8个；政策内容也从简单的通知扩展到职业院校技能大赛的试点、宣传等各方面，职业院校技能大赛的分赛区也从2008年的1个，发展到2021年的27个。

从2008年第一届全国职业院校技能大赛举办开始，除了政府部门发布政策文本之外，教育部官方网站、《人民日报》等媒体都对职业院校技能大赛的信息进行了报道。以《人民日报》为例，从2008年至2022年，关于全国职业院校技能大赛的报道共计147条，主要以消息与评论为主。报道所涵盖的内容包括大赛举办的情况、职业院校技能大赛在职业人才培养中的作用、职业院校技能大赛与教育体制改革、职业院校技能大赛与"工匠精神"培养等内容。整体而言，报道内容较为全面，但就版面编排而言，关于职业院校技能大赛的头版（第1版）仅有10篇，占总数的比例仅为6%，这说明，报刊缺乏对职业院校技能大赛相关信息的重视。此外，十多年来，关于职业院校技能大赛的报道数量仅有百余篇，数量相对较少。不仅如此，就报道的形式而言，关于职业院校技能大赛的信息呈现上多为短消息和新闻评论，缺乏典型人物通讯、深度报道以及调查报告等能够深度介绍职业院校技能大赛的报道形式。详细信息见附录2。

与媒体报道数量及内容的相对缺乏所对应的是受众群体对职业院校技能大赛的参与度提升幅度有限，或者说受众对职业院校技能大赛相关理念的"采用率"不甚理想。罗杰斯认为，将体系内采用创新理念的成员数按照时间维度分布，他们将按照"S"形分布[①]。对应到职业院校技能大赛，表现为参赛人数。据我们收集的新冠疫情之前的数据显示，2008 年首届全国职业院校技能大赛全国各地参赛选手 1762 人，2012 年达 9018 人，2015 年参赛选手达到 10943 万人，2019 年参赛学生更是达到 17450 人。理论上来说，创新扩散曲线会逐渐增长最终趋缓，并呈现"S"形。然而，实际趋势如图 7-1 所示，职业院校技能大赛创新扩散曲线仍处于爬升的阶段，并没有达到扩散的临界点。而且，自 2012 年以来职业院校技能大赛的扩散速度也相对较低，这些都说明职业院校技能大赛的开放与普及还有进一步提升的空间。

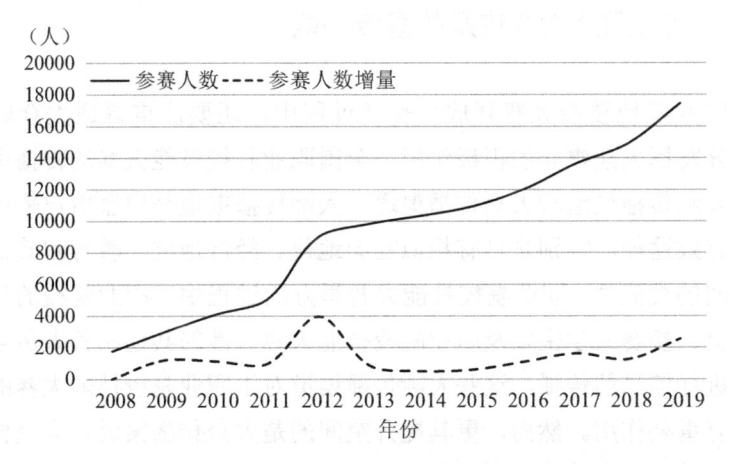

图 7-1 全国职业院校技能大赛创新扩散曲线

基于这一现状，一方面，应当丰富职业院校技能大赛在媒介传播中的信息；另一方面，需要充分利用传统媒体与微博、微信等新媒体的优势，进行相关话题的议程设置，从而有效推动职业院校技能大赛的开放与普及。

首先，应动员相关领域的专家、学者、媒体人撰写文章，尤其是调查报告、深度报道等，进一步丰富职业院校技能大赛媒介宣传的内容和形式。

其次，发挥新媒体议程设置的优势，提升职业院校技能大赛的传播效果。一般认为，大众传播媒体报道量越大的问题，越容易被公众认为是

---

① E.M. 罗杰斯. 创新的扩散（第五版）[M]. 唐兴通，郑常青，张延臣，译. 北京：电子工业出版社，2016：26.

当前最重要的问题[①]。我们可以选择与职业院校技能大赛息息相关的内容并通过相关话题的置顶（文章篇幅长、位置突出等），从而加深受众对于职业院校技能大赛的认知；在对职业院校技能大赛典型人物进行报道时，突出情感属性，引起受众在情感上的共鸣，从而达到宣传职业院校技能大赛、宣传职业教育的作用。

最后，需要拓展职业院校技能大赛的宣传渠道，提升信息传播效率和效果。有时在院校层面要做最广泛的动员，进一步促进受众积极参与职业院校技能大赛的备赛参赛，提升职业院校技能大赛的影响力和普及性。

三、充分激活大众传媒的宣传动能

在职业院校技能大赛开放与普及过程中，还要注重调适大众媒介角色，充分发挥大众媒介的积极作用。全国职业院校技能大赛的传播渠道主要分为人际传播渠道和大众传播渠道。人际传播渠道是说服用户采用新观点的最有效途径，特别是具有相似社会地位、经济地位、教育和其他背景的人之间的交流[②]。职业院校技能大赛举办的过程中，职业院校的科研、教学人员、参赛的学生以及职业院校技能大赛关涉的其他相关人员互相之间都会进行信息的传播，这些人际传播渠道对于职业院校技能大赛的推广普及具有重要作用。然而，更具提升空间的是大众传播渠道。大众传播渠道是最有效的信息传播渠道，包括一切可以把信息送达受众的方式，如广播、电视、报纸等大众媒介。每一届职业院校技能大赛举办之际，电视、报刊、互联网网站等大众媒介都对相关比赛的信息进行重点报道。

大众媒介作为职业院校技能大赛重要的传播渠道之一，在促进职业院校技能大赛推广和普及过程中尚存在两类问题。一是重视宣传参赛结果，忽视备赛参赛过程。大众传媒在对职业院校技能大赛报道的过程中受制于潜在的合法性与正当性，成功案例上镜率比较高，较少报道那些为获奖选手付出的努力和在备赛参赛过程中的收获，从而未能充分展现大赛的魅

[①] McCombs, Maxwell E. Setting the Agenda: the Mass Media and Public Opinion[M]. Second edition. Polity，2014.

[②] E.M. 罗杰斯著. 创新的扩散（第五版）[M]. 唐兴通，郑常青，张延臣，译. 北京：电子工业出版社，2016：20.

力。二是关注赛事的显性呈现，忽视赛事的理念蕴含。在舆论导向方面，一些报道过分强调职业院校技能大赛的评价功能和选拔功能，忽略了职业院校技能大赛本身对于"技能强国""工匠精神"等理念的倡导和追求，未能充分营造"劳动光荣、技能宝贵、创造伟大"的社会氛围。

为应对以上问题，有效发挥大众传媒在推动职业院校技能大赛开放与普及过程中的作用，需要对大众传媒的宣传偏差进行调适。第一，大众媒介需要公平、公正、公开、全面的报道。既要宣传参赛获奖团队和个人，也要挖掘其他参赛团队和个人的参赛历程与职业精神，同时还要注重宣传赛事主办方、企业、院校、裁判、教师等参与各方付出的努力，全过程全方位展现职业院校技能大赛的风采。第二，大众媒介除了对事实进行报道之外，还需要起到舆论引导的作用。营造建设"技能强国"、崇尚"工匠精神"的社会氛围，打破当前普遍存在的"学历教育优于职业教育""知识教育与生产、技术教育脱节"等传统观念，从而在潜移默化中改变社会大众关于技能人才培养的观念，促进全员、全程、全方位推进"技能报国"理念的传播。这也有利于形成全社会对职业教育的正确认知，有利于增强职业院校师生的职业认同感和职业自信心。从而吸引越来越多的人参与到技能社会的建设中，为我们国家走向"技能强国"奠定思想基础。

第三节 形成大赛开放与普及的评估评价机制

职业院校技能大赛的开放与普及伴随评估评价机制的发展和完善。评价体系在评价主体、评价标准、评价方式、评价功能等方面不断呈现出开放性与普及性特征。具体地，要遵循差异性原则，注重对不同评价对象的适用性；遵循历史性原则，避免为弱势群体设立过高"门槛"，以期消解"强者愈强、弱者愈弱"的马太效应；遵循多元性原则，实现分级分类评价；遵循人本化原则，充分彰显人文关怀；遵循特殊性原则，力求弥补管理缝差，以及应对特殊状况；遵循开放性原则，留有不断发展完善的空间。下面围绕以上原则，从评价队伍、评价标准、评价方式、评价功能等维度进行探讨。

一、组建多方参与的评价队伍

面对行业企业对未来人力资本的最新需求，传统的由竞赛组委会指定裁判组作为技能竞赛评价的单一主体这种评价方式已不再适应当前的职业院校技能大赛。在此背景下，需要政府部门、行业企业、职业院校以及参赛学生等多元评价主体组成技能大赛的评价主体队伍。这些主体通过协同参与，促使更多的利益相关者积极而平等地参与职业院校技能大赛的评价活动过程，并充分发挥各评价主体的优势与合力，形成彰显开放性与普及性的技能大赛评价体系。

一是充分发挥政府在技能大赛评价活动中的主导作用。职业院校技能大赛是由政府部门发起并牵头，组织行业企业和职业院校共同制定职业院校技能大赛的评价体系。政府部分作为职业院校技能大赛的举办单位，应充分发挥其主导作用，并兼顾行业企业需求和职业院校高技能人才培养需求的发展与对接关系，统筹规划、监管职业院校技能大赛的评价工作。如政府出台相关建议或指南，积极引导行业企业通过专家指导、技术设备支持等多种形式参与职业院校技能大赛的评价工作。

二是加强行业企业在技能大赛评价活动中的指导作用。大赛的赛项设置对接产业需求、行业标准和企业主流技术水平，正因如此，行业企业以多种形式参与技能大赛的评价活动，为技能大赛的评价活动提供有益指导。一方面，行业企业推荐专家参与大赛评价过程，如参与赛项技术文件编撰、赛题设计、赛场设计、竞赛成绩分析和技术点评等评价活动。同时，每届大赛都更新评价专家，采用动态调整机制以囊括最新技术。通过采纳不同领域专家的意见和观点，把行业最新发展态势、产业实际需求反馈到职业教育评价各个环节，对标行业标准，引领竞赛发展。另一方面，可以将企业高新技术和先进设备引入职业院校技能大赛中，为职业院校技能大赛提供技术、设备和平台等支持，提升大赛的竞赛水平与评价标准，同时也相应地提升了高技术技能人才的培养标准。行业企业在技能大赛评价活动中的深度参与，有助于进一步凸显职业院校技能大赛评价体系的开放性与普及性。

三是强化职业院校在技能大赛评价活动中的主体作用。职业院校组建由职业院校教师、行业企业技术能手组成的指导专家团队，根据大赛的竞赛规程和评分标准制订切实可行的指导方案，明晰所有的技能要点，以提升参赛学生的实战能力。参赛学生不仅是职业院校技能大赛的被评价对象，他们还是赛事举办质量的重要评价主体，由于他们参与了职业院校技能大赛的整个过程，其意见和建议更具有参考价值。因此，无论是设定竞赛题目、规则以及标准，还是调整与改进评价工具，均应考虑吸收、采纳包括指导教师和学生在内的竞赛参与者的反馈性建议。学生亦可对有异议的评价结果提出申诉与仲裁。从参与深度和广度看，职业院校在技能大赛评价活动中的主体作用，彰显了职业院校技能大赛评价体系开放与普及的制度优越性。

二、构建科学立体的评价标准

构建立体化的评价标准是推动职业院校技能大赛实现开放普及的核心环节。随着我国职业院校技能大赛的推进以及评价标准研究的不断深入，评价标准维度和评价标准内容也在不断调整。因此，基于不同视角构建多维、普适的立体化评价标准，能够适应新时期职业院校技能大赛评价体系运行的需要，助推实现职业院校技能大赛开放共赢、人人参与的办赛理念。

首先，构建"知识、技能、职业素养"的三维度评价标准。在新知识、新科技、新技能浪潮下，技能的内涵发生了转变，职业院校技能大赛的考核评价已不再只局限于书本知识与专业技能。因此，大赛的技能评价标准开始从以往的单一知识维度考核，转向从知识、技能和职业素养三个维度进行构建。知识层面，采取上机笔试和面试提问的方式进行，重在检验学生的专业知识、岗位认识以及职业素养；技能层面，采用观察、批阅、测量等方式，考查学生操作的规范性和标准性，以及产品设计的创新性等；素养层面，采用操作过程观察、面试问答以及知识笔试等方式考核学生的职业能力、职业意识和职业态度[1]。因此，基于知识、技能和职业素养等多个维度，新构建的职业院校技能大赛评价标准打破唯一，倡导多

---

[1] 张科丽. 全国职业院校技能大赛评价体系研究——以2019年技能大赛为例[J]. 中国高校科技，2020（8）：38-41.

元与开放,可以有效构筑知识、技能和职业素养融合递进的评估评价生态结构,这在一定程度上也推动实现评价标准的开放性。

其次,推动技能评价标准与行业标准紧密结合。以行业企业需求为导向,面向市场培养技术技能型人才是职业教育区别于普通教育的核心特征。一方面,职业院校技能大赛注重行业、企业的参与,对接产业、企业人才需求大赛采用多种方式吸引更多的行业、企业参与到其中,不断完善各个赛项的评价标准。另一方面,大赛要对应产业升级、技术提升设置赛项,顺应技术趋势设计内容,各个赛项的评价标准需要参照相应的产业、企业用人需求来制定,用行业标准引领竞赛标准,形成以产业发展前沿和技术升级为引领的评价标准体系。这些都促使职业院校技能大赛的评价标准更为开放。

最后,构建专业全覆盖的分级分类技能评价标准。职业院校技能大赛现在已发展成为参赛选手最多、专业覆盖面最广的"国赛—省赛—校赛"三级竞赛体系。在我国各级各类职业院校技能大赛中,参赛选手范围主要包括中职学生和高职学生;专业方面,主要包括跨行业的一类竞赛和单一行业的二类竞赛。为了真正实现职业院校技能大赛的"人人参与、专业覆盖、层层选拔",在制定职业院校技能大赛评价标准时,要把参赛选手范围和参与竞赛的行业纳入其中,对接行业企业实际需求分别建立中职组和高职组的各个赛项评价标准,构建专业全覆盖的分级分类技能评价标准,为职业院校在教学实践、选手培训过程中提供参照,从而进一步扩大职业院校的参与范围和参与深度,加速职业院校技能大赛的普及。

三、实施多元开放的评价方式

多元开放的评价方式是推动职业院校技能大赛实现开放普及的重要基础。以往以试题测验为主的评价方式尽管可以对职业院校学生的知识水平做出直观判断,但难以对其职业技能、情感、态度、价值观以及职业素养进行科学有效评价。为此,职业院校技能大赛的评价方式需要转向多元、开放的实践性测试方式,不再局限于试题测验这一单一评价方式,而是对接行业、企业最新人才需求,更加紧贴职业岗位。

首先,注重以技能操作展示为主的评价标准。职业院校技能大赛主要是通过参赛学生现场操作或模拟操作来完成对学生实践技能的评判。因此，对学生操作行为过程及操作结果进行观察并评分，成为大多数赛项的主要评价方式。通过现场技能操作展示，学生的实践动手能力、操作规范程度、工作精细化水平、组织能力以及职业素养等得以考核检验。

其次，灵活采用匹配岗位特点的评价方式。部分赛项受限于工作任务自身特点，以至于技能操作展示这一评价方式效果不佳。因此，大赛应依据岗位实际特点和要求灵活采用适切的评价方式，如创新设计开发、岗位角色扮演、分析评估、模拟练习、总结汇报、口语测试、才艺表演等，以匹配岗位实际特点。如导游服务赛项，岗位侧重于交流与沟通能力，因而适宜采用口语测试和才艺展示作为其评价方式。又如艺术插花赛项，岗位注重创新能力、应变能力和临场发挥能力，适宜采用作品制作和设计作为评价方式。再如英语口语赛项，适宜采用口语测试、角色扮演和即兴辩论相结合的方式，对学生的口语能力进行评测[1]。

最后，注重以真实职业活动作为评价对象。企业作为技能大赛技术、设备的提供者，可以将真实的岗位任务和工作过程，以及先进的工艺技术融入技能大赛中，以实现行业企业对技能大赛评价活动的支持作用。大赛中的众多赛项通过真实的职业岗位任务和仿的工作环境来衡量学生的职业岗位认知水平、实践能力、应变能力等，从而客观、科学地评价学生在工作实践中的表现。这对于学生毕业后适应专业岗位、企业招聘合格的技能型人才均具有积极意义。

四、确立多维面向的评价取向

多维面向的评价取向是推动职业院校技能大赛实现开放普及的重要保障。随着职业院校技能大赛的逐年开展，大赛的评价取向已不只是教育教学效果评价和进行人才选拔，其评价取向逐渐呈现多元、开放的趋势，并与国际相关评价标准接轨，全方位助推职业教育高质量发展。

首先，注重大赛的高技能人才选拔功能。高技能人才选拔是职业院

---

[1] 张科丽. 全国职业院校技能大赛评价体系研究——以2019年技能大赛为例[J]. 中国高校科技，2020（8）：38-41.

校技能大赛的重要目的之一,也是推动职业院校技能大赛发挥示范性、走向普及化的重要抓手。在各级各类职业院校技能大赛中,参赛学生展现出高超的技能水平,并依据学生在技能大赛所取得的评价结果赋予相应的学分,作为其成绩评价的依据。同时,大赛的评价结果也成为高技能人才的评判标准。依据参赛学生的赛场表现,一大批能够满足企业、行业需求的高技能人才被选拔出来,并在就业后的工资福利中加以体现。这在一定程度上激发了院校和师生积极参与职业院校技能大赛的能动性,推动赛事朝着普及化方向发展。

其次,发挥大赛评价体系的教育导向功能。要积极推动大赛评价标准向教学标准转化。职业院校技能大赛的技术标准和竞赛题目均来自企业生产所需的最先进技术,并且提炼为适合通过培训能够掌握技能的竞赛形式,同时具备产业性和职业教育性双重属性,通过成果转化,可以将行业企业技术标准转化为职业教育专业教学标准。具体来说,一方面,职业院校将各赛项的评价内容、评价指标、评价过程以及其他评价相关资料进行转化,并对标专业教学标准,进行有针对性的调整,使其转变为可用于职业教育日常教学的教学资源。并通过线下观摩和线上直播等多种教学方式,让更多的职业院校师生观看整个竞赛过程,切实加深对赛项评价的认识和把握。另一方面,大赛推动企业深度参与人才培养方案制订、课程标准制定、教材开发、实训基地建设、人才评价等教学工作,促使企业在师资培养、基地建设、资金支持等方面加大合作与支持的力度,以此发挥赛项评价的教学导向功能[①]。

最后,加强大赛标准的国际化辐射功能。"提高技能大赛国际化水平,使大赛成为职业教育国际交流合作的平台"是职业院校技能大赛开放性与普及性的重要功能体现。大赛秉持立足世界、面向世界的开放办赛理念,不断加强与世界各国技能组织之间的沟通联系,将独具中国特色的职业院校技能赛项以及评价体系进行成果转化并输出到世界各地,以提升大赛在国际上的开放性与普及性。目前,我国职业院校技能大赛所使用的考核内容、教材大纲以及技术评判标准等获得广泛认可,甚至某些赛项的评

---

① 陈章,幸荔芸,杨鸿.高职院校技能大赛体系建构:"3+N+4"模式与实践[J].职教论坛,2020(11):39-44.

第七章 职业院校技能大赛开放与普及的机制构建

价标准被誉为职业技术竞技"金标准",不但被印度、巴西等新兴经济体直接采用,还被欧盟、东盟、美洲、非洲等世界各地所借鉴[①]。这进一步扩大了我国职业院校技能大赛评价体系的国际影响力,凸显其开放性与普及性特征。

---

① 吕景泉,吴淑媛,汤晓华.技能大赛:引领职业教育教学改革发展走向新高度[J].中国职业技术教育,2017(16):99-105.

附录 1
"职业院校技能大赛开放性与普及性状况"调查问卷

尊敬的女士/先生：

您好！如何切实提高职业院校技能大赛的开放性与普及性，进一步在全社会营造劳动光荣、技能宝贵的良好环境，是职业教育面临的重要课题。为评估职业院校技能大赛开放与普及现状，并探寻优化路径，特进行本次调查。问卷采用匿名问答，并根据法律约束严格保密，请放心为盼。非常感谢您的支持！

"职业院校技能大赛开放性与普及性研究"课题组

2022 年 6 月

1. 您所在院校名称：_____

2. 您的职务是：

A. 二级学院院长/系主任　　　　B. 专业主任

C. 专任教师　　　　　　　　　　D. 辅导员/行政人员

3. 您的职称是：

A. 教授或同等职称　　　　　　　B. 副教授或同等职称

C. 讲师或同等职称　　　　　　　D. 初级职称或无

4. 您所在专业（如有多个，写最主要的一个）：_____

5. 您的教龄为：

A. 1—3 年　　　B. 3—5 年　　　C. 5—10 年

D. 10—20 年　　　E. 20 年及以上

6. 您是否指导学生参加过地市级及以上职业技能竞赛？

A. 是　　　　　B. 否

7. 在您指导学生参加的各类职业技能竞赛中，最高级别为：

A. 世界技能大赛　　　　　B. 国家级竞赛

C. 省级竞赛　　　　　　　D. 地市级竞赛

8. 您指导参加的职业技能竞赛体现了行业发展趋势。

说明：如果您指导过多个职业技能竞赛，请按照级别最高的一个比赛回答，下同。

A. 符合　　　B. 比较符合　　C. 一般

D. 不太符合　E. 不符合　　　F. 不清楚

9. 您在培养和训练参赛选手时，借鉴其他国家经验的程度如何？

A. 高　　　　B. 比较高　　　C. 一般

D. 比较低　　E. 未借鉴

10. 您在培养和训练参赛选手时，是否对接了世界技能大赛的相关比赛要求？

A. 有对接的世赛项目，并且对接了相关比赛要求

B. 有对接的世赛项目，但没有对接相关比赛要求

C. 无对接的世赛项目

D. 不清楚

11. 在选拔职业技能竞赛选手时，是否面向相关专业所有学生公开报名、公平竞争？

说明：（1）指地市级及以上职业技能竞赛；（2）辅导员或行政人员可以按照学校或院系情况进行填写。下同。

A. 是　　　　　B. 否　　　　　C. 不清楚

12. 参加职业技能竞赛的选手占相关专业全部学生的比例大约为：

A. <10%　　　　　　　　　B. 10%—20%（不含）

C. 20%—30%（不含）　　　D. 30%—40%（不含）

E. ≥40%　　　　　　　　　F. 不清楚

13. 学生参加的职业技能竞赛中，参赛设备/软件/器材等是由主办方唯一指定的。

A. 符合 B. 比较符合 C. 一般
D. 不太符合 E. 不符合 F. 不清楚

14. 相关专业的教学大纲体现职业技能竞赛相关要求的程度如何？
A. 高 B. 比较高 C. 一般
D. 比较低 E. 未体现 F. 不清楚

15. 相关专业教材融入职业技能竞赛规则的程度如何？
A. 高 B. 比较高 C. 一般
D. 比较低 E. 未融入 F. 不清楚

16. 您能够把职业技能竞赛的相关视频、课件、素材等应用到日常教学中。
A. 符合 B. 比较符合 C. 一般
D. 不太符合 E. 不符合

17. 通过指导竞赛，您的教学专业能力得到了显著提升。
A. 符合 B. 比较符合 C. 一般
D. 不太符合 E. 不符合

18. 学生通过参加竞赛，其专业能力得到了显著提升。
A. 符合 B. 比较符合 C. 一般
D. 不太符合 E. 不符合 F. 不清楚

19. 您指导学生参加的职业技能竞赛，主办方的媒体宣传力度如何？
A. 大 B. 比较大 C. 一般
D. 比较小 E. 小 F. 不清楚

20. 您认为社会各界对职业技能竞赛获奖选手事迹的关注程度如何？
A. 高 B. 比较高 C. 一般
D. 比较低 E. 低 F. 不清楚

21. 院系对师生参加职业技能竞赛的支持力度如何？
A. 大 B. 比较大 C. 一般
D. 比较小 E. 小 F. 不清楚

22. 学生备赛期间，各项训练条件（教材、教具、实训室/实验室、经费等）如何？
A. 好 B. 比较好 C. 一般

附录1 "职业院校技能大赛开放性与普及性状况"调查问卷

D. 比较差　　　　E. 差　　　　F. 不清楚

23. 如果参与指导学生备赛，学校给予教师的工作量津贴或相关补助您是否满意？

　　A. 满意　　　　B. 比较满意　　　C. 一般
　　D. 不太满意　　E. 没有津贴或补助　　　　F. 不清楚

24. 如果教师指导选手/团队竞赛获奖，学校对教师的奖励情况您是否满意？

　　A. 满意　　　　B. 比较满意　　　C. 一般
　　D. 不太满意　　E. 没有奖励　　　F. 不清楚

25. 您认为当前职业技能竞赛的整体开放程度如何？

　　A. 高　　　　　B. 比较高　　　　C. 一般
　　D. 比较低　　　E. 低　　　　　　F. 不清楚

26. 您认为当前职业技能竞赛的整体普及程度如何？

　　A. 高　　　　　B. 比较高　　　　C. 一般
　　D. 比较低　　　E. 低　　　　　　F. 不清楚

27. 您对提升职业技能竞赛开放性有哪些建议？

28. 您对提升职业技能竞赛普及性有哪些建议？

附录 2
《人民日报》关于全国职业院校技能大赛的相关报道

日期	标题	版次
2008-06-29	全国职业院校技能大赛在津举行	004
2008-06-30	完善中国特色现代职业教育体系 培养更多高素质劳动者和高技能人才	002
2008-07-01	全国职业院校技能大赛在津落幕	004
2008-07-24	培养"知识人"还是"职业人"(教育论坛)	013
2009-06-28	面向市场 大有可为	002
2009-11-17	福建高招调整照顾政策	011
2010-05-23	兴企强国"金蓝领"	002
2010-08-06	"高会统招",这招儿怎么样?	018
2010-12-18	学以致用提升发展后劲	007
2010-12-30	中国工人 中国骄傲	011
2011-03-08	油海红花 巾帼建功	014
2011-05-15	浙江,农民工处处有"娘舅"	007
2011-06-09	中国残疾人事业"十二五"发展纲要	011
2011-06-12	全国残疾人职业技能竞赛开幕	003
2011-06-13	赛出才艺 放飞梦想	013

附录2
《人民日报》关于全国职业院校技能大赛的相关报道

续表

日期	标题	版次
2011-07-15	天津职业教育：从"试验"迈向"示范"	018
2011-07-18	感受职业教育的魅力	006
2011-07-28	面子工程，民生工程？	012
2011-10-11	世界技能大赛中国队取得佳绩	022
2011-10-31	没有一流的技工，就没有一流的产品	013
2011-11-24	做强玉器产业 驱动城市转型	013
2011-12-22	加快建设世界一流的高技能人才队伍	003
2012-05-04	学医成畏途 困局待突围	012
2012-06-14	知民情 解民忧 暖民心	005
2012-06-25	畅通"蓝领"成才通道	002
2012-06-30	全国职业院校技能大赛在天津闭幕	003
2012-08-05	第四届全国职工职业技能大赛决赛开幕	004
2013-06-26	中国技工，瞄准"中国创造"爬坡	016
2013-06-30	发展现代职业教育提供人才支撑	002
2013-07-06	中国年轻人亮相职业技能"奥运会"	011
2013-07-08	技能大赛，引领金牌蓝领	012
2013-07-09	没有一流技工，就没有一流产品	021
2013-07-16	全国敬业奉献模范候选人	019
2013-07-25	今天的职业教育什么样	018
2013-10-29	服务平台如何亮起来	017
2015-01-31	竭尽全力提高预报准确率	009
2015-07-08	职校教师也能订制	012
2015-07-12	加强职业教育和技能培训 落实完善扶持政策帮助每一个有条件的残疾人实现就业创业梦想	001

续表

日期	标题	版次
2015-08-17	中国职业技能看齐世界标准	022
2015-08-18	中国技工实现金牌零突破	016
2016-02-04	职教：有了指挥棒，成长更茁壮	018
2016-04-08	我为什么当技工	017
2016-04-22	企业，如何"炼"就好工匠	017
2016-05-13	践行新理念 建功"十三五"	014
2016-05-17	一身绝技"雕刻"国之利器	019
2016-06-22	佛山命名30名"大城工匠"	014
2016-08-24	"十三五"加快残疾人小康进程规划纲要	014
2016-10-21	把贴心服务送到车间班组	021
2016-12-02	不负所选 乐见未来	009
2016-12-21	工会成学校 车间当课堂	014
2017-02-17	用职工获得感检验改革成效	013
2017-04-08	李克强会见世界技能组织主席巴特利	003
2017-04-17	高技能人才总数达4791万	008
2017-05-09	坚持工学结合知行合一德技并修 努力造就源源不断的高素质产业大军	001
2017-05-10	安徽建设技工大省	010
2017-06-02	打掉创业兴业拦路虎	008
2017-06-09	让中国工匠走向世界	008
2017-06-15	打造"一带一路"职业教育共同体	018
2017-06-27	"不吃饭，听一天都行"	011
2017-07-07	中国职业教育，底气更足了	012
2017-07-18	一个技校生的完美"逆袭"	019
2017-08-08	听！津门奋进的铿锵足音	010

附录2
《人民日报》关于全国职业院校技能大赛的相关报道

续表

日期	标题	版次
2017-08-21	改革焕发工会创新活力	020
2017-09-19	唤醒年轻人的工匠意识	021
2017-10-09	大国工匠，助力中国制造	004
2017-10-14	上海获得2021年第46届世界技能大赛举办权	001
2017-11-02	登记失业率 近十年来最低	013
2017-11-22	游泳救生员 有你更安全	012
2017-11-23	中国技工，最牛！	009
2017-11-24	做大国工匠 建制造强国	001
2018-01-15	读职校，从谋饭碗到追梦想	012
2018-03-23	中办国办印发《关于提高技术工人待遇的意见》	001
2018-05-24	职业教育，越来越有吸引力	017
2018-07-17	学更多技能 过更好生活	009
2018-08-06	940万残疾人就业是怎样实现的	013
2018-09-14	插上腾飞的翅膀	004
2018-09-15	"把从中国学到的知识传授给学生"	011
2018-09-25	青年工匠这样炼成	019
2018-10-22	在新时代党的真挚关怀下不断奋进	001
2018-11-01	多措并举加强技能人才队伍建设	009
2018-12-29	工人技能越高 人生舞台越大	007
2019-01-31	奉献一届富有新意影响深远的技能大赛	004
2019-03-05	当个技工很自豪！	005
2019-05-02	做新时代的最美奋斗者	002
2019-05-13	职业教育，发展正当时	011
2019-06-11	40年累计365.14万名留学人员回国发展	004

续表

日期	标题	版次
2019-07-18	全国教书育人楷模候选人事迹简介	014
2019-07-26	平等、参与、共享：新中国残疾人权益保障70年	017
2019-08-18	中国代表团出征第四十五届世界技能大赛	004
2019-08-29	喀山"论剑"，中国技能高手摘金夺银	003
2019-09-24	弘扬精益求精的工匠精神 激励广大青年走技能成才技能报国之路	001
2019-10-18	养老护理员 不看学历看能力	011
2019-10-28	帮助更多残疾人实现就业创业梦想和人生价值	001
2019-10-29	自强勤奋 创造美好生活	006
2019-12-15	学一技之长，传一颗匠心	005
2020-01-15	比出大国工匠 赛出当代鲁班	011
2020-01-17	为国家建设培育更多"蓝领"人才	006
2020-01-21	广东技工缘何屡获国际殊荣	006
2020-02-28	努力造就一支高素质的产业工人队伍	011
2020-07-17	凭一技之长，圆本科梦想	012
2020-07-17	世界技能大赛工作领导小组会议召开	002
2020-10-11	崇尚劳动 尊重劳动	005
2020-10-28	技能大培训 就业更充分	011
2020-12-04	冲在前头 干在实处	012
2020-12-11	大力弘扬劳模精神劳动精神工匠精神 培养更多高技能人才和大国工匠	001
2020-12-11	同台竞技 共筑梦想	002
2020-12-12	奋斗靠双手 日子有奔头	004
2020-12-17	培养高技能人才 瞄准制造业未来	007
2020-12-30	政策到企到人 就业保质保量	012

附录 2
《人民日报》关于全国职业院校技能大赛的相关报道

续表

日期	标题	版次
2021-01-20	靠技术过上好日子	004
2021-04-06	鲁班工坊为澜湄职教合作"添砖加瓦"	003
2021-04-20	技能过硬 就业稳定	013
2021-04-21	办学对路 拓宽出路	008
2021-04-24	1197人将荣获2021年全国五一劳动奖章	002
2021-05-04	中等职业教育国家奖学金获奖学生代表名录	007
2021-05-04	本专科生国家奖学金获奖学生代表名录	005
2021-05-06	全国劳动模范邹彬 走技能成才技能报国之路	006
2021-05-18	搭建技能成才人生出彩的舞台	005
2021-05-18	扎实推进产业工人队伍建设改革	006
2021-06-14	奋斗青春路 党徽更闪耀	004
2021-07-01	谱写工人阶级奉献的赞歌	017
2021-07-13	苏州 为工匠成长搭舞台	012
2021-07-25	培养更多高素质技术技能人才	005
2021-07-29	全国教书育人楷模候选人事迹简介	015
2021-08-14	培育创新土壤 成就大国工匠	006
2021-08-20	"吕梁山护工"成为响当当的"就业名片"	013
2021-08-30	技能中国行动正式启动	002
2021-10-11	本领学到手 老乡稳增收	012
2021-10-19	掌握过硬本领 立足岗位建功	014
2021-11-14	无锡职院机械技术学院教师第一党支部 党建引领践行工匠精神	005
2021-12-18	胡春华主持召开第46届世界技能大赛工作领导小组第三次全体会议	004
2022-01-05	技艺精湛 就业路宽	014
2022-01-08	帮劳动者练就一身真本领	002

续表

日期	标题	版次
2022-03-17	"选择这份职业，就要做到最好"	013
2022-04-26	九百六十六人将获全国五一劳动奖章	006
2022-04-27	大力弘扬劳模精神劳动精神工匠精神	009
2022-05-04	2020—2021学年度本专科生国家奖学金获奖学生代表名录	005
2022-05-04	2020—2021学年度中等职业教育国家奖学金获奖学生代表名录	007
2022-05-31	在职业大学读本科	012
2022-06-04	实现人生出彩 书写时代荣光	001
2022-06-06	小砌匠登上大舞台	012
2022-06-06	"尚学之城"好上学	012
2022-06-08	在产业发展的舞台上绽放人生精彩	018
2022-06-13	筑牢金砖合作民意基础	003
2022-06-17	职业教育搭起成才"立交桥"	007
2022-06-23	用技能绘就精彩人生	013